教員
採用
試験

2025年度版

# 中高社会
# らくらくマスター



実務教育出版

# 本書の特長と活用法

本書は，教員採用試験で出題される中学社会・高校社会（地理歴史・公民）をマスターするための要点チェック本である。本書 1 冊で中高社会の学習がひととおり進められるように構成されているので，短期間での試験対策が可能である。

## 本書の活用法

1．頻出度

各テーマの頻出度を，A～Cの３段階で示す。

A：非常によく出題される　　B：よく出題される

C：出題頻度は高くないが出題される

2．ここが出る！

各テーマ内で，どのような内容や形式が出題されているかを具体的に示す。また，特に押さえておくべき事項などについても触れている。

3．重要語句

最も重要な語句・覚えるべき事項は赤字になっている。付属の暗記用赤シートで赤字を隠すことにより，空欄補充問題を解いているような感覚で暗記することができる。また，次に重要な語句は黒の太字で示されているので，こちらもしっかり押さえよう。

4．ストップウォッチアイコンをスピード学習に役立てよう！

重要度の高い項目として，全体の2割ぐらいの項目を選び，⏱のアイコンを付けてある。⏱の付いた項目を覚えていけば，学習時間の大幅な短縮も夢ではないだろう。特に本番の試験までもう時間がなくて「困った！」というような場合に活用しよう。

◇まずは暗記しよう！

教員採用試験では，択一式，一問一答，空欄補充，○×式，論述など，さまざまな出題形式が見られるが，中でも空欄補充形式の問題がかなり出題される。また，ひねった問題は少ないので，基本事項をしっかり押さえることで問題を解く力は十分につく。まずは要点を暗記しよう。

テーマ 22 ● 地理(世界と日本)

## 東アジア・東南アジア・南アジア

頻出度 A

**ここが出る!**

- **中国の基本事項(人口，国土の世界ランク，正式名称など)を知っておこう。主な工業都市も要注意。**
- **東南アジア，南アジアについては，各国の概説文を提示して，どの国のものかを答えさせる問題が多い。**

### 1 東アジア

東アジアは，わが国と国交の深い地域である。

**●中国**

□1949年，社会主義国の中華人民共和国が成立。

□人口世界第1位，国土第3位。国民の9割が漢民族で，55の少数民族が住む。ホイ族とウイグル族にはムスリムが多い。

| 東北 | 重工業が発達。シェンヤン，アンシャンなどの工業都市。 |
|---|---|
| 華北 | 黄河の流域。首都ペキン，綿工業のテンチン，鉄鋼のパオトウ。 |
| 華中 | 長江の流域。国内一の大都市シャンハイ，鉄鋼のウーハン。 |
| 華南 | チュー川の流域。米の二期作，経済特区シェンチェン。 |

□外国資本を誘致する対外経済開放政策による経済発展。

□農村戸籍と都市戸籍で住民を区別。自由な移動を制限。

□5つの民族自治区がある。北から内モンゴル自治区，シンチアンウイグル自治区，ニンシアホイ族自治区，チベット自治区，コワンシーチョワン族自治区である。

□貿易面では，アメリカに最も多く輸出し，韓国から最も多く輸入している(2018年)。

□1979年に始まった「一人っ子政策」は2015年に廃止。

**●韓国・北朝鮮**

北緯38度線を境に，韓国と北朝鮮に分かれている。

| 韓国 | ・アジアNIEsの一つ。首都はソウル。<br>・日本の援助で重化学工業が発達。1996年にOECD加盟。 |
|---|---|
| 北朝鮮 | ・社会主義国で，首都はピョンヤン。<br>・1991年，韓国と国連に同時加盟。同年，日本との国交正常化交渉を開始。 |

90

◇試験直前ファイナルチェックと実力確認問題で力を試そう！

「試験直前ファイナルチェック」として，各領域の終わりには，全問○×形式の問題を設けてある。本番の試験で合格するために必要な知識の理解度をもう一度確認しておこう。

「実力確認問題」は，教員採用試験の問題と同形式のオリジナル問題である。ひととおり暗記したら，自分の知識がどのくらい定着したかを確かめるためにトライしてみよう。解けない問題があれば，問題文の最後に参照テーマが書いてあるので，そこへ戻ってもう一度復習しよう。

# 出題傾向と対策

社会の内容は多岐にわたるが，本書では，①中学校学習指導要領，②高等学校学習指導要領，③地理，④日本史，⑤世界史，⑥政治・経済，⑦倫理，という章立てを設けている。この区分に沿って，試験の頻出事項と，対策のポイントについて述べることとする。

## 【学習指導要領】

教科の**目標**について述べた原文の空欄補充問題がよく出る。「公民的資質」などの語が空欄にされることが多い。本書に備え付けの赤シートを使って，重要な語をしっかり覚えよう。教科の**内容構成**も要注意。中学校の社会科は 3 つの分野からなる。高等学校の地理歴史科は 5 つの科目，公民科は 3 つの科目を含んでいる。こうした内容の系統を押さえるとともに，それぞれに配当される授業時数や標準単位数も知っておく必要がある。選択肢を与えないで，ズバリ数字を答えさせる問題も多い。対応できるようにしよう。

高等学校の地理歴史科と公民科については，科目の**選択履修**の規定も重要である。前者では，地理総合と歴史総合が必修とされている。この種の規定に関する文章の正誤判定問題が多い。なお，5 つの科目を含む地理歴史科については，隣接科目の内容を識別させる問題もよく出る。歴史総合と日本史探究の場合，前者は近代以降の内容を扱い，後者は通史の把握に重点を置く，という原則事項を押さえておこう。地理では，地理探求のほうが地理総合よりもやや高度な内容を扱うことに要注意。

## 【地理】

①**自然環境**，②**産業**，③**地図**，および④**諸地域の様相**について問われることが多い。①では，環境の基本的な要素である気候の問題が頻出。ケッペンの気候区分を押さえておこう。各気候の名称，記号，特性を対応させる問題が多い。気候の分布図もよく出る。植生や土壌といった，他の環境要素の分布と重ね合わせた学習も必要となる。

②では，世界各地の農業や工業の特性に関する問題がよく出る。短文を提示して，どの地域のものかを答えさせる形式が多い。アルゼンチン＝パンパ，ドイツ＝ルール工業地域，中国＝経済特区など，各地域の産業のキーワードを押さえよう。石油や石炭など，資源の生産高の統計も要注意。本書の統計グラフをしっかり見ておこう。

③の地図は，地理の学習の重要なツールとなる。等高線の種類（間隔），地図記号，地図上の距離と実際の距離の関係など，地図の読図・活用に必要な知識を得ておこう。身近な地域の地図が題材にされることも多い。世界地図については，緯度と経度から時差を計算させる問題や，著名な図法とその名称を対応させる問題がよく見受けられる。

④では，各国の特記事項を述べた文章を提示して，どの国のものかを答えさせる問題が多い。オランダ＝ポルダーなど，判別の手がかりとなるキーワードを覚えよう。また，各国の地理的な位置も要注意。宮崎県の位置を知らない大学生の存在が話題になったが，諸君は大丈夫であろうか。本書に掲げられている地図を，しっかり見ておくこと。

## 【日本史】

特定の時代（時期）について深く問う問題もあれば，通史の把握ができているかを試す問題もある。前者は「深く狭く」型，後者は「浅く広く」型である。どちらの比重が大きいかは自治体によって異なる。

前者については，**近代（明治期）**以降の時期が狙われることが多い。高等学校の歴史総合が，近代以降の時期を重点的に扱うことと関連していると思われる。特に，明治初期の国内政策や対外関係についてよく問われる。版籍奉還，自由民権運動，大日本帝国憲法公布，不平等条約改正など，押さえるべき重要事項は数多い。1年か2年しか違わない出来事を年代順に並べ替えさせるなど，細かい知識を問う問題も散見される。

後者の「浅く広く」型では，特定の主題（外交，農業技術，貨幣制度，文学作品など）について，**通史**を大観させる問題が多い。発明品や作品を提示して，時代順に並べ替えさせる問題などが見受けられる。また，わが国の歴史を，西洋史や東洋史の流れと対応させる問題も出る。中国に唐があった時代，あるいはヨーロッパでフランス革命があった時，わが国の状況はどうであったか，というような知識が要る。日本史を，世界史の大きな流れの中に位置づける作業も重要である。

なお，身近な**郷土史**を切り口とした問題も少なくない。郷土の発展に寄与した人物や，江戸時代の著名な藩主の名前などは押さえておきたいものである。

## 【世界史】

世界史の比重は大きい。広範な内容を含む世界史では，**通史**の問題がよく出題される。

世界史の場合，時代軸とともに**空間軸**（西洋，東洋）をも考慮した整理が必要となる。ある時期における西洋の出来事を，東洋や日本の出来事と対応させる問題が多い。事項を時代順に配列させる問題にしても，西洋史と東洋史の事項が混ざっていることがほとんどである。西洋史，東洋史，および日本史の 3 列の年表を提示して，空欄を埋めさせる問題も散見される。イギリスで市民革命が起きた頃，日本は江戸時代で，中国では清王朝ができていた，というように知識を連鎖させることが求められる。こうした大きな枠組みを常に意識しながら，本書の各テーマの学習に取り組んでほしい。

むろん，世界史でも，特定の史実について深く問う問題は出題される。**フランス革命**や帝国主義政策などが頻出である。日本史と同様，近代以降の出来事が取り上げられることが多い。形式は，空欄補充，短文の正誤判定，論述など，バラエティーに富んでいる。重要語句の中には，世界史ならではの長い片仮名語や難しい漢字も少なくない。選択肢を与えないで書かせる問題も多いので，労をいとわず書き取りの練習をしておくこと。歴史地図や著名な芸術作品の写真といった，ビジュアル資料も要注意である。

## 【政治・経済】

内容がきっちりと体系化されており，試験での頻出事項もほぼ決まっている。政治分野では，**日本国憲法**の三大原則，国民の三大義務，**基本的人権**の内訳，そして**三権分立**についてよく問われる。憲法の該当条文をしっかり覚えよう。三権分立については，国会，内閣，および最高裁判所の相互関係や，各々の権限を識別させる問題が多い。三権分立の三角形の図もよく出る。また，少子高齢化が進行する中，重要性を増している**社会保障**に関連する問題も多い。社会保障の４本柱のほか，介護保険制度など，時事的な事項にも注意が要る。

経済分野の内容は，個人の経済行動を分析する**ミクロ経済**と，国レベルのそれを分析する**マクロ経済**に大別される。前者では，需要曲線と供給曲線の図が頻出。後者では，一国の経済活動の規模を図る統計指標（GDPなど）や，国の収支構成を表す統計グラフがよく出る。歳入に占める租税の比率は何%であるかなど，基本的な数字を押さえておこう。それと，**労働問題**に関する事項も重要である。労働三権の中身や，労働基準法が定める労働条件の最低基準などを知っておこう。今日，この部分の学習の重要性が高まっている。

## 【倫理】

中高生が自我（Identity）を確立するにあたって，先人の優れた思想に触れることは有益である。古今東西の著名な思想家に関する知識を得ておこう。もっとも，各人の思想を熟知しておく必要はない。問題の形式は，人物の名前，著作名，および**思想上のキーワード**を結びつけさせるものがほとんどである。よって，ヘーゲルであれば，主要著作として『精神現象学』，思想上のキーワードとして「ドイツ観念論」，「弁証法」というような整理をしておけば十分である。本書では，こうした学習の便に資するよう，著名な思想家を表組の形で整理している。ある人物の名前が提示されたら，即座に著作名やキーワードが浮かぶようになるまで，何度も繰り返し，赤シートのチェック学習をしてほしい。

とはいえ，深い知識を問う論述の類の問題が皆無というわけではない。本書では，深い理解が必要と思われる事項については，やや詳しく補足している。「浅く広く」と「深く狭く」のバランスに留意しつつ，肩の力を抜いて学習に取り組んでほしい。

# 目次

## 日本史 ……………………………………… 109

## 世界史 ……………………………………………… 171



## 政治・経済 ……………………………………………… 229

## 倫理 ……………………………………………… 271

# 中学校学習指導要領

テーマ 1

● 中学校学習指導要領

# 中学校社会科の目標

頻出度 A

**ここが出る!** ▶▶

- **中学校社会科の目標を押さえよう。毎年，空欄補充の問題がよく出る。地理・歴史・公民の 3 本柱をイメージしながら原文を読もう。**
- **社会的な見方・考え方とは何か。新学習指導要領で重視されている，主体的・対話的で深い学びを実現するにはどうしたらよいか。**

## 1 中学校社会科の目標

教科全体の目標である。空欄の補充問題がよく出る。

□社会的な見方・考え方を働かせ，課題を追究したり解決したりする活動を通して，広い視野に立ち，グローバル化する国際社会に主体的に生きる平和で民主的な国家及び社会の形成者に必要な公民としての資質・能力の基礎を次のとおり育成することを目指す。

□我が国の国土と歴史，現代の政治，経済，国際関係等に関して理解するとともに，調査や諸資料から様々な情報を効果的に調べまとめる技能を身に付けるようにする。

□社会的事象の意味や意義，特色や相互の関連を多面的・多角的に考察したり，社会に見られる課題の解決に向けて選択・判断したりする力，思考・判断したことを説明したり，それらを基に議論したりする力を養う。

□社会的事象について，よりよい社会の実現を視野に課題を主体的に解決しようとする態度を養うとともに，多面的・多角的な考察や深い理解を通して涵(かん)養される我が国の国土や歴史に対する愛情，国民主権を担う公民として，自国を愛し，その平和と繁栄を図ることや，他国や他国の文化を尊重することの大切さについての自覚などを深める。

## 2 社会的な見方・考え方とは

目標の中の重要な言葉だ。『中学校学習指導要領解説・社会編』で，以下のように説明されている。

□「社会的な見方・考え方」は，課題を追究したり解決したりする活動において，社会的事象等の意味や意義，特色や相互の関連を考察したり，社会に見られる課題を把握して，その解決に向けて構想したりする際の視点や方法であると考えられる。

□こうした「社会的な見方・考え方」は，社会科，地理歴史科，公民科としての本質的な学びを促し，深い学びを実現するための思考力，判断力の育成はもとより，生きて働く知識の習得に不可欠であること，主体的に学習に取り組む態度や学習を通して涵養される自覚や愛情等にも作用することなどを踏まえると，資質・能力全体に関わるものであると考えられる。

## 3 主体的・対話的で深い学びの実現

**●主体的な学びの視点**

□主体的な学びについては，児童生徒が学習課題を把握しその解決への見通しを持つことが必要である。そのためには，単元等を通した学習過程の中で動機付けや方向付けを重視するとともに，学習内容・活動に応じた振り返りの場面を設定し，児童生徒の表現を促すようにすることなどが重要である。

**●対話的な学びの視点**

□対話的な学びについては，例えば，実社会で働く人々が連携・協働して社会に見られる課題を解決している姿を調べたり，実社会の人々の話を聞いたりする活動の一層の充実が期待される。

**●深い学びの視点**

□深い学びの実現のためには，「社会的な見方・考え方」を用いた考察，構想や，説明，議論等の学習活動が組み込まれた，課題を追究したり解決したりする活動が不可欠である。

□具体的には，教科・科目及び分野の特質に根ざした追究の視点と，それを生かした課題(問い)の設定，諸資料等を基にした多面的・多角的な考察，社会に見られる課題の解決に向けた広い視野からの構想(選択・判断)，論理的な説明，合意形成や社会参画を視野に入れながらの議論などを通し，主として用語・語句などを含めた個別の事実等に関する知識のみならず，主として社会的事象等の特色や意味，理論などを含めた社会の中で汎用的に使うことのできる概念等に関わる知識を獲得するように学習を設計することが求められる。

テーマ 2

● 中学校学習指導要領

# 地理・歴史・公民的分野の目標と内容

頻出度 A

**ここが出る!** ▶▶

- 中学校の社会は，地理・歴史・公民の3分野からなる。それぞれの目標について，学習指導要領ではどう言われているか。
- 内容の文章の空欄補充問題も頻出。歴史的分野からの出題頻度が高い。「殖産興業」など，漢字で書けるようにしておくこと。

## 1 地理的分野の目標

□我が国の**国土**及び世界の諸地域に関して，地域の諸事象や**地域的特色**を理解するとともに，**調査**や諸資料から地理に関する様々な**情報**を効果的に調べまとめる技能を身に付けるようにする。

□地理に関わる事象の意味や意義，特色や相互の関連を，**位置**や分布，場所，人間と**自然環境**との相互依存関係，**空間的相互依存**作用，地域などに着目して，多面的・**多角的**に考察したり，地理的な課題の解決に向けて**公正**に選択・判断したりする力，思考・判断したことを説明したり，それらを基に議論したりする力を養う。

□日本や**世界**の地域に関わる諸事象について，よりよい社会の実現を視野にそこで見られる課題を**主体的**に追究，解決しようとする態度を養うとともに，多面的・多角的な考察や深い理解を通して涵(かん)養される我が国の国土に対する**愛情**，世界の諸地域の多様な**生活文化**を尊重しようとすることの大切さについての自覚などを深める。

## 2 地理的分野の内容

A～Cの3本柱からなる。**知識・技能**に関する事項のみを掲げる。歴史的分野，公民的分野の内容も同じとする。

**●世界と日本の地域構成(A)**

□**緯度**と経度，大陸と**海洋**の分布，主な国々の名称と**位置**などを基に，世界の**地域構成**を大観し理解すること。

□我が国の国土の**位置**，世界各地との**時差**，**領域**の範囲や変化とその特色などを基に，日本の地域構成を**大観**し理解すること。

●世界の様々な地域(B)

〈世界各地の人々の生活と環境〉

□人々の**生活**は，その生活が営まれる場所の**自然**及び社会的条件から影響を受けたり，その場所の自然及び社会的条件に影響を与えたりすることを理解すること。

□世界各地における人々の生活やその**変容**を基に，世界の人々の生活や環境の**多様性**を理解すること。その際，世界の主な**宗教**の分布についても理解すること。

〈世界の諸地域〉

□①**アジア**，②ヨーロッパ，③**アフリカ**，④北アメリカ，⑤**南アメリカ**，⑥**オセアニア**，を取り上げる。

□世界各地で顕在化している**地球的課題**は，それが見られる地域の**地域的特色**の影響を受けて，現れ方が異なることを理解すること。

□①から⑥までの世界の各州に暮らす人々の生活を基に，各州の**地域的特色**を大観し理解すること。

●日本の様々な地域(C)

〈地域調査の手法〉

□観察や**野外調査**，文献調査を行う際の視点や方法，**地理的**なまとめ方の基礎を理解すること。

□**地形図**や主題図の読図，目的や用途に適した**地図**の作成などの地理的技能を身に付けること。

〈日本の地域的特色と地域区分〉

□①**自然環境**，②**人口**，③**資源**・エネルギーと産業，④**交通**・通信，を取り上げる。

□日本の**地形**や気候の特色，**海洋**に囲まれた日本の国土の特色，自然災害と**防災**への取組などを基に，日本の**自然環境**に関する特色を理解すること。

□**少子高齢化**の課題，国内の人口分布や**過疎・過密**問題などを基に，日本の**人口**に関する特色を理解すること。

□日本の資源・エネルギー利用の現状，国内の**産業**の動向，**環境**やエネルギーに関する課題などを基に，日本の資源・**エネルギー**と産業に関する特色を理解すること。

□国内や日本と世界との**交通**·通信網の整備状況，これを活用した陸上，海上輸送などの物流や人の往来などを基に，国内各地の結び付きや日本と世界との結び付きの特色を理解すること。

□①から④までの項目に基づく地域区分を踏まえ，我が国の国土の特色を大観し理解すること。

□日本や国内地域に関する各種の主題図や資料を基に，地域区分をする技能を身に付けること。

●日本の諸地域

□①自然環境を中核とした考察の仕方，②人口や都市・村落を中核とした考察の仕方，③産業を中核とした考察の仕方，④交通や通信を中核とした考察の仕方，⑤その他の事象を中核とした考察の仕方，を取り上げる。

□幾つかに区分した日本のそれぞれの地域について，その地域的特色や地域の課題を理解すること。

□①から⑤までの考察の仕方で取り上げた特色ある事象と，それに関連する他の事象や，そこで生ずる課題を理解すること。

## 3 歴史的分野の目標

□我が国の歴史の大きな流れを，世界の歴史を背景に，各時代の特色を踏まえて理解するとともに，諸資料から歴史に関する様々な情報を効果的に調べまとめる技能を身に付けるようにする。

□歴史に関わる事象の意味や意義，伝統と文化の特色などを，時期や年代，推移，比較，相互の関連や現在とのつながりなどに着目して多面的・多角的に考察したり，歴史に見られる課題を把握し複数の立場や意見を踏まえて公正に選択・判断したりする力，思考・判断したことを説明したり，それらを基に議論したりする力を養う。

□歴史に関わる諸事象について，よりよい社会の実現を視野にそこで見られる課題を主体的に追究，解決しようとする態度を養うとともに，多面的・多角的な考察や深い理解を通して涵養される我が国の歴史に対する愛情，国民としての自覚，国家及び社会並びに文化の発展や人々の生活の向上に尽くした歴史上の人物と現在に伝わる文化遺産を尊重しようとすることの大切さについての自覚などを深め，国際協調の精神を養う。

## 4 歴史的分野の内容

古代・中世・近代・近現代という大まかな区分がある。

**●歴史との対話(A)**

**〈私たちと歴史〉**

□年代の表し方や時代区分の意味や意義についての基本的な内容を理解すること。

□資料から歴史に関わる情報を読み取ったり，年表などにまとめたりするなどの技能を身に付けること。

**〈身近な地域の歴史〉**

□自らが生活する地域や受け継がれてきた伝統や文化への関心をもって，具体的な事柄との関わりの中で，地域の歴史について調べたり，収集した情報を年表などにまとめたりするなどの技能を身に付けること。

□比較や関連，時代的な背景や地域的な環境，歴史と私たちとのつながりなどに着目して，地域に残る文化財や諸資料を活用して，身近な地域の歴史的な特徴を多面的・多角的に考察し，表現すること。

**●近世までの日本とアジア(B)**

**〈古代までの日本〉**

□世界の古代文明や宗教のおこり：世界の古代文明や宗教のおこりを基に，世界の各地で文明が築かれたこと。

□日本列島における国家形成：日本列島における農耕の広まりと生活の変化や当時の人々の信仰，大和朝廷(大和政権)による統一の様子と東アジアとの関わりなどを基に，東アジアの文明の影響を受けながら我が国で国家が形成されていったこと。

□律令国家の形成：律令国家の確立に至るまでの過程，摂関政治などを基に，東アジアの文物や制度を積極的に取り入れながら国家の仕組みが整えられ，その後，天皇や貴族による政治が展開したこと。

□古代の文化と東アジアとの関わり：仏教の伝来とその影響，仮名文字の成立などを基に，国際的な要素をもった文化が栄え，それらを基礎としながら文化の国風化が進んだこと。

**〈中世の日本〉**

□武家政治の成立とユーラシアの交流：鎌倉幕府の成立，元寇(モンゴル帝国の襲来)などを基に，武士が台頭して主従の結び付きや武力を背景とした武家政権が成立し，その支配が広まったこと，元寇がユーラシアの変化の中で起こったこと。

□武家政治の展開と東アジアの動き：南北朝の争乱と室町幕府，日明貿易，琉球の国際的な役割などを基に，武家政治の展開とともに，東アジア世界との密接な関わりが見られたこと。

□民衆の成長と新たな文化の形成：農業など諸産業の発達，畿内を中心とした都市や農村における自治的な仕組みの成立，武士や民衆などの多様な文化の形成，応仁の乱後の社会的な変動などを基に，民衆の成長を背景とした社会や文化が生まれたこと。

〈近世の日本〉

□世界の動きと統一事業：ヨーロッパ人来航の背景とその影響，織田・豊臣による統一事業とその当時の対外関係，武将や豪商などの生活文化の展開などを基に，近世社会の基礎がつくられたこと。

□江戸幕府の成立と対外関係：江戸幕府の成立と大名統制，身分制と農村の様子，鎖国などの幕府の対外政策と対外関係などを基に，幕府と藩による支配が確立したこと。

□産業の発達と町人文化：産業や交通の発達，教育の普及と文化の広がりなどを基に，町人文化が都市を中心に形成されたことや，各地方の生活文化が生まれたこと。

□幕府の政治の展開：社会の変動や欧米諸国の接近，幕府の政治改革，新しい学問・思想の動きなどを基に，幕府の政治が次第に行き詰まりをみせたこと。

**●近現代の日本と世界（C）**

**〈近代の日本と世界〉**

□欧米における近代社会の成立とアジア諸国の動き：欧米諸国における産業革命や市民革命，アジア諸国の動きなどを基に，欧米諸国が近代社会を成立させてアジアへ進出したこと。

□明治維新と近代国家の形成：開国とその影響，富国強兵・殖産興業政策，文明開化の風潮などを基に，明治維新によって近代国家の基礎が整えられて，人々の生活が大きく変化したこと。

□議会政治の始まりと国際社会との関わり：自由民権運動，大日本帝国憲法の制定，日清・日露戦争，条約改正などを基に，立憲制の国家が成立して議会政治が始まるとともに，我が国の国際的な地位が向上したこと。

□近代産業の発展と近代文化の形成：我が国の産業革命，この時期の国民生活の変化，学問・教育・科学・芸術の発展などを基に，我が国で近代産業が発展し，近代文化が形成されたこと。

□第一次世界大戦前後の国際情勢と大衆の出現：第一次世界大戦の背景とその影響，民族運動の高まりと国際協調の動き，我が国の国民の政治的自覚の高まりと文化の大衆化などを基に，第一次世界大戦前後の国際情勢及び我が国の動きと，大戦後に国際平和への努力がなされたこと。

□第二次世界大戦と人類への惨禍：経済の世界的な混乱と社会問題の発生，昭和初期から第二次世界大戦の終結までの我が国の政治・外交の動き，中国などアジア諸国との関係，欧米諸国の動き，戦時下の国民の生活などを基に，軍部の台頭から戦争までの経過と，大戦が人類全体に惨禍を及ぼしたこと。

〈現代の日本と世界〉

□日本の民主化と冷戦下の国際社会：冷戦，我が国の民主化と再建の過程，国際社会への復帰などを基に，第二次世界大戦後の諸改革の特色や世界の動きの中で新しい日本の建設が進められたこと。

□日本の経済の発展とグローバル化する世界：高度経済成長，国際社会との関わり，冷戦の終結などを基に，我が国の経済や科学技術の発展によって国民の生活が向上し，国際社会において我が国の役割が大きくなってきたこと。

## 5 公民的分野の目標

□個人の尊厳と人権の尊重の意義，特に自由・権利と責任・義務との関係を広い視野から正しく認識し，民主主義，民主政治の意義，国民の生活の向上と経済活動との関わり，現代の社会生活及び国際関係などについて，個人と社会との関わりを中心に理解を深めるとともに，諸資料から現代の社会的事象に関する情報を効果的に調べまとめる技能を身に付けるようにする。

□社会的事象の意味や意義，特色や相互の関連を現代の社会生活と関連付けて多面的・多角的に考察したり，現代社会に見られる課題について公正に判断したりする力，思考・判断したことを説明したり，それらを基に議論したりする力を養う。

□現代の社会的事象について，現代社会に見られる課題の解決を視野に主体的に社会に関わろうとする態度を養うとともに，多面的・多角的な考察や深い理解を通して涵養される，国民主権を担う公民として，自国を愛し，その平和と繁栄を図ることや，各国が相互に主権を尊重し，各国民が協力し合うことの大切さについての自覚などを深める。

## 6 公民的分野の内容

**●私たちと現代社会（A）**

**〈私たちが生きる現代社会と文化の特色〉**

□現代日本の特色として少子高齢化，情報化，グローバル化などが見られることについて理解すること。

□現代社会における文化の意義や影響について理解すること。

**〈現代社会を捉える枠組み〉**

□現代社会の見方・考え方の基礎となる枠組みとして，対立と合意，効率と公正などについて理解すること。

□人間は本来社会的存在であることを基に，個人の尊厳と両性の本質的平等，契約の重要性やそれを守ることの意義及び個人の責任について理解すること。

**●私たちと経済（B）**

**〈市場の働きと経済〉**

□身近な消費生活を中心に経済活動の意義について理解すること。

□市場経済の基本的な考え方，市場における価格の決まり方や資源の配分について理解すること。

□現代の生産や金融などの仕組みや働きについて理解すること。

□勤労の権利と義務，労働組合の意義及び労働基準法の精神について理解すること。

**〈国民の生活と政府の役割〉**

□社会資本の整備，公害の防止など環境の保全，少子高齢社会における社会保障の充実・安定化，消費者の保護について，それらの意義を理解すること。

□財政及び租税の意義，国民の納税の義務について理解すること。

**●私たちと政治（C）**

**〈人間の尊重と日本国憲法の基本的原則〉**

□人間の尊重についての考え方を，基本的人権を中心に深め，法の意義を理解すること。

□民主的な社会生活を営むためには，法に基づく**政治**が大切であることを理解すること。

□日本国憲法が基本的人権の尊重，国民主権及び平和主義を基本的原則としていることについて理解すること。

□日本国及び日本国民統合の象徴としての天皇の地位と天皇の国事に関する行為について理解すること。

**〈民主政治と政治参加〉**

□国会を中心とする我が国の民主政治の仕組みのあらましや政党の役割を理解すること。

□議会制民主主義の意義，多数決の原理とその運用の在り方について理解すること。

□国民の権利を守り，社会の秩序を維持するために，法に基づく公正な裁判の保障があることについて理解すること。

□地方自治の基本的な考え方について理解すること。その際，地方公共団体の政治の仕組み，住民の権利や義務について理解すること。

**●私たちと国際社会の諸課題（D）**

**〈世界平和と人類の福祉の増大〉**

□世界平和の実現と人類の福祉の増大のためには，国際協調の観点から，国家間の相互の主権の尊重と協力，各国民の相互理解と協力及び国際連合をはじめとする国際機構などの役割が大切であることを理解すること。その際，領土（領海，領空を含む。），国家主権，国際連合の働きなど基本的な事項について理解すること。

□地球環境，資源·エネルギー，貧困などの課題の解決のために経済的，技術的な協力などが大切であることを理解すること。

**〈よりよい社会を目指して〉**

□私たちがよりよい社会を築いていくために解決すべき課題を多面的・多角的に考察，構想し，自分の考えを説明，論述すること。

テーマ 3

● 中学校学習指導要領

# 社会科の指導計画の作成と内容の取扱い

頻出度 C

**ここが出る!** ▶▶

- 中学校の社会科は3つの分野に分かれる。3分野の指導の順序と，各分野に配当される授業時数を知っておこう。
- 主体的・対話的で学習ため，諸資料を活用した学習活動を行う。今日ではコンピュータの活用も不可欠だ。

## 1 指導計画の作成に当たっての配慮

履修の順序と授業時数の規定が重要だ。

□**単元**など内容や時間のまとまりを見通して，その中で育む資質・能力の育成に向けて，生徒の**主体的**・対話的で**深い**学びの実現を図るようにすること。

□その際，分野の特質に応じた見方・考え方を働かせ，**社会的事象**の意味や意義などを考察し，**概念**などに関する知識を獲得したり，社会との**関わり**を意識した課題を追究したり解決したりする活動の充実を図ること。

□また，**知識**に偏り過ぎた指導にならないようにするため，基本的な事柄を**厳選**して指導内容を構成するとともに，各分野において，内容の範囲や程度に十分配慮しつつ事柄を再構成するなどの工夫をして，基本的な内容が確実に身に付くよう指導すること。

□小学校社会科の内容との関連及び各分野相互の有機的な**関連**を図るとともに，地理的分野及び歴史的分野の基礎の上に**公民的分野**の学習を展開するこの教科の基本的な構造に留意して，全体として教科の目標が達成できるようにする必要があること。

□各分野の履修については，第1，第2学年を通じて**地理的分野**及び歴史的分野を並行して学習させることを原則とし，第3学年において歴史的分野及び**公民的分野**を学習させること。

□各分野に配当する授業時数は，地理的分野**115**単位時間，歴史的分野**135**単位時間，公民的分野**100**単位時間とすること。これらの点に留意し，各学校で創意工夫して適切な**指導計画**を作成すること。

□**障害**のある生徒などについては，学習活動を行う場合に生じる困難さに応じた指導内容や**指導方法**の工夫を計画的，組織的に行うこと。

## 2 内容の取扱い

諸資料を駆使した「生きた」社会科の授業が求められる。

□**社会的**な見方・考え方を働かせることをより一層重視する観点に立って，社会的事象の意味や**意義**，事象の特色や事象間の関連，社会に見られる**課題**などについて，考察したことや選択・判断したことを論理的に説明したり，立場や**根拠**を明確にして議論したりするなどの言語活動に関わる学習を一層重視すること。

□情報の収集，処理や発表などに当たっては，**学校図書館**や地域の公共施設などを活用するとともに，**コンピュータ**や情報通信ネットワークなどの情報手段を積極的に活用し，指導に生かすことで，生徒が**主体的**に調べ分かろうとして学習に取り組めるようにすること。

□その際，課題の追究や解決の**見通し**をもって生徒が主体的に情報手段を活用できるようにするとともに，**情報モラル**の指導にも留意すること。

□**調査**や諸資料から，社会的事象に関する様々な情報を効果的に収集し，読み取り，**まとめる**技能を身に付ける学習活動を重視するとともに，作業的で具体的な**体験**を伴う学習の充実を図るようにすること。

□その際，**地図**や年表を読んだり作成したり，現代社会の諸課題を捉え，**多面的**・多角的に考察，構想するに当たっては，関連する新聞，読み物，**統計**その他の資料に平素から親しみ適切に活用したり，観察や調査などの過程と結果を整理し報告書にまとめ，**発表**したりするなどの活動を取り入れるようにすること。

□社会的事象については，生徒の考えが深まるよう様々な見解を提示するよう配慮し，多様な見解のある事柄，未確定な事柄を取り上げる場合には，**有益適切**な教材に基づいて指導するとともに，特定の事柄を強調し過ぎたり，一面的な見解を十分な配慮なく取り上げたりするなどの偏った取扱いにより，生徒が多面的・**多角的**に考察したり，事実を客観的に捉え，**公正**に判断したりすることを妨げることのないよう留意すること。

□内容の指導に当たっては，**教育基本法**第14 条及び第15 条の規定に基づき，適切に行うよう特に慎重に配慮して，**政治**及び**宗教**に関する教育を行うものとする。

中学校学習指導要領

# 試験直前ファイナルチェック

□1　中学校の社会科の目標の中には,「社会的な見方・考え方」という文言が含まれている。 →P.14

□2　中学校の社会科は, 地理的分野, 歴史的分野, および公民的分野の３つの分野から構成されている。 →P.16

□3　地理的分野の内容項目の一つとして,「世界各地の人々の生活と文化」というものがある。 →P.17

□4　地理的分野で世界の諸地域を扱う際は, アジアやヨーロッパのほか, 必要に応じてアフリカも取り上げる。 →P.17

□5　歴史的分野の内容項目の一つとして,「私たちと歴史」というものがある。 →P.19

□6　「仮名文字の成立」は, 歴史的分野の「中世の日本」という内容項目に含まれるものである。 →P.19

□7　公民的分野の内容項目の細目の一つに,「貨幣の働きと経済」というものがある。 →P.22

□8　公民的分野の内容に関する学習指導要領の原文の中には,「グローバル化」という言葉が含まれている。 →P.22

□9　地理的分野に配当する授業時数は, 130単位時間とされている。 →P.24

□10　公民的分野に配当する授業時数は, 100単位時間とされている。 →P.24

□11　各分野の履修については, 第１, 第２学年を通じて地理的分野及び歴史的分野を並行して学習させることを原則とする。 →P.24

**Answer**

1　○

2　○

3　×
文化ではなく, 環境である。

4　×
アフリカは必ず取り上げる。

5　○

6　×
「古代までの日本」に含まれる。

7　×
貨幣ではなく, 市場である。

8　○

9　×
130単位時間ではなく, 115単位時間である。

10　○

11　○

# 高等学校学習指導要領

テーマ 4

● 高等学校学習指導要領（地理歴史科）

# 地理歴史科の目標

ここが出る! ▶▶

・地理歴史科の目標を押さえよう。1）まとめる技能，2）構想・説明・議論，3）態度の3本柱からなる。

・地理歴史科には5つの科目が含まれる。地理総合と歴史総合が必修で，これらを履修させた後に，残りの選択科目を履修させる。

## 1 地理歴史科の目標

教科全体の目標である。

□現代世界の**地域的特色**と日本及び世界の歴史の展開に関して理解するとともに，**調査**や諸資料から様々な情報を適切かつ効果的に調べまとめる**技能**を身に付けるようにする。

□地理や歴史に関わる事象の意味や意義，特色や相互の関連を，**概念**などを活用して多面的・**多角的**に考察したり，社会に見られる課題の解決に向けて構想したりする力や，考察，構想したことを効果的に**説明**したり，それらを基に**議論**したりする力を養う。

□地理や歴史に関わる諸事象について，よりよい社会の実現を視野に課題を主体的に解決しようとする**態度**を養うとともに，多面的・多角的な考察や深い理解を通して涵養される**日本国民**としての自覚，我が国の**国土**や歴史に対する愛情，他国や他国の**文化**を尊重することの大切さについての自覚などを深める。

## 2 地理歴史科の各科目の目標

5つの科目が含まれている。各科目の目標を混同しないように。

**●地理総合**

□地理に関わる諸事象に関して，世界の**生活文化**の多様性や，防災，地域や**地球的課題**への取組などを理解するとともに，**地図**や地理情報システムなどを用いて，調査や諸資料から地理に関する様々な**情報**を適切かつ効果的に調べまとめる技能を身に付けるようにする。

□地理に関わる事象の意味や意義，特色や相互の関連を，位置や**分布**，場所，人間と**自然環境**との相互依存関係，**空間的相互依存作用**，地域などに着目して，概念などを活用して多面的・多角的に考察したり，地理的な課題の解決に向けて構想したりする力や，考察，構想したことを効果的に**説明**したり，それらを基に**議論**したりする力を養う。

□地理に関わる諸事象について，よりよい社会の実現を視野にそこで見られる課題を主体的に追究，**解決**しようとする態度を養うとともに，多面的・多角的な考察や深い理解を通して涵(かん)養される日本国民としての**自覚**，我が国の国土に対する**愛情**，世界の諸地域の多様な**生活文化**を尊重しようとすることの大切さについての自覚などを深める。

●**地理探究**

□地理に関わる諸事象に関して，世界の空間的な諸事象の**規則性**，傾向性や，世界の諸地域の地域的特色や課題などを理解するとともに，地図や**地理情報システム**などを用いて，調査や**諸資料**から地理に関する様々な情報を適切かつ効果的に調べまとめる**技能**を身に付けるようにする。

□地理に関わる事象の意味や意義，特色や相互の関連を，**位置**や分布，場所，**人間**と自然環境との相互依存関係，空間的相互依存作用，地域などに着目して，**系統地理的**，地誌的に，概念などを活用して多面的・多角的に考察したり，地理的な課題の解決に向けて**構想**したりする力や，考察，構想したことを効果的に説明したり，それらを基に議論したりする力を養う。

□地理に関わる諸事象について，よりよい**社会**の実現を視野にそこで見られる課題を**主体的**に探究しようとする態度を養うとともに，多面的・多角的な考察や深い理解を通して涵養される**日本国民**としての自覚，我が国の**国土**に対する愛情，世界の諸地域の多様な生活文化を**尊重**しようとすることの大切さについての自覚などを深める。

●**歴史総合**

□**近現代**の歴史の変化に関わる諸事象について，世界とその中の日本を広く相互的な視野から捉え，**現代的**な諸課題の形成に関わる近現代の歴史を理解するとともに，諸資料から歴史に関する様々な**情報**を適切かつ効果的に調べまとめる**技能**を身に付けるようにする。

□近現代の歴史の変化に関わる事象の意味や意義，特色などを，時期や**年代**，推移，**比較**，相互の関連や現在とのつながりなどに着目して，概念などを活用して**多面的**・多角的に考察したり，歴史に見られる課題を把握し解決を視野に入れて構想したりする力や，考察，構想したことを効果的に説明したり，それらを基に議論したりする力を養う。

□近現代の歴史の変化に関わる諸事象について，よりよい社会の実現を視野に課題を主体的に追究，解決しようとする態度を養うとともに，多面的・多角的な考察や深い理解を通して涵養される日本国民としての自覚，我が国の歴史に対する愛情，他国や他国の文化を尊重することの大切さについての自覚などを深める。

●日本史探究

□我が国の歴史の展開に関わる諸事象について，地理的条件や世界の歴史と関連付けながら総合的に捉えて理解するとともに，諸資料から我が国の歴史に関する様々な情報を適切かつ効果的に調べまとめる技能を身に付けるようにする。

□我が国の歴史の展開に関わる事象の意味や意義，伝統と文化の特色などを，時期や年代，推移，比較，相互の関連や現在とのつながりなどに着目して，概念などを活用して多面的・多角的に考察したり，歴史に見られる課題を把握し解決を視野に入れて構想したりする力や，考察，構想したことを効果的に説明したり，それらを基に議論したりする力を養う。

□我が国の歴史の展開に関わる諸事象について，よりよい社会の実現を視野に課題を主体的に探究しようとする態度を養うとともに，多面的・多角的な考察や深い理解を通して涵養される日本国民としての自覚，我が国の歴史に対する愛情，他国や他国の文化を尊重することの大切さについての自覚などを深める。

●世界史探究

□世界の歴史の大きな枠組みと展開に関わる諸事象について，地理的条件や日本の歴史と関連付けながら理解するとともに，諸資料から世界の歴史に関する様々な情報を適切かつ効果的に調べまとめる技能を身に付けるようにする。

□世界の歴史の大きな枠組みと展開に関わる事象の意味や意義，特色などを，時期や年代，推移，比較，相互の関連や現代世界とのつながりなどに着目して，概念などを活用して多面的・多角的に考察したり，歴史に見られる課題を把握し解決を視野に入れて構想したりする力や，考察，構想したことを効果的に説明したり，それらを基に議論したりする力を養う。

□世界の歴史の大きな枠組みと展開に関わる諸事象について，よりよい社会の実現を視野に課題を主体的に探究しようとする態度を養うとともに，多面的・多角的な考察や深い理解を通して涵養される日本国民としての自覚，我が国の歴史に対する愛情，他国や他国の文化を尊重することの大切さについての自覚などを深める。

## 3 各科目にわたる指導計画の作成と内容の取扱い

地理総合と歴史総合が必修科目である。

**●指導計画の作成に当たっての配慮事項**

□各科目の履修については，全ての生徒に履修させる科目である「地理総合」を履修した後に選択科目である「地理探究」を，同じく全ての生徒に履修させる科目である「歴史総合」を履修した後に選択科目である「日本史探究」，「世界史探究」を履修できるという，この教科の基本的な構造に留意し，各学校で創意工夫して適切な指導計画を作成すること。

**●内容の取扱いに当たっての配慮事項**

□調査や諸資料から，社会的事象に関する様々な情報を効果的に収集し，読み取り，まとめる技能を身に付ける学習活動を重視するとともに，作業的で具体的な体験を伴う学習の充実を図るようにすること。

□その際，地図や年表を読んだり作成したり，現代社会の諸課題を捉え，多面的・多角的に考察，構想するに当たっては，関連する各種の統計，年鑑，白書，画像，新聞，読み物，その他の資料の出典などを確認し，その信頼性を踏まえつつ適切に活用したり，観察や調査などの過程と結果を整理し報告書にまとめ，発表したりするなどの活動を取り入れるようにすること。

□社会的事象については，生徒の考えが深まるよう様々な見解を提示するよう配慮し，多様な見解のある事柄，未確定な事柄を取り上げる場合には，有益適切な教材に基づいて指導するとともに，特定の事柄を強調し過ぎたり，一面的な見解を十分な配慮なく取り上げたりするなどの偏った取扱いにより，生徒が多面的・多角的に考察したり，事実を客観的に捉え，公正に判断したりすることを妨げることのないよう留意すること。

テーマ **5**

● 高等学校学習指導要領(地理歴史科)

# 地理歴史科の内容

**ここが出る!**

- 高等学校の地理歴史科は，5つの科目からなる。各科目の内容の大枠を押さえよう。必修の地理総合と歴史総合は重点的に見ておくこと。
- 「現代世界の地域区分」という項目は，地理総合と地理探究のどちらのものか，という問題が出る。区別をつけておくこと。

## 1 地理総合

地理歴史科の必修科目である。

**●内容の大枠**

□地図や**地理情報システム**で捉える現代世界(A)
・地図や地理情報システムと現代世界(1)
□**国際理解**と国際協力(B)
・生活文化の**多様性**と国際理解(1)
・**地球的課題**と国際協力(2)
□**持続可能**な地域づくりと私たち(C)
・**自然環境**と防災(1)
・**生活圏**の調査と地域の展望(2)

**●内容の取扱い**

□地図の読図や作図，**衛星画像**や空中写真，景観写真の読み取りなど地理的技能を身に付けることができるよう**系統性**に留意して計画的に指導すること。

□その際，教科用図書「**地図**」を十分に活用するとともに，地図や統計などの地理情報の収集・分析には，**地理情報システム**や情報通信ネットワークなどの活用を工夫すること。

□世界的視野から日本の位置を捉えるとともに，日本の**領域**をめぐる問題にも触れること。また，我が国の**海洋国家**としての特色と海洋の果たす役割を取り上げるとともに，**竹島**や**北方領土**が我が国の固有の領土であることなど，我が国の領域をめぐる問題も取り上げるようにすること。その際，**尖閣諸島**については我が国の固有の領土であり，領土問題は存在しないことも扱うこと。

□地形図やハザードマップなどの主題図の読図など，日常生活と結び付いた地理的技能を身に付けるとともに，防災意識を高めるよう工夫すること。

## 2 地理探究の内容

地理総合の上に立って，発展的な内容を学ぶ。

□現代世界の系統地理的考察（A）
・自然環境（1）
・資源，産業（2）
・交通・通信，観光（3）
・人口，都市・村落（4）
・生活文化，民族・宗教（5）
□現代世界の地誌的考察（B）
・現代世界の地域区分（1）
・現代世界の諸地域（2）
□現代世界におけるこれからの日本の国土像（C）
・持続可能な国土像の探究（1）

## 3 歴史総合の内容

地理総合と並ぶ必修科目である。近現代史を扱う。

**●内容の大枠**

□歴史の扉（A）
・歴史と私たち（1）
・歴史の特質と資料（2）
□近代化と私たち（B）
・近代化への問い（1）
・結び付く世界と日本の開国（2）
・国民国家と明治維新（3）
・近代化と現代的な諸課題（4）
□国際秩序の変化や大衆化と私たち（C）
・国際秩序の変化や大衆化への問い（1）

・第一次世界大戦と大衆社会（２）
・経済危機と第二次世界大戦（３）
・国際秩序の変化や大衆化と現代的な諸課題（４）

□グローバル化と私たち（D）
・グローバル化への問い（１）
・冷戦と世界経済（２）
・世界秩序の変容と日本（３）
・現代的な諸課題の形成と展望（４）

●**内容の取扱い**

□近現代の歴史と現代的な諸課題との関わりを考察する際には，政治，経済，社会，文化，宗教，生活などの観点から諸事象を取り上げ，近現代の歴史を多面的・多角的に考察できるようにすること。

□年表や地図，その他の資料を積極的に活用し，文化遺産，博物館や公文書館，その他の資料館などを調査・見学したりするなど，具体的に学ぶよう指導を工夫すること。

□核兵器などの脅威に着目させ，戦争や紛争などを防止し，平和で民主的な国際社会を実現することが重要な課題であることを認識するよう指導を工夫すること。

## 4 日本史探究の内容

歴史総合の上に立ち，日本の通史をたどる。

□原始・古代の日本と東アジア（A）
・黎明期の日本列島と歴史的環境（１）
・歴史資料と原始・古代の展望（２）
・古代の国家・社会の展開と画期（３）

□中世の日本と世界（B）
・中世への転換と歴史的環境（１）
・歴史資料と中世の展望（２）
・中世の国家・社会の展開と画期（３）

□近世の日本と世界（C）
・近世への転換と歴史的環境（１）

・歴史資料と近世の展望(2)
・近世の国家・社会の展開と画期(3)
□近現代の地域・日本と世界(D)
・近代への転換と歴史的環境(1)
・歴史資料と近代の展望(2)
・近現代の地域・日本と世界の画期と構造(3)
・現代の日本の課題の探究(4)

## 5 世界史探究の内容

東洋・中東・西洋の通史を，有機的に絡めて学ぶ。

□世界史へのまなざし(A)
・地球環境から見る人類の歴史(1)
・日常生活から見る世界の歴史(2)
□諸地域の歴史的特質の形成(B)
・諸地域の歴史的特質への問い(1)
・古代文明の歴史的特質(2)
・諸地域の歴史的特質(3)
□諸地域の交流・再編(C)
・諸地域の交流・再編への問い(1)
・結び付くユーラシアと諸地域(2)
・アジア諸地域とヨーロッパの再編(3)
□諸地域の結合・変容(D)
・諸地域の結合・変容への問い(1)
・世界市場の形成と諸地域の結合(2)
・帝国主義とナショナリズムの高揚(3)
・第二次世界大戦と諸地域の変容(4)
□地球世界の課題(E)
・国際機構の形成と平和への模索(1)
・経済のグローバル化と格差の是正(2)
・科学技術の高度化と知識基盤社会(3)
・地球世界の課題の探究(4)

テーマ 6

● 高等学校学習指導要領(公民科)

# 公民科の目標と内容

ここが出る! ▶▶

・公民科の目標を押さえよう。合意形成，社会参画，国民主権など，この科目ならではの重要用語が出てくる。

・公民科には 3 つの科目が含まれる。このほど新設された公共が必修で，倫理と政治・経済が選択である。

## 1 公民科の目標

教科全体の目標である。

> 社会的な見方・考え方を働かせ，現代の諸課題を追究したり解決したりする活動を通して，広い視野に立ち，グローバル化する国際社会に主体的に生きる平和で民主的な国家及び社会の有為な形成者に必要な公民としての資質・能力を次のとおり育成することを目指す。
>
> □選択・判断の手掛かりとなる概念や理論及び倫理，政治，経済などに関わる現代の諸課題について理解するとともに，諸資料から様々な情報を適切かつ効果的に調べまとめる技能を身に付けるようにする。
>
> □現代の諸課題について，事実を基に概念などを活用して多面的・多角的に考察したり，解決に向けて公正に判断したりする力や，合意形成や社会参画を視野に入れながら構想したことを議論する力を養う。
>
> □よりよい社会の実現を視野に，現代の諸課題を主体的に解決しようとする態度を養うとともに，多面的・多角的な考察や深い理解を通して涵(かん)養される，人間としての在り方生き方についての自覚や，国民主権を担う公民として，自国を愛し，その平和と繁栄を図ることや，各国が相互に主権を尊重し，各国民が協力し合うことの大切さについての自覚などを深める。

## 2 公共の目標

新学習指導要領において，新設された科目である。内容は次テーマを参照のこと。

□現代の諸課題を捉え考察し，選択・判断するための手掛かりとなる概念や理論について理解するとともに，諸資料から，倫理的主体などとして活動するために必要となる情報を適切かつ効果的に調べまとめる技能を身に付けるようにする。

□現実社会の諸課題の解決に向けて，選択・判断の手掛かりとなる考え方や公共的な空間における基本的原理を活用して，事実を基に多面的・多角的に考察し公正に判断する力や，合意形成や社会参画を視野に入れながら構想したことを議論する力を養う。

□よりよい社会の実現を視野に，現代の諸課題を主体的に解決しようとする態度を養うとともに，多面的・多角的な考察や深い理解を通して涵養される，現代社会に生きる人間としての在り方生き方についての自覚や，公共的な空間に生き国民主権を担う公民として，自国を愛し，その平和と繁栄を図ることや，各国が相互に主権を尊重し，各国民が協力し合うことの大切さについての自覚などを深める。

## 3 倫理の目標と内容

中高生が自我を確立するにあたって，先人の優れた思想に触れることは有益である。

**●目標**

□古今東西の幅広い知的蓄積を通して，現代の諸課題を捉え，より深く思索するための手掛かりとなる概念や理論について理解するとともに，諸資料から，人間としての在り方生き方に関わる情報を調べまとめる技能を身に付けるようにする。

□自立した人間として他者と共によりよく生きる自己の生き方についてより深く思索する力や，現代の倫理的諸課題を解決するために倫理に関する概念や理論などを活用して，論理的に思考し，思索を深め，説明したり対話したりする力を養う。

□人間としての在り方生き方に関わる事象や課題について主体的に追究したり，他者と共によりよく生きる自己を形成しようとしたりする態度を養うとともに，多面的・多角的な考察やより深い思索を通して涵養される，現代社会に生きる人間としての在り方生き方についての自覚を深める。

**●内容の大枠**

□現代に生きる自己の課題と人間としての在り方生き方（A）

・人間としての在り方生き方の自覚（1）

・国際社会に生きる日本人としての自覚(２)

□現代の諸課題と倫理(B)

・自然や科学技術に関わる諸課題と倫理(１)

・社会と文化に関わる諸課題と倫理(２)

## 4 政治・経済の目標と内容

政治・経済の知識なくして，社会問題に関する議論はできない。

●目標

□社会の在り方に関わる現実社会の諸課題の解決に向けて探究するための手掛かりとなる概念や理論などについて理解するとともに，諸資料から，社会の在り方に関わる情報を適切かつ効果的に調べまとめる技能を身に付けるようにする。

□国家及び社会の形成者として必要な選択・判断の基準となる考え方や政治・経済に関する概念や理論などを活用して，現実社会に見られる複雑な課題を把握し，説明するとともに，身に付けた判断基準を根拠に構想する力や，構想したことの妥当性や効果，実現可能性などを指標にして議論し公正に判断して，合意形成や社会参画に向かう力を養う。

□よりよい社会の実現のために現実社会の諸課題を主体的に解決しようとする態度を養うとともに，多面的・多角的な考察や深い理解を通して涵養される，国民主権を担う公民として，自国を愛し，その平和と繁栄を図ることや，我が国及び国際社会において国家及び社会の形成に，より積極的な役割を果たそうとする自覚などを深める。

●内容の大枠

□現代日本における政治・経済の諸課題(A)

・現代日本の政治・経済(１)

・現代日本における政治・経済の諸課題の探究(２)

□グローバル化する国際社会の諸課題(B)

・現代の国際政治・経済(１)

・グローバル化する国際社会の諸課題の探究(２)

## 5 指導計画の作成に当たっての配慮事項

科目の履修順序の規定が重要である。

□単元など内容や時間のまとまりを見通して，その中で育む資質・能力の育成に向けて，生徒の主体的・対話的で深い学びの実現を図るようにすること。その際，科目の特質に応じた見方・考え方を働かせ，社会的事象等の意味や意義などを考察し，概念などに関する知識を獲得したり，社会との関わりを意識した課題を追究したり解決したりする活動の充実を図ること。

□各科目の履修については，全ての生徒に履修させる科目である「公共」を履修した後に選択科目である「倫理」及び「政治・経済」を履修できるという，この教科の基本的な構造に留意し，各学校で創意工夫して適切な指導計画を作成すること。その際，「公共」は，原則として入学年次及びその次の年次の２か年のうちに履修させること。

## 6 内容の取扱いに当たっての配慮事項

教育基本法第14条と第15条の条文をおさらいしよう。

□社会的な見方・考え方を働かせることをより一層重視する観点に立って，社会的事象等の意味や意義，事象の特色や事象間の関連，現実社会に見られる課題などについて，考察したことや構想したことを論理的に説明したり，立場や根拠を明確にして議論したりするなどの言語活動に関わる学習を一層重視すること。

□情報の収集，処理や発表などに当たっては，学校図書館や地域の公共施設などを活用するとともに，コンピュータや情報通信ネットワークなどの情報手段を積極的に活用し，指導に生かすことで，生徒が主体的に学習に取り組めるようにすること。その際，課題の追究や解決の見通しをもって生徒が主体的に情報手段を活用できるようにするとともに，情報モラルの指導にも配慮すること。

□内容の指導に当たっては，教育基本法第14条及び第15条の規定に基づき，適切に行うよう特に慎重に配慮して，政治及び宗教に関する教育を行うものとする。

□良識ある公民として必要な政治的教養は，教育上尊重されなければならない。（教育基本法第14条第１項）

□宗教に関する寛容の態度，宗教に関する一般的な教養及び宗教の社会生活における地位は，教育上尊重されなければならない。（第15条第１項）

テーマ 7

● 高等学校学習指導要領（公民科）

# 公共の内容

**ここが出る!** ▶▶

- **公共は，公民科の必修科目である。A～Cの 3 つの内容を含む。知識・技能に関する内容を知っておこう。**
- **内容項目の空欄補充問題の出題が予想される。ここで紹介する文章は，しっかり読んでおこう。**

## 1 公共の扉（A）

知識·技能に関する内容を列挙していく（一部省略，以下同じ）。自由·権利は，公共の福祉のために利用しなければならない。

**●公共的な空間を作る私たち**

□自らの**体験**などを振り返ることを通して，自らを成長させる人間としての**在り方生き方**について理解する。

□人間は，個人として相互に**尊重**されるべき存在であるとともに，対話を通して互いの様々な**立場**を理解し高め合うことのできる**社会的**な存在であること，伝統や**文化**，先人の取組や知恵に触れたりすることなどを通して，自らの**価値観**を形成するとともに他者の価値観を尊重することができるようになる存在であることについて理解する。

□自分自身が，自主的によりよい**公共的**な空間を作り出していこうとする自立した主体になることが，自らの**キャリア**形成とともによりよい社会の形成に結び付くことについて理解する。

**●公共的な空間における人間としての在り方生き方**

□**選択**・判断の手掛かりとして，行為の結果である個人や社会全体の**幸福**を重視する考え方や，行為の動機となる公正などの**義務**を重視する考え方などについて理解する。

□現代の諸課題について自らも**他者**も共に納得できる解決方法を見いだすことに向け，行為者自身の人間としての在り方生き方について**探求**することが，よりよく生きていく上で重要であることについて理解する。

**●公共的な空間における基本的原理**

□各人の意見や利害を公平・公正に**調整**することなどを通して，人間の尊厳と**平等**，協働の利益と社会の**安定性**の確保を共に図ることが，公共的な空間を作る上で必要であることについて理解する。

□人間の尊厳と平等，個人の尊重，**民主主義**，法の支配，**自由**・権利と責任·義務など，**公共的**な空間における基本的原理について理解する。

## 2 自立した主体としてよりよい社会の形成に参画する私たち(B)

□法や**規範**の意義及び役割，多様な**契約**及び消費者の権利と責任，**司法**参加の意義などに関わる現実社会の事柄や課題を基に，**憲法**の下，適正な手続きに則り，**法**や規範に基づいて各人の意見や利害を公平・**公正**に調整し，個人や社会の紛争を**調停**，解決することなどを通して，権利や自由が保障，実現され，社会の**秩序**が形成，維持されていくことについて理解する。

□**政治参加**と公正な世論の形成，**地方自治**，国家主権，領土(領海，領空を含む。)，我が国の**安全保障**と防衛，国際貢献を含む**国際社会**における我が国の役割などに関わる現実社会の事柄や課題を基に，よりよい社会は，憲法の下，個人が**議論**に参加し，意見や利害の対立状況を調整して**合意**を形成することなどを通して築かれるものであることについて理解する。

□**職業選択**，雇用と労働問題，**財政**及び租税の役割，少子高齢社会における**社会保障**の充実・安定化，**市場経済**の機能と限界，金融の働き，経済の**グローバル化**と相互依存関係の深まり(国際社会における貧困や**格差**の問題を含む。)などに関わる現実社会の事柄や課題を基に，**公正**かつ自由な経済活動を行うことを通して資源の効率的な配分が図られること，市場経済システムを機能させたり**国民福祉**の向上に寄与したりする役割を政府などが担っていること及びより活発な経済活動と個人の**尊重**を共に成り立たせることが必要であることについて理解する。

## 3 持続可能な社会づくりの主体となる私たち(C)

□**地域**の創造，よりよい国家・社会の構築及び**平和**で安定した国際社会の形成へ主体的に**参画**し，共に生きる社会を築くという観点から課題を見いだし，その課題の解決に向けて事実を基に協働して考察，構想し，妥当性や効果，**実現可能性**などを指標にして，論拠を基に自分の考えを説明，**論述**する。

| 問題 | Answer |
|---|---|
| □1　地理歴史科は，４つの科目からなる。 →P.28 | 1　×<br>５つである。 |
| □2　地理歴史科では，地理総合と歴史総合が必修科目である。 →P.31 | 2　○ |
| □3　地理総合の内容のAは，「現代世界の系統地理的考察」である。 →P.32 | 3　×<br>「地図や地理情報システムで捉える現代世界」である。 |
| □4　地理探究では，「人口，都市・村落などに関わる諸事象」を取り扱う。 →P.33 | 4　○ |
| □5　歴史総合の内容のDは，「近現代の地域・日本と世界」である。 →P.34 | 5　×<br>「グローバル化と私たち」である。 |
| □6　日本史探究の内容のBは，「近世の日本と世界」である。 →P.34 | 6　×<br>中世の日本と世界である。 |
| □7　世界史探究の内容のBでは，古代文明の歴史的特質を理解する。 →P.35 | 7　○ |
| □8　2018年公示の高校新学習指導要領では，公民科で「公共」という科目が新設された。 →P.36 | 8　○ |
| □9　倫理の内容のAでは，「社会と文化に関わる諸課題と倫理」を取り扱う。 →P.38 | 9　×<br>内容のBで取り扱う。 |
| □10　政治・経済の内容のAは，「現代世界における政治・経済の諸課題」である。 →P.38 | 10　×<br>現代世界ではなく，現代日本である。 |
| □11　公共は，原則として入学年次及びその次の年次の２か年のうちに履修させる。 →P.39 | 11　○ |
| □12　政治・経済は，公民科の選択科目である。 →P.39 | 12　○ |
| □13　公民科の内容の指導に当たっては，宗教に関する教育は一切行わない。 →P.39 | 13　×<br>教育基本法の規定に配慮して実施する。 |
| □14　公民科では，情報モラルの指導にも配慮する。 →P.39 | 14　○ |

# 地理

テーマ 8 ● 地理(人間と環境)

# 地形

**ここが出る!** ▶▶

- 大地形の3分類を覚えよう。具体的な事例とともに，その地理的な分布が問われることがある。
- 海岸の地形では，沈水海岸が頻出，4種類の名称を答えさせる問題が多い。写真も要確認である。

## 1 大地形の分類

地図上に表現される地形(**大地形**)は，いくつかのタイプに分かれる。

**●大地形の3分類**

| | 形成時期 | 形状 |
|---|---|---|
| □安定陸塊 | 先カンブリア代 | 安定した地塊。平原，高原。 |
| □古期造山帯 | 古生代 | 低くなだらかな山地。 |
| □新期造山帯 | 中生代～新世代 | 高くけわしい山地。地震帯，火山帯。 |

**●代表的な事例**

□安定陸塊…ゴンドワナランド，バルト楯状地

□古期造山帯…アパラチア山脈，ウラル山脈

□新期造山帯 { アルプス・ヒマラヤ造山帯…アルプス山脈，ヒマラヤ山脈
環太平洋造山帯…アンデス山脈，ロッキー山脈 }

□環太平洋造山帯には，アリューシャン列島，日本列島，フィリピン諸島，ニューギニア島，ニュージーランドなども含まれる。

**●分布**

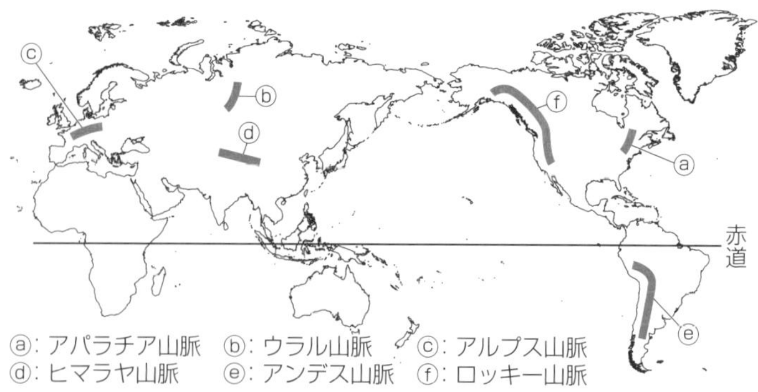

## 2 地形の形成

● 2つの力

| | 概念 | 作用 |
|---|---|---|
| □内的営力 | 地球内部で発生する力 | 褶曲，断層などの**地殻運動**，火山活動<br>地表の起伏を**大きく**する。 |
| □外的営力 | 地球外部で発生する力 | 流水や風などによる侵食，**堆積**作用<br>地表の起伏を**小さく**する。 |

● 用語解説

□【 褶曲(しゅうきょく) 】…横方向の圧力によって，地層にたわみができること。

□【 断層 】…亀裂に沿って，地盤が水平(垂直)に変位すること。

□【 侵食 】…地表が流水や風などによって削られること。侵食で地形が低くなることを，地形の侵食輪廻という。

□【 堆積 】…流水などによって運搬された岩石や土壌が積もること。

## 3 山地の地形

● 造山運動でできたもの

□褶曲運動によってできる**褶曲山地**と，断層運動によってできる**断層山地**とがある。以下は例である。

| | |
|---|---|
| ・褶曲山地 | アルプス，ヒマラヤ，アンデス，ロッキー山脈など |
| ・断層山地 | **傾動地塊**…四国山地，飛騨山脈，養老山地など |
| | **地塁山地**…木曽山脈，赤石山脈，鈴鹿山脈など |

● 火山地形

| | 特色 | 事例 |
|---|---|---|
| □成層火山 | 溶岩や火山灰などを噴出。 | **富士山**，男体山 |
| □盾状火山 | 粘性の少ない玄武岩質の溶岩の噴出でできる。 | ハワイ島，アイスランドの火山 |
| □カルデラ火山 | カルデラ(凹地)内に小火山がある。 | **箱根山**，三原山 |
| □カルデラ湖 | カルデラ内に水がたまった湖。 | 洞爺湖，田沢湖 |

● 山の標高

□最も標高が高い山は，アジアでは**エヴェレスト山**，アフリカでは**キリマンジャロ山**，北アメリカでは**マッキンリー山**，南アメリカでは**アコンカグア山**である。

## 4 プレート

□地球の表面は，厚さ100kmほどのかたい岩石でできたプレートで覆われている。プレートは10数枚に分かれ，ゆっくりと滑り動いている。

□日本列島は，4枚の大きなプレートが出会う場所にある。

□地震が多発する地域は，プレートが狭まる境界である。

□プレートが狭まる境界は，日本海溝のように海洋プレートが大陸プレートの下に沈み込んでいる境界と，ヒマラヤ山脈のように大陸プレート同士が衝突している境界に分かれる。

## 5 平野の地形

平野には，大規模な侵食平野と，小規模な堆積平野とがある。

●**侵食平野**

□【　準平原　】…山地であった土地が平坦になって形成されたもの。

□【　構造平野　】…水平な地層の表面が侵食されて低くなった平野。

□【　地形の侵食輪廻　】…侵食によって地形が低くなること。アメリカのデービスの造語。

●**堆積平野**

⏱□【　沖積平野　】…河川の堆積作用によって形成された平野。上流から，扇状地帯，氾濫原，三角州帯の順に配列される。

⏱□【　洪積台地　】…土地の隆起や海水面の低下によってできた台地。

ア）隆起扇状地・隆起三角州…扇状地や三角州が隆起したもの。

イ）河岸段丘…流域の土地が隆起してできた地形。

ウ）海岸段丘…海底の平坦面が階段状になった地形。

●**事例**

| | | | |
|---|---|---|---|
| 侵食平野 | 準平原 | リャオトン半島，シャントン半島，朝鮮半島西部 | |
| | 構造平野 | 東ヨーロッパ平原，西シベリア低地，大鑽井盆地 | |
| 堆積平野 | 沖積平野 | 扇状地・氾濫原・三角州 | |
| | 洪積台地 | 扇状地・三角州 | 武蔵野，牧ノ原，磐田原，筑後川 |
| | | 河岸段丘 | ライン川，桂川，天竜川，片品川 |
| | | 海岸段丘 | 野寒布岬，襟裳岬，室戸岬 |

●**海岸平野**

□【　海岸平野　】…地盤の隆起や海水面の低下によって海水面上にできる平野。

## 6 海岸の地形

● 3分類

□【 沈水海岸 】…海岸の沈降や，海水面の上昇でできたもの。岸が水面下に(断続的に)沈んだ地形である。

□【 離水海岸 】…海岸の隆起や，海水面の低下によってできたもの。岸が水面よりも高くなった(離水した)地形である。

□【 さんご礁海岸 】…さんごなどの遺骸でできた岩礁。

●沈水海岸の種類

| 名称 | 概念 | 事例 |
|---|---|---|
| □リアス海岸 | 谷が沈水してできた入り江が続いた，鋸歯のような海岸。 | 三陸海岸，豊後水道海岸，志摩半島 |
| □三角江 | 河口が沈水した，ラッパ状の海岸。 | テムズ川，エルベ川，セーヌ川の河口 |
| □フィヨルド | 氷食谷が沈水してできた地形。奥行きが長い。 | ノルウェーの大西洋岸 |
| □多島海 | 沈水した丘陵地の頭が，島状に浮き出た地形。 | バルト海西部，エーゲ海，瀬戸内海 |

●さんご礁海岸の種類

□【 裾礁 】…さんご礁が海岸に密着し，海岸を取り巻いて発達。

□【 堡礁 】…さんご礁が島の周囲を取り巻いて発達。

□【 環礁 】…さんご礁が礁湖を取り巻いて発達。

## 7 その他の地形

□【 氷河地形 】…氷河の侵食や堆積作用でできたもの。山頂部のカール，山腹のU字谷，氷河の運搬物の堆積でできるモレーンなど。

□【 カルスト地形 】…石灰岩が溶食されてできた地形。石灰岩が地下水に溶食されてできる鍾乳洞など。スロベニアの地名に由来。

□【 乾燥地形 】…基盤岩が露出した**岩石砂漠**，砂漠にできるワジ(涸谷，涸川)，乾燥地を貫く**外来河川**など。

□【 海底地形 】…水深の浅いゆるやかな斜面(大陸棚)，水深が深い平坦部(大洋底)。後者には，海底火山や**海嶺**が分布。

□【 ケスタ地形 】…地質構造を反映し，傾斜が非対称な断面をもった丘陵。パリ盆地など。

テーマ 9

● 地理(人間と環境)

# 世界の気候

**ここが出る!**

- 気候の特性を規定する3要素を覚えよう。風については，貿易風や偏西風など，代表的なものも知っておこう。
- ケッペンの気候区分は最頻出。各気候の名称，記号，特徴をセットにして覚えること。ハイサーグラフも要注意。

## 1 気候要素

### ●気候要素と気候因子

| | |
|---|---|
| 気候要素 | 気候の特性を決める要素。気温，降水，日射，湿度，気圧，風など。 |
| 気候因子 | 気候の分布を左右する要因。緯度，海抜高度，海流，地形など。 |

### ●気温

□気温は低緯度ほど高く，高度100mにつき約0.65℃ずつ下がる。

□1日の最高気温と最低気温の差を日較差，最暖月と最寒月の平均気温の差を年較差という。内陸では双方とも大きく，海岸はその反対。

### ●風

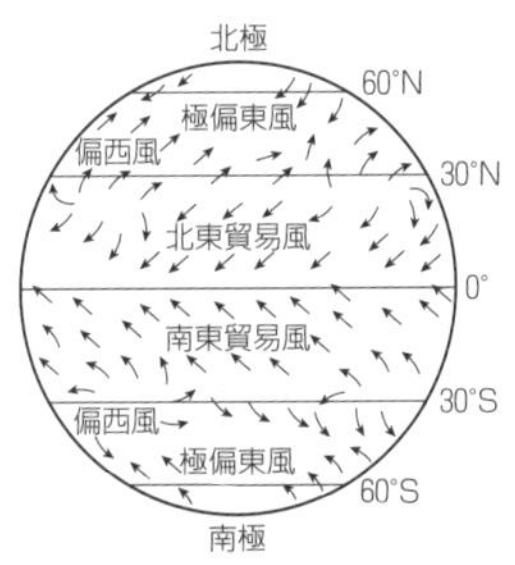


□【　貿易風　】…中緯度高圧帯から赤道低圧帯へ吹く東よりの風。貿易風が弱まり，ペルー沖で水温が上がることをエルニーニョ現象という。貿易風が強まり同海域の水温が下がることをラニーニャ現象という。

□【　偏西風　】…中緯度高圧帯から高緯度低圧帯へ吹く西よりの風❶。

□【　極東風　】…極高圧帯から高緯度低圧帯へ吹く東よりの風。

❶貿易風や偏西風のように，1年中決まった方向に吹く風を恒常風という。

□【　季節風　】…夏と冬で風向きが逆転する。**モンスーン**ともいう。

## 2 気候区分

著名な気候区分として，ドイツの**ケッペン**によるものがある。

●**熱帯気候(A)**

□【　熱帯雨林気候　】…(Af)年中，高温多雨。赤道付近に分布。東南アジアでジャングル，アマゾン川流域でセルバという密林が広がる。

□【　**熱帯モンスーン気候**　】…(Am)弱い乾季。モンスーンの影響。

□【　サバナ気候　】…(Aw)雨季と乾季。丈の長い草原と疎林。

●**乾燥気候(B)**

□【　ステップ気候　】…(BS)少量の降雨。丈の短い草原(ステップ)❷。

□【　**砂漠気候**　】…(BW)降水量が非常に少ない。オアシスや外来河川の流域に植生。

●**温帯気候(C)**

□【　**温暖湿潤気候**　】…(Cfa)夏は多雨(モンスーン)，冬は乾燥。

□【　西岸海洋性気候　】…(Cfb)暖流と偏西風の影響。降雨量が安定。大陸の西岸(高緯度)に分布。

□【　地中海性気候　】…(Cs)夏は乾燥，冬は湿潤。果樹栽培。地中海沿岸や大陸の西岸に分布。

□【　温暖冬季少雨気候　】…(Cw)夏は高温多雨，冬は温暖少雨。

●**冷帯気候(D)**

□【　**冷帯湿潤気候**　】…(Df)大陸性の気候。年間，平均した降水量。

□【　冷帯冬季少雨気候　】…(Dw)北半球の寒極。シベリア東部。

●**寒帯気候(E)**

□【　**ツンドラ気候**　】…(ET)短い夏に氷が溶ける。湿草原ツンドラ。

□【　氷雪気候　】…(EF)１年中，氷や雪におおわれる。

●**大陸別の気候区別面積割合**

□ユーラシアではDfが25.8%，アフリカではBWが25.2%，北アメリカではDfが43.4%，南アメリカではAwが36.5%，オーストラリアではBWが31.4%，南極ではEFが96.4%と最も多い。

---

❷乾燥気候か湿潤気候かを判定する乾燥限界値は，次の式で求める(tは平均気温)。年中多雨の場合は20(t+7)，冬少雨の場合は20(t+14)。夏少雨の場合は20t。

地理　世界の気候

## 3 雨温図

各気候区分に該当する都市の雨温図の例を示す。折れ線は気温(℃)，棒グラフは降水量(mm)である。前者は左軸，後者は右軸で読む。

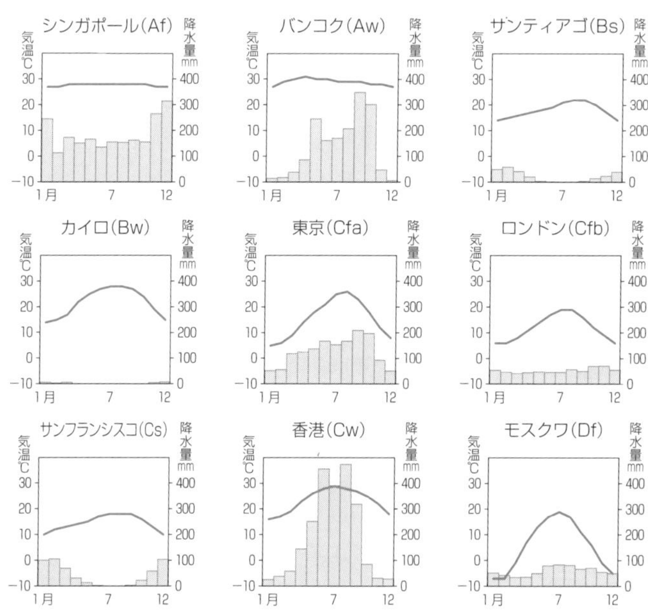


## 4 ハイサーグラフ

横軸に降水量(mm)，縦軸に気温(℃)をとった座標上で月ごとの変化を見る，**ハイサーグラフ**という図法がある。上記で見た9つの都市のものを示す。ドットの数字は月である。

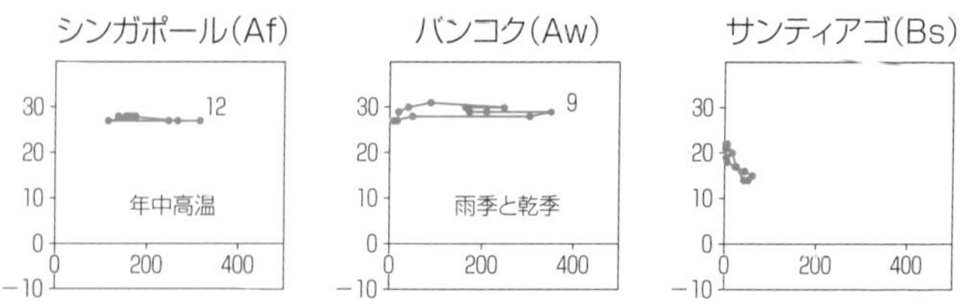

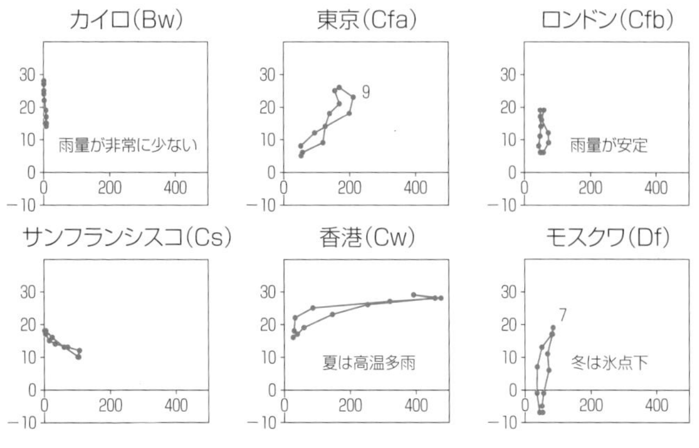


## 5 過去問

雨温図とハイサーグラフを示して，どの都市のものかを答えさせる問題が多い。ハイサーグラフの過去問を掲げる。以下の5つのうち，ブエノスアイレスのものはどれか。（愛知県の過去問）

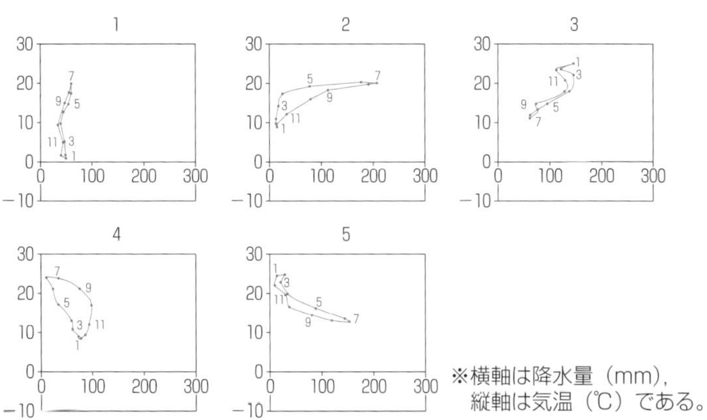


※横軸は降水量（mm），縦軸は気温（℃）である。

□7月に気温が低いのは南半球の都市（3と5）。3は温暖湿潤気候のブエノスアイレス，5は夏に乾燥する地中海性気候のパースである。

□1は西岸海洋性気候（降雨量が安定）のベルリン，2は温暖冬季少雨気候のクンミン，4は北半球の地中海性気候のローマである。

地理　世界の気候

テーマ 10

● 地理(人間と環境)

# 世界の植生・土壌

**ここが出る!**

- **世界に生い茂る植物には，どのようなものがあるか。前テーマで見た気候区分と対応させて覚えよう。**
- **土壌についてもよく問われる。デカン高原のレグール土は，綿花栽培に適していて，別名「黒色綿花土」ともいわれる。**

## 1 世界の植生

世界に生い茂る植物には，どのようなものがあるか。

**●森林**

□【 熱帯雨林 】…熱帯に分布する常緑広葉樹林，落葉広葉樹。

□【 暖帯林 】…熱帯に近い温帯に分布する照葉樹林。

□【 地中海性灌木林 】…Cs気候に分布する硬葉樹林。

□【 温帯混合林 】…温帯から冷帯南部に分布する，落葉広葉樹と針葉樹の混合林。

□【 針葉樹林 】…冷帯北部に分布する針葉樹。タイガともいう。

**●草原**

□【 熱帯草原 】…Aw気候に分布する疎林と長草の草原。サバナなど。

□【 乾燥草原 】…BS気候に分布する短草の草原。乾燥パンパなど。

□【 温帯草原 】…温帯の低温地域に分布する長草の草原。プスタなど。

□【 ツンドラ 】…ET気候に分布。地衣類，蘚苔類が茂る湿草原。

## 2 世界の土壌

**土壌**とは，岩石が風化されて細かい粒子となり，その上に有機物(動植物の分解物など)が加わってできたものをいう。

**●成帯土壌**

気候や植生の影響を受けた土壌を**成帯土壌**という。

⏱□【 ラトソル 】…熱帯雨林に分布する，やせ土。酸化鉄を含む赤色。

□【 赤色土・黄色土 】…亜熱帯に分布する，酸性のやせ土。

□【 褐色森林土 】…温帯の混合林の下に分布。肥沃な土壌。

⏱□【 ポドゾル 】…冷帯のタイガに分布する酸性土壌。表層は灰白色。

□【　ツンドラ土　】…寒帯に分布。下層は，強酸性のやせ地。

次に，乾燥地域の成帯土壌である。

□【　プレーリー土　】…ステップ北部の冷温帯に分布する黒色の土。

□【　チェルノーゼム　】…ロシア平原など，大陸内部に分布する黒色の肥沃土。

□【　栗色土　】…大陸内部のステップに分布する栗色の肥沃土。

□【　砂漠土　】…有機質の少ないやせ地。アルカリ性。農業は不可。

**●間帯土壌**

間帯土壌とは，母材や地形などの影響を受ける土壌のことである。

□【　テラロッサ　】…地中海沿岸に分布。赤橙色の土壌。

□【　テラローシャ　】…ブラジル高原南部に分布。赤紫色の土壌。コーヒー栽培に適する。

□【　レグール土　】…デカン高原に分布する黒色の土壌。綿花栽培に適する。

□【　泥炭土　】…冷帯から熱帯の湿地に分布する土壌。

## 3 気候・植生・土壌の関連

**●整理**

| 気候 | 植生 | 土壌 |
|---|---|---|
| Af | 熱帯雨林，セルバ，ジャングル | ラトソル，赤色土 |
| Am | 落葉広葉樹，下草類 | ラトソル，赤色土 |
| Aw | 乾燥に強い熱帯草原，サバナ | Afと同じ，一部に肥沃な土壌 |
| BS | 丈の短い草の草原(ステップ) | 栗色土や黒土(チェルノーゼム) |
| BW | オアシスに植物が生育 | アルカリ性の強い砂漠土 |
| Cfa | 混合林，パンパなどの温帯草原 | 褐色森林土，プレーリー土 |
| Cfb | ブナなどの落葉広葉樹林 | 褐色森林土 |
| Cs | 硬葉樹，柑橘類，オリーブ | 赤色土，黄色土，テラロッサ |
| Cw | シイ類，カシ類などの照葉樹 | 赤色土，黄色土が中心 |
| Df | 混合林，タイガ | 褐色森林土，ポドゾル |
| Dw | Dfと同じ | Dfと同じ |
| ET | 地衣類，蘚苔類 | ツンドラ土 |
| EF | なし | なし |

**●補足**

□【　バオバブ　】…マダガスカルなどのAw気候の地域で見られる樹木。乾燥に強く，実からは油がとれる。

テーマ 11

● 地理(人間と環境)

# 世界の陸地・海洋と陸水

頻出度 C

**ここが出る!**

- 六大陸，三大洋，島，および付属海のうち，著名なものを覚えよう。名称のみならず，世界地図上の位置も即答できるようにすること。
- 世界の主な湖や河川について知っておこう。湖面が縮んでいるアラル海，河況係数の考え方も要注意。

## 1 陸地・海洋・海流

### ●六大陸・三海洋

| | |
|---|---|
| □六大陸 | ユーラシア大陸(①)，アフリカ大陸(②)，北アメリカ大陸(③)，南アメリカ大陸(④)，オーストラリア大陸(⑥)，南極大陸(⑤)。※(　)内は面積順位。 |
| □三大洋 | 太平洋(①)，インド洋(③)，大西洋(②) |

□世界で初めて南極点に到達したのは，ノルウェーのアムンゼン。

### ●陸半球と水半球

□【　陸半球　】…陸地が最大になるように区分した半球。パリ南西部が中心で，陸地と海洋の比はほぼ半々。

□【　水半球　】…海洋が最大になるように区分した半球。ニュージーランド南東のアンティポデス諸島付近が中心で，海洋が9割を占める。オーストラリアと南極以外の大陸は含まれない。

### ●分布図

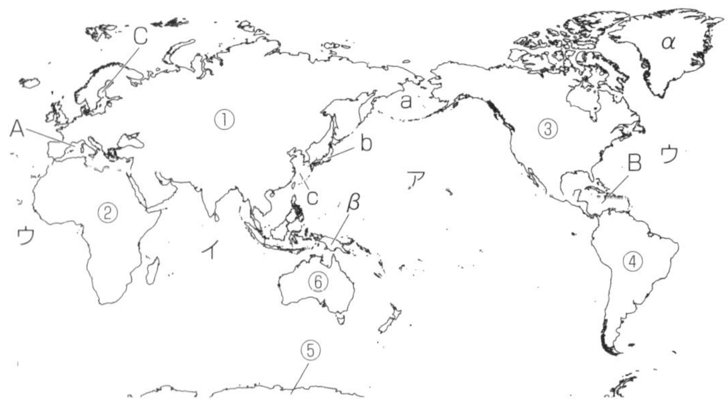

| 六大陸 | ①：ユーラシア，②：アフリカ，③：北アメリカ，④：南アメリカ，⑤：南極，⑥：オーストラリア |
|---|---|
| 三大洋 | ア：太平洋，イ：インド洋，ウ：大西洋 |
| 島 | α：グリーンランド島，β：ニューギニア島 |
| 地中海 | A：ヨーロッパ地中海，B：アメリカ地中海，C：バルト海 |
| 沿海 | a：ベーリング海，b：日本海，c：東シナ海 |

●**海流**

□低緯度から高緯度に流れる暖流と，その反対の寒流がある。

□海流は，北半球では時計回り，南半球では反時計回りに流れる。

□主な海流は以下である。

| | 暖流 | 寒流 |
|---|---|---|
| 太平洋 | 黒潮(日本海流) | 親潮(千島海流)，ペルー海流 |
| 大西洋 | メキシコ湾流 | ラブラドル海流，ベンゲラ海流 |

□【 海岸砂漠 】…沿岸の寒流の影響で大気が安定し雨量が少ないことで形成される砂漠。ベンゲラ海流の影響でできたナミブ砂漠が例。

## 2 陸水

陸上の水のことを**陸水**という。陸水には，3つの種類がある。

●**湖沼水**

□湖沼水は，湖や沼の水である。淡水湖(塩分含有量500mg/1以下)，塩湖(500mg/l以上)，富栄養湖(魚介類生育可)などに分かれる。

□湖の面積上位3位は，カスピ海，スペリオル湖，ビクトリア湖である。水面標高が最も高いのはチチカカ湖，水深が最も深いのはバイカル湖。

□中央アジアのアラル海はかつて湖沼面積世界4位だった。運河や灌漑地の造成のため，湖に注ぐ川の水量が減り，湖面が縮小している。

●**河川水**

□河川の長さ上位5位は，ナイル川，アマゾン川，長江，ミシシッピ川，オビ川である。

□河況係数(一地点における最大流量と最小流量の比)が大きいほど，河川災害が起きやすい。日本の河川は，この係数が高い。

●**地下水**

□地下水は，飲料水や工業用水として使われる。地表に最も近い自由地下水と，大きい圧力を受ける被圧地下水がある。

□オーストラリアでは，掘り抜き井戸による被圧地下水を牧畜に利用。

テーマ 12

● 地理(資源と産業)

# 世界の農牧業

**ここが出る!** ▶▶

- **農牧業を営むのに必要とされる，気温や降水量などの条件について知っておこう。**
- **自給的農牧業，商業的農業の各種類について，概要，主要作物，盛んな地域(国)などの知識を得ておこう。**

## 1 農牧業の成立条件と栽培限界

**●成立条件**

□気温⇒10℃以上。積算温度(生育期間中の気温の総和)は，稲は2400℃以上，小麦は1900℃以上。

□降水量⇒農業は500mm以上，牧畜業は250mm以上。

□地形⇒土地の傾斜度や湿度など。平坦な沖積平野は稲作に適し，台地は畑作に適する。

□土壌⇒肥沃の度合いや水はけ具合など。レグール土は綿花栽培に適し，テラローシャはコーヒー栽培に適する。

**●栽培限界**

□Aは稲，Bはとうもろこし，Cは小麦の栽培限界のラインである。稲は高温多雨で，年の降水量1000mm以上が栽培条件となる。

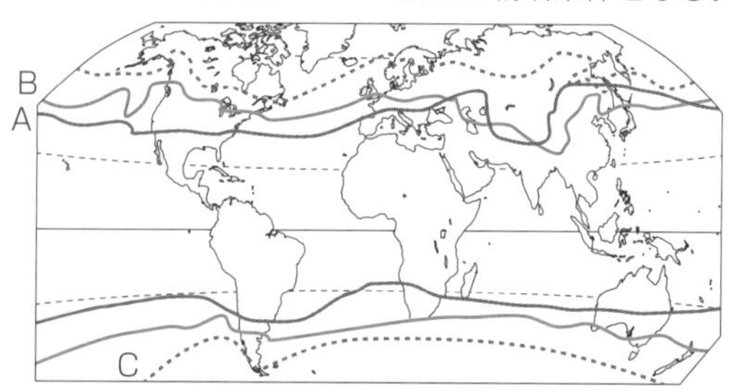


**●農業地域区分**

□アメリカの地理学者ホイットルセーは，家畜の有無，商品化の程度，集約度などの指標をもとに，世界を13の農業地域に区分。

## 2 自給的農牧業

自家消費を目的とした農牧業である。アジアやアフリカに多い。

●移動式農業

□森林を焼いた草木灰を肥料とする**焼畑農業**が主。森林の減少など，地力が衰えると，住居とともに**移動**する。

□栽培作物は，アワなどの**穀物**，**キャッサバ**などのイモ類，**とうもろこし**，豆類など。

●遊牧・オアシス農業

□**乾燥地域**やツンドラ地域では，牧草を求めて，家畜と共に移動する**遊牧**が盛ん。飼育する家畜は，羊，ヤギ，馬，ラクダなど。

□乾燥地域では，人工的な灌漑❶による**オアシス農業**が行われる。栽培作物は，**綿花**，小麦，米など(ナイル川流域)。

●アジア式農業

□アジアにおける**労働集約**的な零細経営。自給用の米や小麦を栽培。

□降水量が多い沖積平野での**米作**農業，水が少なく気温が低い地域での**畑作**農業からなる。

## 3 商業的農業

**商業的農業**は，ヨーロッパから発展したものである。

●二圃式と三圃式

□【　二圃式農業　】…穀物栽培と休閑を繰り返す。

□【　三圃式農業　】…冬作物，夏作物，休閑を回していく。

●地中海式農業

□夏乾燥，冬多雨の**地中海性気候**に適した農業。夏は果樹(**オリーブ**，オレンジなど)，冬は穀物(**小麦**など)を栽培する。移牧も盛ん。

●混合農業

□作物栽培と家畜飼育の**混合農業**。小麦やライ麦などの食用作物と飼育作物を**輪作**で栽培する。

●酪農・園芸農業

□**乳牛**を飼育して，乳製品を生産する。**デンマーク**，**スイス**，**ニュージーランド**，アメリカのニューイングランド地方で盛ん。

□近郊農業と**遠郊農業**。**野菜**，草花，果実を集約的に栽培し，都市に供給。夏野菜を早づくりする**促成**栽培，冬野菜を遅づくりする**抑制**栽培がある。

❶塩害による砂漠化の進行という問題もある。

## 4 企業的農牧業

新大陸の諸国では，利潤を得るための**企業的農牧業**が盛んである。

**●概要**

□【　大農経営　】…広い経営面積，少ない労働力を機械で補うやり方。

□【　企業的穀物農業　】…大規模な**小麦**の栽培。多角経営。

□【　企業的牧畜業　】…羊，肉牛の飼育。濃厚な飼料を与え，短期間で肉牛を肥育するフィードロット方式を導入。

**●小麦について**

□小麦は，肥沃なプレーリー土や黒土でよく育つ。

□春に種をまいて秋に収穫する春小麦と，秋に種をまいて初夏に収穫する冬小麦がある。

□春小麦は低温の高緯度地域，冬小麦は温暖な地域で栽培される。

**●アメリカ・カナダ**

□アメリカ中央部に冬小麦地帯，北部に春小麦地帯がある❷。

□冬小麦地帯の東に，とうもろこし・冬小麦地帯がのびる。

□グレートプレーンズ西部からロッキー山脈の地域で牧畜業。

□カナダ南部に春小麦地帯。

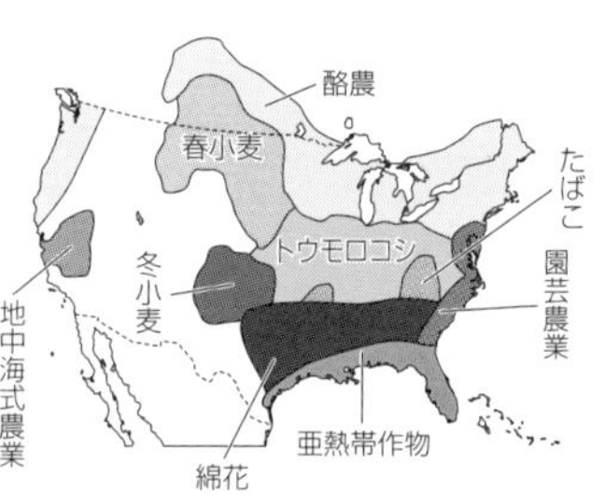


**●アルゼンチン・オーストラリア**

□アルゼンチン⇒パンパで小麦栽培。湿潤パンパで肉牛飼育，乾燥パンパで牧羊。エスタンシアという大牧場で企業的牧畜業。

□オーストラリア⇒企業的牧畜業が盛ん。世界最大の牧羊国。大鑽井盆地では，掘り抜き井戸を使って，羊の飲料水を確保。

**●プランテーション**

□【　プランテーション　】…熱帯における輸出向け商品作物の栽培。

□1～2の特定作物を専門的に大量栽培する単一耕作がとられる。

□茶，コーヒー(ブラジル)，カカオ，綿花(アメリカ)，天然ゴム(マレーシア)，油ヤシ，バナナ，サトウキビなどが栽培される。

❷アメリカの巨大な穀物商社(穀物メジャーズ)は，小麦の国際価格の決定に大きな影響力を持っている。この種の産業を，アグリビジネスという。

## 5 集団的農牧業

社会主義国では，生産手段が公有化された**集団的農牧業**が生まれた。

**●ロシア**

社会主義のソ連時代，以下の形態の集団的農牧業が行われていた。

□【 コルホーズ 】…農民の生産協同組合が土地を共有し，農作業を行う。収穫物の一定割合を国家に納め，残りを分割する。

□【 ソフホーズ 】…国有農場にて，農民が賃金をもらって働く。

□現ロシアとその周辺国の農牧業は，以下のように整理できる。

・ロシア南部の黒土地帯⇒冬小麦を栽培。

・ウクライナ⇒冬小麦栽培，混合農業，酪農。

・中央アジア諸国⇒牧羊，灌漑による綿花栽培。

・シベリア⇒春小麦栽培，トナカイの牧畜。

**●中国**

□1979年に人民公社を解体し，各農家に生産を請け負わせ，余剰の生産物は各農家の所有物とすることを認める生産責任制に転換。

□このことにより，農民の生産意欲が高まり，生産が増大している。

□広大な中国の農牧業は，以下のように区分けできる。

| | | |
|---|---|---|
| 畑作 | 華北 | 肥沃な黄土地帯で，冬小麦，綿花などを栽培。 |
| | 東北 | 春小麦，大豆，コウリャン，とうもろこしなどを栽培。 |
| 米作 | 華中 | 長江流域を中心とした米作。茶も栽培。 |
| | 華南 | 米の二期作を行う。サトウキビも栽培する。 |

## 6 農作物の生産量

| | 1位 | 2位 | 3位 |
|---|---|---|---|
| 米 | 中国28.0 | インド23.6 | バングラデシュ7.3 |
| 小麦 | 中国17.6 | インド14.1 | ロシア11.3 |
| 大豆 | ブラジル34.5 | アメリカ31.8 | アルゼンチン13.8 |
| とうもろこし | アメリカ31.0 | 中国22.4 | ブラジル8.9 |
| ぶどう | 中国18.9 | イタリア10.5 | スペイン8.7 |
| オリーブ | スペイン34.4 | イタリア9.3 | チュニジア8.5 |
| 茶 | 中国42.3 | インド20.3 | ケニア8.1 |

＊2020年の生産量に占める割合（%）データ。『地理統計要覧2023年版』より作成

テーマ 13 ● 地理(資源と産業)

# 世界の水産業・林業

頻出度 C

**ここが出る!** ▶▶

- 漁業の成立条件(200カイリ水域)と,世界の三大漁場について知っておこう。各漁場を流れる海流の名称も要注意である。
- わが国の漁業の部門別漁獲量のグラフはよく出る。曲線を見て,どれのものか識別できるようにすること。

## 1 水産業

### ●漁場

□沿岸国が,200カイリ水域で漁場の権利を主張できる。

□漁場が成立するための自然条件と社会条件は以下のとおり。

| | |
|---|---|
| 自然条件 | ①魚のえさになる**プランクトン**が多く発生していること,②寒流と暖流の**潮目**があること,③大陸棚の上に,水深の浅い**バンク**❶があること |
| 社会条件 | ①魚の**消費量**が多いこと,②資本,技術,**労働力**が豊富であること |

### ●世界の三大漁場

□【　太平洋北西部漁場　】…日本列島周辺。暖流の日本海流と対馬海流,寒流の千島海流と**リマン**海流が流れる。世界最大の漁場で,全漁獲量の21.0%を占める❷。

□【　大西洋北東部漁場　】…**北海**が中心。暖流の北大西洋海流,寒流の東グリーンランド海流が流れる。全漁獲量の9.0%を占める。

□【　大西洋北西部漁場　】…ニューファンドランド島が中心。暖流のメキシコ湾流,寒流の**ラブラドル**海流が流れる。

## 2 日本の水産業

最近では,とる漁業に代わって,育てる漁業の比重が増してきている。

### ●とる漁業

□【　遠洋漁業　】…世界各地に遠出する。各国が排他的経済水域を設定し,漁が制限されたことにより,漁獲量は減少傾向。

❶バンクは,プランクトンが豊富で,魚類の産卵や生育に適している。

❷2019年のデータで,二宮書店『地理統計要覧2023年版』による。

⏱□【　沖合漁業　】…１日から数日で行ける沖合で操業。漁獲量は1980年代半ばにピークを迎えるが，その後急減している。

□【　沿岸漁業　】…小漁船で，日帰りできる範囲で魚をとる。

●育てる漁業

□【　養殖　】…いけすなどで稚魚などを人工的に育て，出荷する。

□【　栽培漁業　】…人工的に孵化させた稚魚を海に放し，成長した後に捕獲する。

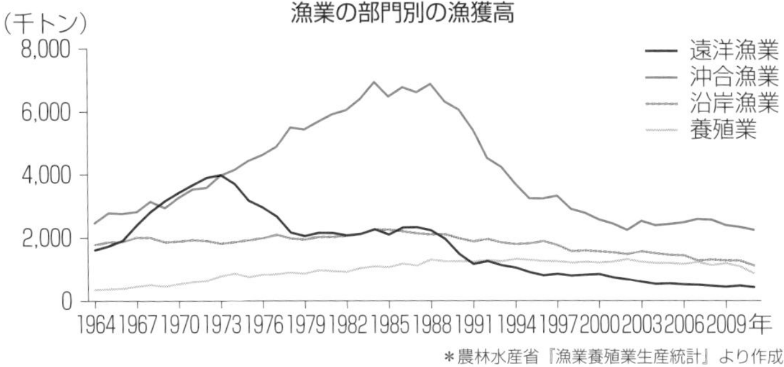

＊農林水産省『漁業養殖業生産統計』より作成

## 3 林業

二酸化炭素を吸収する森林の乱伐採も温暖化の一因だ。

●森林資源

□【　熱帯林　】…薪炭材が多く採れる。しかし，乱伐採の問題もあり。

□【　温帯林　】…開発が古く，人工林が多い。

□【　冷帯林　】…広い針葉樹林(**タイガ**)があり，林業が最も盛ん。

□【　アグロフォレストリー　】…森林保護と作物栽培を両立。

□森林面積はアフリカと南米では減少傾向が続いている。アジアは，中国の大規模な新規植林により増加に転じている。

●データ(全体に占める割合)

□木材の伐採量の上位３位の国は，アメリカ(11.0%)，インド(9.0%)，中国(8.6%)。＊2020年

□木材輸出量の上位３位の国は，ロシア(16.3%)，カナダ(11.2%)，ニュージーランド(8.0%)。＊2020年

□日本の木材輸入先の上位３位の国は，カナダ(29.8%)，アメリカ(17.0%)，ロシア(14.1%)。＊2021年

テーマ 14

● 地理(資源と産業)

# エネルギー・鉱産資源

頻出度 B

**ここが出る!** ▶▶

- **世界の主要な炭田，油田，鉄山について知っておこう。地理的位置を答えさせる問題も出るので，世界地図できちんと確認のこと。**
- **石炭，石油，鉄鉱石という主要資源について，生産量の上位国がどこかを押さえよう。統計グラフの問題がよく出る。**

## 1 一次エネルギー

データは『日本国勢図会2023/24』による。

**●一次エネルギーの種類**

□世界全体でみると**石油**が最も多い(日本も同じ)。中国は**石炭**，フランスは**原子力**が多い。

□エネルギー源の中心は，1960年代に**石炭**から**石油**に転換(エネルギー革命)。石油は熱量が大きく輸送・貯蔵も容易だが，$CO_2$を排出し，産出地も偏在している。枯渇も懸念される。

**●一次エネルギーの内訳(国内供給)**

□一次エネルギーの内訳は，世界全体で見ると**石油**が最も多い(日本も同じ)。中国は石炭，フランスは**原子力**が多い。インドは，**再生可能エネルギー**(バイオ燃料)の比重が相対的に高い。※2019年データ。

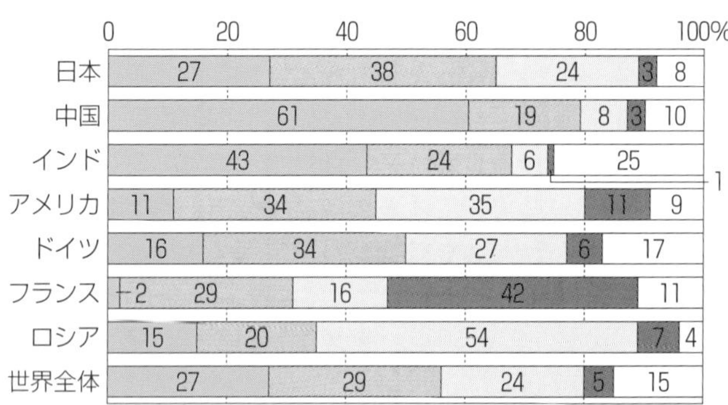


□日本の場合，**石油**の割合は減少しているが未だに首位を占める。**化石燃料**依存で，非化石燃料の比重は高くない。

□その他の再生可能エネルギーで多いのは，**バイオ燃料**・廃棄物。

●一次エネルギーの生産量の割合

| | 石炭(2020年) | 原油(2021年) | 天然ガス(2021年) |
|---|---|---|---|
| 1位 | 中国57.4% | アメリカ18.5% | アメリカ23.1% |
| 2位 | インド10.5% | サウジアラビア12.2% | ロシア17.4% |
| 3位 | インドネシア8.1% | ロシア12.2% | イラン6.4% |

## 2 鉱産資源

『日本国勢図会2022/23』による。(　)内は全体に占める割合。

●鉄鉱石

□2020年の鉄鉱石の産出高上位4位の国は，オーストラリア(37.1%)，ブラジル(16.2%)，中国(14.8%)，インド(8.4%)。

●鉄鉱石以外の鉱産資源(カッコ内は年)

| | | |
|---|---|---|
| 非鉄金属 | 銅(2019) | ①チリ，② ペルー，③ 中国 |
| | 鉛(2019) | ①中国，② オーストラリア，③ ペルー |
| | 亜鉛(2021) | ①中国，② ペルー，③ オーストラリア |
| | スズ(2020) | ①中国，② インドネシア，③ ミャンマー |
| | ニッケル(2019) | ①インドネシア，② フィリピン，③ ロシア |
| 軽金属 | ボーキサイト(2020) | ①オーストラリア，② 中国，③ ギニア |
| 貴金属 | 金(2020) | ①中国，② オーストラリア，③ ロシア |
| | 銀(2020) | ①メキシコ，② 中国，③ ペルー |
| | ダイヤモンド(2018) | ①ロシア，② ボツワナ，③ カナダ |

## 3 世界の炭田・油田・鉄山

主な炭田，油田，鉄山の位置を押さえておこう。

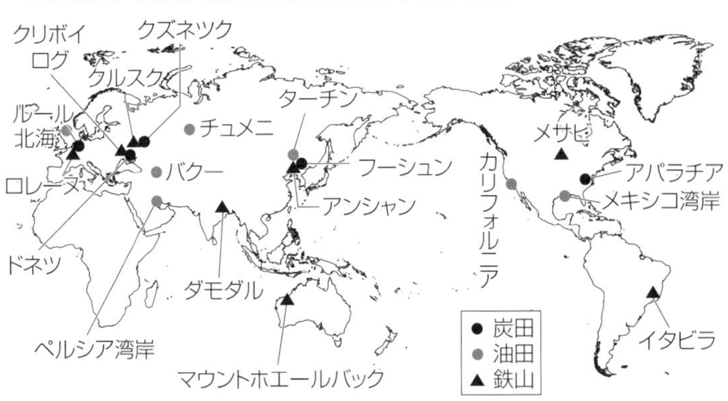


地理
エネルギー・鉱産資源

テーマ 15

● 地理(資源と産業)

# 世界の工業

**ここが出る!**

- ヨーロッパとアメリカの主要な工業都市を知っておこう。都市名，地理的位置，主な製品をセットにして覚えること。
- ルール工業地域＝ヨーロッパ最大の工業地域，アメリカの北緯37度以南の地域＝サンベルト，という基本事項も記憶のこと。

## 1 基本事項

●工業の類型

| | |
|---|---|
| □原料指向 | 原料産地に立地。セメント，鉄鋼，紙・パルプなど。 |
| □市場指向 | 大都市に立地。…ビール，出版・印刷など。 |
| □労働力指向 | 労働力が得やすい場所に立地。器具の組立，繊維など。 |
| □交通指向 | 港湾や空港近辺に立地。集積回路，石油化学など。 |
| □集積指向 | 部品などの関連工場が集まる。自動車，電気機械など。 |

●工業立地論

□輸送費と労働費が安い場所に，工業は立地しやすい(ウェーバーの工業立地論)。

## 2 ヨーロッパの工業

●イギリス

□ロンドン，バーミンガム(重化学工業)，ミドルスブラ(鉄鋼，石油化学)，エジンバラ(石油化学)，マンチェスター(綿織物)など。

□【　ブルーバナナ　】…イギリスのロンドン盆地から北イタリアまで続く工業地域。ヨーロッパ経済の中枢。

●ドイツ

□ルール工業地域は，ヨーロッパ最大の工業地域。

□エッセン，ドルトムント(重化学工業)，ジュイスブルク(ヨーロッパ最大の内陸港)，ジュッセルドルフ(中枢管理機能都市)，シュツットガルト(機械)，ミュンヘン(機械，自動車)など。

●フランス

□パリ(衣服)，ダンケルク(鉄鋼)，リヨン(重化学工業)，マルセイユ(アルミ精錬)，フォス(鉄鋼業)，トゥールーズ(航空)など。

●その他のヨーロッパ諸国

□ベルギーのアントウェルペン(石油化学)，スイスのヌーシャテル(精密機械)，イタリアのミラノ(化学)，ジェノバ(造船)，トリノ(自動車)，チェコのプラハ(機械)など。

□【 第3のイタリア 】…イタリアの伝統工芸中心の地域。国内の重工業地帯や農業地域に次ぐ，重要な産業地域とされる。ヴェネツィア，ボローニャ，フィレンツェなど。

## 3 アメリカの工業

アメリカは，世界最大の工業国である。

●地図

●北東部

□北緯37度以北の地域はスノーベルト。五大湖の水運で，メサビの鉄鉱石とアパラチアの石炭が結合。

□ボストン(電子工業)，ニューヨーク(衣料，食品)，ピッツバーグ，シカゴ(鉄鋼)，デトロイト(自動車)など。

●サンベルト

□北緯37度以南の地域は，工業の盛んなサンベルトである。安い土地と労働力，温和な気候により工業化が進展。

□バーミングハム(鉄鋼)，ヒューストン(石油化学)，ダラス，フォートワース(航空機)，ロサンゼルス(製油)，サンフランシスコ(食品)，サンノゼ(電子工業)，シリコンバレー(IT)など。

●**粗鋼と自動車の生産量**

(　)内は全体に占める割合である。『日本国勢図会2023/24』による。

□粗鋼の生産量の上位５位の国は，中国(54.0%)，インド(6.6%)，日本(4.7%)，アメリカ(4.3%)，ロシア(3.8%)。＊2022年

□自動車の生産量の上位５位の国は，中国(31.8%)，アメリカ(11.8%)，日本(9.2%)，インド(6.4%)，韓国(4.4%)。＊2022年

□産業用ロボット稼働台数の上位５位の国は，中国(35.2%)，日本(11.3%)，韓国(10.5%)，アメリカ(9.8%)，ドイツ(7.1%)。＊2021年

## 4 ロシアとその周辺国の工業

●**ロシア**

□【　北西部　】…重工業が発達。(サンクトペテルブルク)

□【　中央部　】…消費人口が多く，各種工業が発達。(モスクワ)

□【　ウラル　】…鉄鋼や金属業が盛ん。(マグニトゴルスク)

□【　西シベリア　】…クズネツク炭田を擁する。(ノボクズネツク)

□【　東シベリア　】…石炭や鉄鉱石を産出。(イルクーツク)

□【　極東　】…国土の東端に位置する。(ハバロフスク)

●**周辺国(４カ国)**

□ウクライナ⇒ドネツ炭田，クリボイログ鉄山を擁するドニエプル工業地域。

□アゼルバイジャン⇒バクー油田を擁する首都バクーで石油化学工業。

□カザフスタン⇒鉱産資源に恵まれたカラガンダ工業地域。

□ウズベキスタン⇒首都タシケントで綿工業が盛ん。

## 5 中国の工業

近年，中国の工業付加価値額は急増している。

**●対外経済開放政策**

□【 経済特区 】…経済的な優遇措置が認められた地域。外国企業が多く進出している。シェンチェン，チューハイ，スワトウ，アモイ，ハイナン島の5地域が指定されている。

□【 経済技術開発区 】…対外経済自主権を持つ地域。知識集約型産業を誘致している。テンチン，チンタオ，シャンハイなど，227地区が指定されている。

**●主な工業地域・都市**

| | |
|---|---|
| 東北 | アンシャンの鉄鋼，シェンヤンの機械 |
| 華北 | ペキン，テンチンの繊維 |
| 内モンゴル | パオトウの鉄鋼 |
| 華中 | シャンハイの繊維，ウーハンの鉄鋼 |
| 華南 | シェンチェン，ホンコン |
| 西部 | ユイメン，ウルムチの油田開発。 |

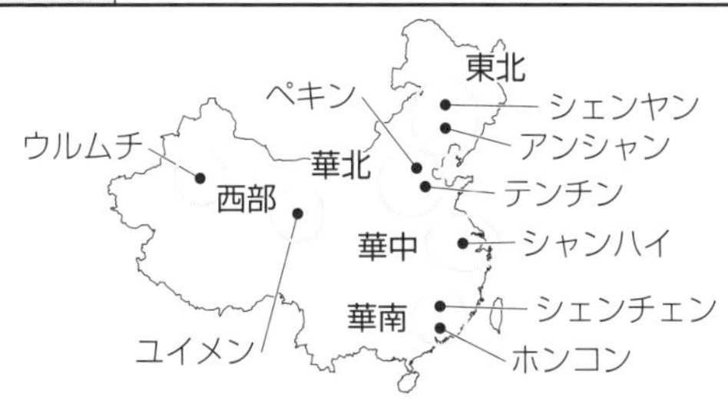


## 6 発展途上国の工業とグローバリゼーション

発展途上国の経済発展も目覚ましい。

□【 アジアNIEs 】…工業化を急速に進めた4つの国･地域(大韓民国，シンガポール，ホンコン，台湾)の総称。

□【 BRICS 】…近年，経済成長が目覚ましい国。ブラジル，ロシア，インド，中国，南アフリカの新興5カ国。

□インド⇒ムンバイの綿工業，北東部の重化学工業

テーマ 16

● 地理(生活と文化)

# 民族・人口

**ここが出る!** ▶▶

- **世界の主な言語(系)と宗教を知っておこう。三大宗教については，教祖の名称や宗派の区分も覚えておこう。**
- **人口の統計データがよく出る。世界の人口分布，国別の高齢化率，産業構成，都市人口率をみておこう。**

## 1 民族について

**●基礎概念**

□【 人種 】…皮膚の色など，身体的特徴による区分。

□【 民族 】…言語や宗教など，文化的・社会的特徴による区分。

**●民族と言語**

□民族を最も強く特徴づけるのは，言語である。

□使用人口が最も多いのは中国語，使用範囲が最も広いのは英語。

□世界の語系と言語の一部を示しておく。日本語の位置に注意。

| | | |
|---|---|---|
| インド・ヨーロッパ語系 | ラテン語派 | フランス語，イタリア語，スペイン語 |
| | ゲルマン語派 | 英語，ドイツ語，オランダ語 |
| | スラブ語派 | ロシア語，ブルガリア語 |
| ウラル・アルタイ語系 | ウラル系 | フィン語，ハンガリー語 |
| | アルタイ系 | 日本語，朝鮮語，モンゴル語 |

□【 クレオール語 】…異なる言語の接触で生じる混成言語。

**●民族と宗教**

| | | |
|---|---|---|
| 三大宗教 | キリスト教 | イエスによって成立。カトリック(旧教)，プロテスタント(新教)，ギリシャ正教に区分。 |
| | イスラーム教 | ムハンマドによって成立。経典は『コーラン』。多数派のスンニ派と少数派のシーア派に分かれる。 |
| | 仏教 | 釈迦によって成立。南伝仏教と北伝仏教に区分。 |
| 民族宗教 | ヒンズー教 | インドの民族宗教。カースト制と関連。 |
| | ユダヤ教 | ユダヤ民族の民族宗教。ヤーベを信仰する一神教。 |

□世界の宗教人口は，キリスト教が25億6000万人，イスラーム教が19億6100万人，ヒンドゥー教が10億7400万人，仏教が5億4600万人である(『地理統計要覧2023年版』)。

## 2 民族問題

ほとんどの国は，**多民族国家**である。それだけに，民族問題も多い。

●**公用語による対立緩和**

□スイス⇒フランス語，ドイツ語，イタリア語，ロマンシュ語が公用語。

□ベルギー⇒オランダ語(北部)，フランス語(南部)，ドイツ語(東部)が公用語。

□カナダ⇒英語，フランス語が公用語。

□インド⇒ヒンディー語(連邦公用語)，英語(準公用語)，21の州公用語。

●**人種差別**

| アメリカ | 黒人や先住民インディアンへの差別。1965年の公民権法制定により，黒人に参政権が認められる。 |
|---|---|
| オーストラリア | イギリス系白人中心の白豪政策。 |
| 南アフリカ | 黒人に対するアパルトヘイト(人種隔離政策)。 |

●**世界の諸民族**

□【　華人　】…国外に移住した中国人(華僑)の子弟。東南アジアに多く，現地の経済分野で活躍している。

□【　メスチソ　】…インディオとヨーロッパ系移民との混血児。(中南米)

□スラブ系民族の国々の中にありつつも，ラテン系の民族が住むルーマニアは，民族島と言われる。

## 3 世界の人口分布と人口変動

●**重要概念**

□【　エクメーネ　】…人間が居住している地域。全陸地の 9 割に相当。

□【　アネクメーネ　】…人間が居住できない地域。砂漠，高山など。

●**人口分布(2022年)**

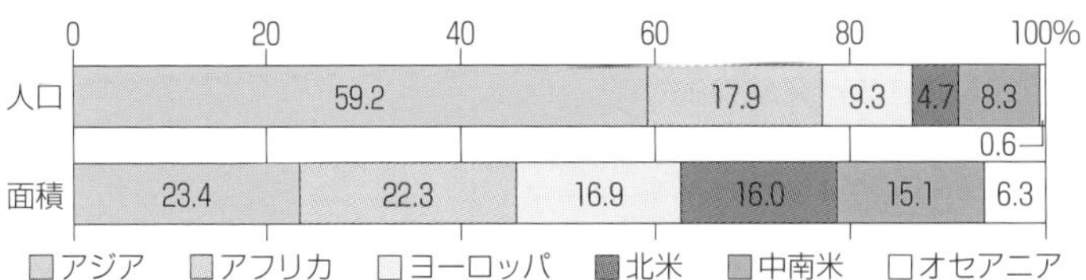


□世界の人口は約79億7500万人。人口密度は 1 km²当たり61人。

□世界人口の 6 割をアジア地域が占める(上図)。

□人口の上位３位の国はインド，中国，アメリカ(2023年)。

□日本の人口は１億2500万人ほど。面積は約38万平方キロメートルと狭い。世界有数の高密度国(１$km^2$につき335人)。

●**人口変動**

ある国の人口の増減は，以下の２つの合計値で表される。

□【　自然増加　】…出生数から死亡数を引いた値。

□【　社会増加　】…移入人口から移出人口を引いた値。

□自然増加には３タイプある。社会の発展に伴い，①→②→③と推移。

①多産多死型(人口が漸増)

②多産少死型(人口が急増)

③少産少死型(人口が漸増／停滞)

□発展途上国で人口爆発が起きている。

□中国では一人っ子政策が実施されてきたが，2015年に廃止。

●**合計特殊出生率**

□【　合計特殊出生率　】…１人の女性が生涯に産む子ども数の平均値。

□【　人口置換水準　】…人口が現状維持される合計特殊出生率の水準。

□2020年の合計特殊出生率は，日本が1.34，韓国が0.84，アメリカが1.64，スウェーデンが1.66。

## 4　人口の年齢構成と産業構成

政策上，人口の年齢構成を把握しておくことは重要である。

●**年齢区分**

□労働力という観点から，幼年人口(０～14歳)，生産年齢人口(15～64歳)，老齢人口(65歳以上)，という区分がとられることが多い。

□幼年人口と老齢人口を合わせて，従属人口と呼ぶこともある。

□65歳以上人口率は，日本が29.8%，インドが6.8%，韓国が16.7%，中国が13.1%，アメリカが16.7%，スウェーデンが20.1%，ブラジルが9.6%，エチオピアが3.1%(2021年)。

□日本は，世界で最も人口の高齢化が進んでいる。

●**年齢構成**

現在の日本は「釣鐘型」で，未来は「つぼ型」になる。

□【　ピラミッド型　】…人口が増加する型。発展途上国に多い。

□【　釣鐘型　】…少産少死で，人口が停滞する先進国に多い。

⏱□【　つぼ型　】…人口が減少局面の先進国に多い。

● **産業構成**

□就業している産業による区分もある。第一次産業(農林漁業)，第二次産業(鉱業，製造業，建設業)，第三次産業(その他)，という大区分がある。社会の発展につれて，第三次産業が多くなる。

□国によって，第一次・第二次・第三次の構成はかなり異なる❶。

産業別の人口構成

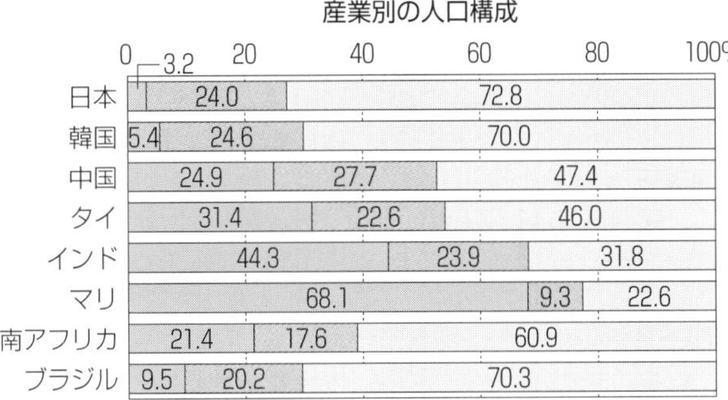


＊2020年のデータ。『地理統計要覧2023年版』より作成

## 5 都市人口率

最後に都市人口率である。地域別の推移グラフがよく出題される。

□経済成長により，産業や中枢機能が都市に集中することで，都市人口率は増加する。

□アジア諸国では，この要因で都市人口率が直線的に上がっている。

地域別の都市人口率（%）

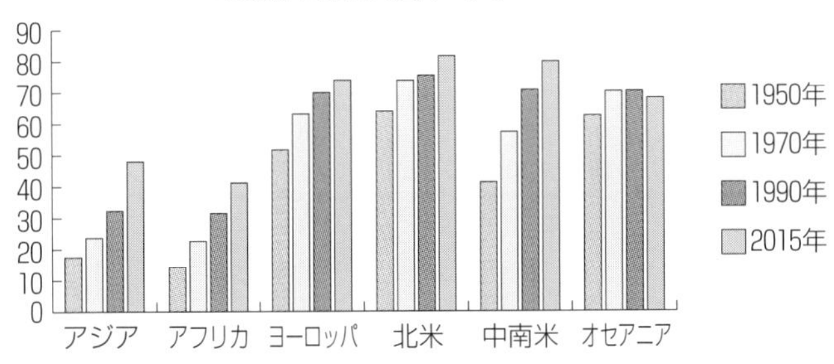


＊『地理統計要覧2023年版』より作成

❶経済の発展により，第二次・第三次産業の比重が高くなる(ペティ・クラークの法則)。

地理　民族・人口

テーマ 17

● 地理(生活と文化)

# 村落・都市・文化

**ここが出る!**

- 村落や都市には，どのようなタイプがあるか。一問一答で答えさせる問題が多い。「城郭都市」など，漢字で書けるようにすること。
- どの国でも都市化が進んでいる。都市化，都市計画，都市問題に関わる専門用語を知っておこう。

## 1 村落

**村落**は，人口密度が低く，第一次産業(農林漁業)を主な機能とする。

### ●村落の立地条件

□村落の立地は**地形**と関連が深い。山地と平野の境界にできる**谷口集落**，低湿地の**輪中集落**，山地の**日向集落**，海岸の**納屋集落**など。

### ●村落の発達史

| 古代 | 条理集落 | 最初の計画的な集落。格子状の地割り。 |
|---|---|---|
| 中世 | 荘園集落 | 荘園の中の集落。豪族屋敷村，寺百姓村など。 |
| 近世 | 新田集落 | 新田を基盤とした集落。武蔵野の三富新田など。 |
| 近代 | 屯田兵村 | 北海道の警備や開拓のために開かれた集落。 |

### ●村落の諸形態と機能

家屋が密集した**集村**と，分散した**散村**とがある。前者は，家屋の並び方によって，いくつかのタイプに分類される。

| 集村 | 塊村 | 家屋が密集し，塊状になった村落。 |
|---|---|---|
| | 路村 | 道路や水路に沿って家屋が並んだ村落。 |
| | 街村 | 街道などの道路に沿って家屋が並んだ村落。 |
| | 円村 | 家屋が円状に並んだ村落。 |
| | 列村 | 家屋が列状に分布している村落。 |

□散村は，新大陸の農業地域に多い。アメリカの**タウンシップ**は代表例。日本の砺波平野，**出雲平野**などにもみられる。

□村落は，機能によって，農村，**山村**，**漁村**というように区分される。

□【 限界集落 】…過疎化で共同生活の維持が困難な集落。

## 2 都市の形態・構造

都市を上空から眺めると面白い。

●都市の形態

□【 直交路型 】…直線道路が直交した形態。ペキン，京都など。

□【 放射同心円型 】…放射状道路と環状道路。パリ，モスクワなど。

□【 放射直交路型 】…放射路と直交路の組合せ。ワシントンD.C，旭川など。

□【 迷路型 】…袋小路などが組み込まれた形態で，敵の侵入を防げる。ダマスカス，テヘランなど，イスラーム地域に見られる。

●都市の構造

□都市地域は，①都心部，②近郊圏，③勢力圏の３層から構成される。

□真ん中の都心部は，さらに，CBD(中心業務地区)，中心商店街，官公庁区，問屋街などに細分される。

□副都心は都心と郊外を結ぶ結節点に位置し，都市の機能を分担する。東京の新宿，ローマのエウル，パリのラ・デファンスなど。

## 3 都市の機能と分類

各タイプの代表的な都市を覚えよう。

●都市の機能

□都市は，一般的な中心地機能を果たすと同時に，特殊な機能も果たす。後者の機能に応じて生産都市，交易都市，消費都市に分類できる。

●分類

| | | |
|---|---|---|
| 生産都市 | 工業都市 | バーミンガム，デトロイト，ヒューストン… |
| | 鉱業都市 | フーシェン，キルナ… |
| | 水産都市 | ベルゲン，釧路，八戸，銚子… |
| 交易都市 | 商業都市 | ニューヨーク，シカゴ，ロンドン… |
| | 交通都市 | アンカレジ，ケープタウン，横浜… |
| 消費都市 | 政治都市 | ワシントン，キャンベラ，ニューデリー… |
| | 軍事都市 | ポーツマス，ツーロン，横須賀… |
| | 宗教都市 | エルサレム，メッカ，メジナ，バチカン… |
| | 学術都市 | ケンブリッジ，バークレー，つくば… |
| | 住宅都市 | レッチワース，多摩，松戸，藤沢… |
| | 観光都市 | ローマ，パリ，京都，奈良… |
| | 保養都市 | ダージリン，カンヌ，軽井沢，伊豆… |

## 4 都市の拡大

時代とともに，どの国でも都市化が進行している。

●都市化

□都市化の程度は，都市人口率で見て取れる。日本では都市人口率が9割を超えている。主な国の都市人口率(%)の推移は以下。

| | 1950年 | 1970年 | 1990年 | 2015年 |
|---|---|---|---|---|
| 日本 | 53.4 | 71.9 | 77.3 | 91.4 |
| 韓国 | 21.4 | 40.7 | 73.8 | 81.6 |
| 中国 | 11.8 | 17.4 | 26.4 | 55.5 |
| インド | 17.0 | 19.8 | 25.5 | 32.8 |
| ベトナム | 11.6 | 18.3 | 20.3 | 33.8 |
| イギリス | 79.0 | 77.1 | 78.1 | 82.3 |
| ドイツ | 67.9 | 72.3 | 73.1 | 77.2 |
| フランス | 55.2 | 71.1 | 74.1 | 79.7 |
| メキシコ | 42.7 | 59.0 | 71.4 | 79.3 |

＊『地理統計要覧2023年版』より作成

●用語

□【　コナーベーション　】…隣接する複数の都市が連続して一体化すること。日本の京浜地方，ドイツのルール地方など。

□【　メガロポリス　】…複数の巨大都市が機能的に一体化してできた帯状の地域。日本の東海道メガロポリス(千葉〜神戸)など。

□【　メトロポリス　】…政治・経済・文化の中心をなす都市。

□【　グローバルシティ　】…国際金融などの中心機能が集中した都市。

□【　プライメートシティ　】…諸機能が過度に集中し，人口が首位となっている大都市。発展途上国では，**首位と2位以下の差が大きい**。貧しい農村では生活が成り立たず，大都市に人口が移動するため。

□【　コンパクトシティ構想　】…生活に必要な都市機能を効率的に配置し，人口の拡散を抑えること。

□【　ヒートアイランド現象　】…人口集中や経済活動により，都市の気温が周辺部より高くなること。

## 5 都市計画

ロンドンの都市計画についてよく問われる。

□【　田園都市構想　】…1898年，都市計画家のハワードが提唱。

□【　大ロンドン計画　】…過密解消，人口分散を目的に1944年より実施。市街地の周囲にグリーンベルト，職住近接のニュータウンを建設。

□市街地の空洞化を防ぐため，東部のドックランズを再開発。

□ロンドンのテムズ川河畔のウォーターフロント開発。

□新しい商業施設や高層住宅を建てたことで，富裕層が流入するジェントリフィケーションも起きた。

□ロンドンでは，都心に乗り入れる自動車に課金するロードプライシング制度が導入されている。

□【 アメニティ 】…経済性と共に重視すべき快適環境。

□【 グリーンツーリズム 】…農村での潜在型余暇活動。

## 6 都市問題

**●人口分布の不均衡**

□【 スプロール現象 】…地価の安さにひかれ，住宅や都市施設が無秩序(スプロール状)に郊外に広がっていく現象。

□【 ドーナツ化現象 】…都心部から郊外へと人口が流出する現象。郊外の自宅と都心の勤務先を往来する通勤ラッシュの原因。

**●インナーシティと発展途上国の問題**

□【 インナーシティ問題 】…大都市の都心の夜間人口が減り，生活環境が悪化し，行政区が成り立たなくなること。

□【 スラム 】…都市内部(inner)の不良住宅地域。治安が悪い。

□【 ゲットー 】…貧困層が集中的に住まう地域。ブラジルの大都市周辺のファベーラなど。

□【 インフォーマルセクター 】…行政に把握されていない経済活動。路上の販売，廃棄物の収集など。途上国の都市部に多い。

□【 スクオッター 】 …河川沿いなど，居住地ではない場所に不法に建てられた住居群。家がない貧困層が多く居住。

## 7 生活文化

□【 チャドル 】…イスラーム圏の女性が全身を覆う黒い布。

□【 キルト 】…スコットランドの男性の伝統衣装。

□【 チマ 】…朝鮮半島の女性がはく長いスカート。

□【 ハラールフード 】…イスラーム教で許された食品。

□【 ゲル 】…木の骨組みを羊毛で覆った移動式のテント(モンゴル)。

□木が少ないチベットやアンデスでは，石造りの家が多い。

テーマ 18 ● 地理（グローバル化と現代世界）

# 交通・通信

**ここが出る！** ▶▶

- さまざまな輸送機関の発達により，世界は格段に小さくなっている。現在，主力となっている輸送機関は何か。
- 情報を瞬時にやり取りすることを可能にする情報機器には，どのようなものがあるか。デジタル・デバイドという言葉も要注意。

## 1 交通

●輸送機関の発明

| | 時期 | 国 | 発明者 |
|---|---|---|---|
| □蒸気船 | 1807年 | アメリカ | フルトン |
| □蒸気機関車 | 1825年 | イギリス | スティーブンソン |
| □ガソリン使用の自動車 | 19世紀末 | ドイツ | ダイムラー |

●陸上交通

□100人当たりの自動車保有台数は，日本が62.6，中国が19.2，アメリカが86.0，ロシアが44.8，ドイツが62.7，フランスが62.9，ブラジルが21.4，インドが4.9である（2020年，『日本国勢図会2023/24』）。

□日本国内の交通の主力は**自動車**で，旅客輸送量の72%，貨物輸送量の55%を自動車が占める（2020年度）。

□主な国の鉄道輸送量は以下。日本のデータを言い当てられるように。

| | 営業キロ（km） | 旅客（百万人キロ） | 貨物（百万トンキロ） | 1km$^2$当たりの輸送量 | |
|---|---|---|---|---|---|
| | | | | 千人キロ | 千トンキロ |
| 日本 | 27798 | 441614 | 19369 | 1168 | 51 |
| 韓国 | 4192 | 23002 | 7878 | 230 | 79 |
| 中国 | 67515 | 681203 | 2238435 | 71 | 233 |
| インド | 68443 | 1149835 | 620175 | 350 | 189 |
| アメリカ | 150462 | 10239 | 2525217 | 1 | 257 |
| ドイツ | 33440 | 79456 | 70614 | 223 | 198 |
| フランス | 28241 | 93277 | 24598 | 146 | 38 |
| ロシア | 85626 | 129371 | 2491876 | 8 | 146 |

※2018年近辺のデータ。『地理統計要覧2023年版』より作成

□【　モーダルシフト　】…$CO_2$削減のため，輸送手段を自動車から鉄道，船から舶などに転換すること。

□【 LRT 】…次世代型路面電車システム。ドイツのフライブルクやフランスのストラスブールで導入。

□【 パークアンドライド方式 】…郊外駅に自動車を駐車し，鉄道を使って市街地を訪れること。自動車の使用を減らすドイツの政策。

●水上交通・航空交通

□海上交通は，国際貿易の輸送上，主要な役割を果たす。

□ヨーロッパやロシアでは，河川を渡る内陸水路交通が発達。

□国際海峡，運河，河川は，外国船舶の自由な航行が認められている。

| | | |
|---|---|---|
| 海上交通 | 国際海峡 | マラッカ海峡，ジブラルタル海峡など。 |
| | 国際運河 | スエズ運河，パナマ運河，キール運河など。 |
| 内陸水路交通 | 国際河川 | ライン川，ドナウ川，エルベ川など。 |

□パナマやリベリアなどは船舶の登録料が安いため，世界の企業が自社の船をこれらの国の船籍とすることが多い(便宜置籍船)。

□商船の船腹量を国別にみると，パナマ，リベリア，マーシャル諸島の順に多い(2022年)。

□北ヨーロッパと北アメリカを結ぶ北大西洋航空路がよく利用される。各地の拠点の大空港をハブ空港という。

## 2 通信・マスコミ

●通信機器の発展

□1837年に電信機(byモールス)，1876年に電話(ベル)，1895年に無線電信(マルコーニ)が発明される。

□その後，ファクシミリ，携帯電話，インターネットなどが普及。

●情報化社会

□【 デジタル・デバイド 】…情報化社会で顕在化する，情報機器を持つ者と持たざる者の格差。

□【 eコマース 】…インターネット上での代金決済など。

□【 POSシステム 】…店頭での販売動向をデータ化し，商品発注，在庫管理などに役立てるシステム。

●インターネット利用者率

□国際間のデジタル・デバイドがある。2021年のインターネット利用者率は，日本が82.9%，韓国が97.6%，アメリカが91.8%，イギリスが96.7%，中国が73.1%，インドが46.3%となっている。

テーマ 19

● 地理(グローバル化と現代世界)

# 貿易と国際協力

**ここが出る!**

- 世界の貿易体制の変遷について知っておこう, IMF, IBRD, WTOなどの機関に要注意。略称と正式名称を覚えること。
- 日本の貿易統計は頻出。輸出・輸入品目で多いのはどれか。また, 主な貿易相手国はどこか。最新の統計をみておこう。

## 1 産業の国際化

小国の日本は, 貿易なくしては成り立たない。

**●国際分業**

□【 水平的分業 】…先進国間で工業製品を互いに輸出し合う。

□【 垂直的分業 】…先進国と発展途上国の分業体制。途上国が原材料を輸出し, 先進国が工業製品を輸出する。

□問題点も含めて整理すると, 以下のようになる。

| | 水平的分業 | 垂直的分業 |
|---|---|---|
| 形態 | 先(工業製品)⇔先(工業製品) | 先(工業製品)⇔途(原材料) |
| 問題 | 貿易摩擦(収支不均衡) | 南北問題(経済格差)❶ |

□【 フェアトレード 】…適正価格での取引により, 途上国の人々の生活を守り, 持続可能な発展を促す貿易。

□【 資源ナショナリズム 】…自国の天然資源に対する主権を明確にし, 経済発展を図ろうとする動き。

**●多国籍企業**

□【 多国籍企業 】…複数の国に活動拠点を持つ巨大企業。

□安い労働力を求めて, 発展途上国に進出。生産拠点の移行により, 本国では失業者が増えるという事態(産業の空洞化)も生じる。

## 2 世界の貿易

戦前の保護貿易は反省され, 戦後は貿易の自由化が進められている。

**●第二次世界大戦後の貿易体制**

□1944年のブレトン・ウッズ協定により, アメリカを中心とした国際経

❶発展途上国の間の経済格差もある(南南問題)。

済体制(ブレトン・ウッズ体制)が成立した。

| 年 | 事項 |
|---|---|
| 1946年 | 国際通貨基金(IMF)創設。ドルを通貨の基軸とする金・ドル本位制。各国通貨をドルと結合させる固定為替相場制。 |
| 1946年 | 世界銀行(IBRD)創設。加盟国の経済復興資金供与。 |
| 1948年 | 関税及び貿易に関する一般協定(GATT)発足。関税などの障壁が取り払われ，貿易が活発化する。 |
| 1973年 | 固定為替相場制が，変動為替相場制に移行する。 |
| 1993年 | ウルグアイ・ラウンド(新多角的貿易交渉)の合意成立。 |
| 1995年 | GATTに代わり世界貿易機関(WTO)が設立される。商品のみならず，サービス貿易などに関するルールも定める。 |

**●貿易のタイプ**

□【　加工型　】…工業製品を輸出，原材料を輸入。先進国に多い。

□【　モノカルチャー型　】…原材料を輸出，工業製品を輸入。特定の一次産品(原油など)に依存する，モノカルチャー経済を反映。

## 3 貿易統計

いくつかの観点から，最新(2021年)の貿易統計をみておこう。出所は『日本国勢図会2023/24』である。

**●日本の主な貿易品(輸出入額の割合)**

□輸出品→機械類(38.1%)，自動車(12.9%)，鉄鋼(4.6%)，自動車部品(4.3%)，プラスチック(3.6%)。

□輸入品→機械類(25.1%)，石油(10.7%)，液化ガス(5.9%)，医薬品(5.0%)，衣類(3.3%)。

□1960年は，輸出は繊維品，輸入は繊維原料が最多(加工貿易の時代)。

**●日本の主な貿易相手国(輸出入額の割合)**

□輸出国→中国(21.6%)，アメリカ(17.8%)，台湾(7.2%)。

□輸入国→中国(24.0%)，アメリカ(10.5%)，オーストラリア(6.8%)。

**●日本の主な貿易品の輸出入先の首位(輸出入額の割合)**

□輸出先→石油製品(韓国22.7%)，医薬品(アメリカ32.6%)，鉄鋼(中国16.5%)，半導体等電子部品(中国25.3%)，自動車(アメリカ33.4%)，自動車部品(アメリカ24.9%)，精密機械(中国29.9%)。

□輸入先→肉類(アメリカ29.1%)，魚介類(中国18.0%)，小麦(アメリカ45.1%)，鉄鉱石(オーストラリア55.3%)，石炭(オーストラリア

67.2%)，原油(サウジアラビア40.0%)，液化天然ガス(オーストラリア36.0%)。

**●各国の輸出品上位3位(2021年)**

各国の産業の特徴が出ている。

| 中国 | 機械類(43.0%)，衣類(5.2%)，繊維品(4.3%) |
|---|---|
| 韓国 | 機械類(41.2%)，自動車(6.9%)，石油製品(6.1%) |
| マレーシア | 機械類(40.8%)，石油製品(7.4%)，衣類(4.8%) |
| タイ | 機械類(31.7%)，自動車(11.7%)，プラスチック(4.8%) |
| インドネシア | 石炭(13.7%)，パーム油(11.5%)，鉄鋼(9.2%) |
| ベトナム | 機械類(46.3%)，衣類(9.1%)，はきもの(5.4%) |
| インド | 石油製品(13.9%)，機械類(11.3%)，ダイヤモンド(6.3%) |
| パキスタン | 繊維品(31.9%)，衣類(29.4%)，米(7.5%) |
| スリランカ | 衣類(43.1%)，茶(10.4%)，ゴム製品(5.5%) |
| ボツワナ | ダイヤモンド(89.8%) |
| ザンビア | 銅(75.9%)，鉄鋼(2.2%) |
| 南アフリカ | 白金族(19.0%)，自動車(8.7%)，鉄鉱石(8.2%) |
| ドイツ | 機械類(27.9%)，自動車(14.5%)，医薬品(7.4%) |
| フランス | 機械類(18.6%)，自動車(8.3%)，医薬品(6.9%) |
| イギリス | 機械類(20.7%)，金(8.9%)，自動車(8.3%) |
| ベルギー | 医薬品(19.6%)，機械類(9.9%)，自動車(9.8%) |
| ロシア | 原油(22.5%)，石油製品(14.6%)，鉄鋼(6.0%) |
| アメリカ | 機械類(22.8%)，自動車(6.7%)，石油製品(5.2%) |
| カナダ | 原油(16.3%)，機械類(9.2%)，自動車(8.7%) |
| ブラジル | 鉄鉱石(15.9%)，大豆(13.7%)，原油(10.9%) |
| オーストラリア | 鉄鉱石(33.9%)，石炭(13.6%)，液化天然ガス(10.9%) |

**●主な国からの輸入品目(日本)**

□サウジアラビアからの輸入品総額の91.7%が原油である。

| 中国 | 機械類(49.0%)，衣類(7.8%)，金属製品(3.6%) |
|---|---|
| インドネシア | 石炭(14.7%)，機械類(13.1%)，銅鉱(8.7%) |
| サウジアラビア | 原油(91.7%)，石油製品(3.7%)，有機化合物(1.5%) |
| アメリカ | 機械類(22.7%)，医薬品(9.7%)，液化石油ガス(5.6%) |
| カナダ | 肉類(11.3%)，なたね(10.4%)，鉄鉱石(9.1%) |
| ブラジル | 鉄鉱石(51.2%)，肉類(9.0%)，とうもろこし(6.8%) |
| スイス | 医薬品(40.2%)，時計·同部品(24.1%)，機械類(10.6%) |
| ロシア | 液化天然ガス(23.9%)，石炭(18.5%)，原油(16.6%) |
| 南アフリカ | ロジウム(39.9%)，パラジウム(19.2%)，白金(10.0%) |
| オーストラリア | 石炭(32.7%)，液化天然ガス(26.8%)，鉄鉱石(18.8%) |

## 4 国家の成立条件

● 3 つの条件

□ある国が独立国として認められるには，①領域，②国民，および③主権の 3 つの要素を持たなければならない。

●領域の種類

□【 領土 】…国家の主権が及ぶ陸地。

□【 領海 】…国家の主権が及ぶ海域。領海の範囲は基線よりも12カイリ。200カイリまでは，沿岸国が**資源への権利**を持つ排他的経済水域(EEZ)。

□【 領空 】…領土と領海の上空。

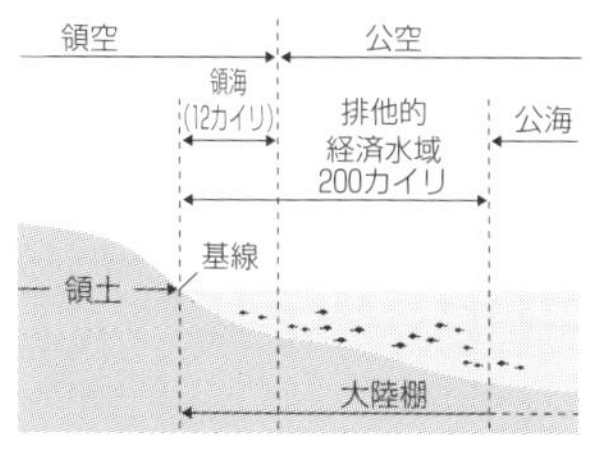


●国境

□国境には，山岳，海洋などの自然的国境と，緯度，経度などの人為的国境がある。中国とロシアの国境河川はアムール川。アメリカとカナダの国境は北緯49度。

## 5 現代の国家群と国際協力

●国家間の結合

□【 北大西洋条約機構 】…1949年成立。略称NATO。北アメリカ，西ヨーロッパの軍事同盟であるが，現在は旧東欧にも拡大。

□【 経済協力開発機構 】…1961年成立。略称OECD。先進国38カ国からなる。世界の貿易促進や途上国への開発援助が目的。

□【 主要国首脳会議 】…G 7 (米，英，仏，独，伊，加，日)とEUの首脳からなる，国際問題についての協議機関。**サミット**と呼ばれる。

□【 非同盟諸国会議 】…1961年，ベオグラードで第 1 回会議を開催。発展途上国の利益を主張。南北問題の解消を目指す。

●その他の結合

| 名称 | 成立年 | 概要 |
|---|---|---|
| □東南アジア諸国連合(ASEAN) | 1967年 | 東南アジアの協力組織 |
| □アラブ連盟(AL) | 1945年 | アラブ諸国の協力組織 |
| □米国·メキシコ·カナダ協定(USMCA) | 2020年 | 米，加，メキシコの 3 国協定 |
| □アジア太平洋経済協力会議(APEC) | 1989年 | 環太平洋地域の組織 |
| □石油輸出国機構(OPEC) | 1960年 | 産油国のカルテル組織 |

テーマ 20 ● 地理(グローバル化と現代世界)

# 地図と地形図

**ここが出る!**

- **地形図の等高線に関する問題がよく出る。図の縮尺ごとの，等高線の間隔を押さえよう。**
- **地図投影法の大分類と，それぞれの用途を押さえよう。時差の計算問題もよく出る。**

## 1 地図

**地図**は，作成方法や縮尺の大小によって分類される❶。

**●基本分類**

□【 実測図 】…現地での実測をもとに作成した地図。国土地理院が発行する国土基本図(2500分の1，5000分の1)など。縮尺は大きい。

□【 編集図 】…実測図を編集して作成した地図。国土地理院発行の5万分の1地形図など。実測図に比して，縮尺は小さい。

| 縮尺 | 分類 | 代表例 |
|---|---|---|
| 大縮尺図 | 実測図 | 国土基本図(2500分の1，5000分の1) |
| 中縮尺図 | 実測図 | 2万5000分の1地形図 |
| 中縮尺図 | 編集図 | 5万分の1地形図 |
| 小縮尺図 | 編集図 | 20万分の1地勢図，50万分の1地方図 |

**●情報による分類**

□【 一般図 】…あらゆる事象を網羅。多目的の利用を想定。国土地理院発行の地形図，地勢図など。

□【 主題図 】…特定の事象を表現した地図。土地利用図，地質図など。

**●地理情報**

□【 リモートセンシング 】…遠く離れた所から対象物を観測・分析すること。地球観測衛星のランドサットなど。

□【 GPS 】…測位衛星を使って，地球上の位置を求めるシステム。Global Positioning Systemの略。

□【 GIS 】…地理情報システム。様々なデータをコンピュータの地図上に表現すること。Geographic Information Systemの略。

❶世界最古の地図は，バビロニアの世界図。中世ヨーロッパのTOマップは，エルサレムを中心に，上方にアジア，右下にアフリカ，左下にヨーロッパをおく。

□【　GNSS　】…人工衛星を利用した，携帯端末の位置を測定するシステム。

●**統計地図**

□【　ドットマップ　】…事象の数量や分布を点で表現。

□【　メッシュマップ　】…面積と形が同じ図形の網をかけ，値に応じて塗り分ける。

●**ハザードマップ**

□【　ハザードマップ　】…様々な災害の被害を予測し，被害範囲や状況を地図化したもの。国交省のウェブサイトで公表されている。

□地震，洪水，火災，建物被害など，想定される項目ごとに，各自治体が作成している。

## 2 地形図

**地形図**は，狭い範囲について，地表の起伏などを詳しく表現している。

●**概念**

□【　地形図　】地表の起伏や植生分布などを詳しく表現したもの。国土地理院発行の地形図（2万5000分の1，5万分の1）が代表的。

□地形図の図法としては，国際横メルカトル図法が採用されている。

●**等高線**

□土地の起伏（高低）を表現する等高線には，3つの種類がある。図の縮尺によって，線が引かれる間隔が異なることに要注意。

| | 5万分の1 | 2万5000分の1 |
|---|---|---|
| 計曲線（太い実線） | 100mごと | 50mごと |
| 主曲線（細い実線） | 20mごと | 10mごと |
| 補助曲線（破線，点線） | 20m以下の微起伏 | 10m以下の微起伏 |

□等高線の間隔が密である場合，傾斜は急である。逆に間隔がまばらである場合，傾斜は緩やかである。

□主要道路沿いに約2kmの間隔で設置されている水準点（⊡）で，土地の高度を測定する。

□【　尾根線　】…低い方に張り出した等高線の頂点を結んだ曲線（赤色）。

□【　谷線　】…高い方に張り出した等高線の頂点を結んだ曲線（黒色）。

●距離の測定

□「実際の距離×縮尺＝地図上の長さ」という関係式を知っておく。

□５万分の１の地図上の１cmは50000cm（500m）となる。

●主な地形と新しい地図記号

□【　扇状地　】…谷の出口を中心とする扇形。扇頂や扇端に集落や水田がある。扇央（中央部）は水に乏しい。

□【　三角州　】…河口の堆積地形。平坦で等高線がほとんどない。デルタともいう。

□【　河岸段丘　】…河川の両岸にみられる階段状の地形。等高線の間隔が広い箇所と狭い箇所（がけ）が交互に並ぶ。

□緊急避難場所（　）と避難所（　）の地図記号ができている。

●氾濫原

□【　氾濫原　】…洪水時に河川の氾濫でできる地形。以下は代表例。

| 自然堤防 | あふれ出た土砂の堆積でできる。集落や畑に利用。 |
|---|---|
| 後背湿地 | 自然堤防の背後にできる低湿地。水田に利用。 |

## 3　地球と地図

球体である地球を平面で表現する方法を**地図投影法**という。

●地図投影法の大分類

□【　正積図法　】…面積が正しく表される。分布図などに利用。

□【　正方位図法　】…方位が正しく表される。航空図などに利用。

□【　正角図法　】…角度が正しく表される。海図などに利用。

●下位分類

| 正積 | サンソン図法 | 中央経線以外の経線は正弦曲線。（a） |
|---|---|---|
| | モルワイデ図法 | 中央経線以外の経線は楕円曲線。（b） |
| | グード図法 | 低緯度部をa，高緯度部をbで描く。 |
| 正方位 | 正距方位図法 | 図の中心からの距離と方位が正しい。 |
| 正角 | メルカトル図法 | 経線・緯線をすべて平行直線で描く。 |
| その他 | ミラー図法 | 高緯度の歪みが小さく，両極も表現可。 |

## 4　緯度と経度

●緯線

□【　緯線　】…赤道に平行な線（ヨコ線）。

□赤道が緯度０度で，それより北を北緯，南を南緯で表す。

□メルカトル図法では，高緯度ほど経線の間隔が実際よりも広い。

●経線

□【　経線　】…赤道と直角に交わる線(タテ線)。

□ロンドンを通る子午線が経度０度で，それより東を東経，西を西経で表す。東経180度と西経180度は一致する。

□【　対蹠地　】…ある地点から見て，地球上の正反対の位置にある点。経線上は180度反対側で，緯線上は赤道をはさんで反対側の地点。

## 5 時刻と時差

●原則

□経度15度の差で，１時間の時差が生じる。

□東側のほうが，時間が早い。

⇒日本(東経135度)は，ロンドン(０度)よりも９時間早い。

□日付変更線(経度180度)を西から東へ超える場合，日付を１日遅らせる。東から西へ超える場合，日付を１日進める。

●例題

日本(東経135度)が１月2日午前10時である場合，ロサンゼルス(西経120度)の日付と時刻は？

<解法１>

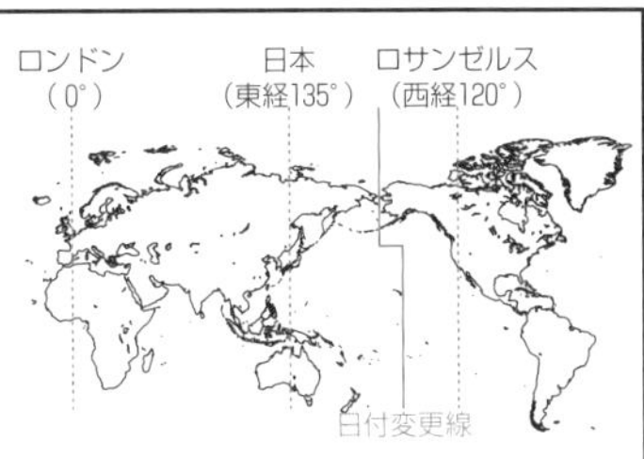


□東経135度＋西経120度＝255度。日本は，255÷15＝17時間，ロサンゼルスより時間が進んでいる。よって，時計の針を17時間戻して，１月1日の午後５時。

<解法２>

□日本とロサンゼルスの経度差は，日付変更線をまたぐと，45度＋60度＝105度である。東のロサンゼルスのほうが，時間が進んでいるとみなし，時計の針を７時間進めて，ロサンゼルスの時刻は午後５時。

□日付変更線を西から東にまたいだので，日付を１日遅らせて，ロサンゼルスの日付と時刻は１月１日の午後５時となる。

テーマ 21

● 地理(地球的な課題)

# 環境・エネルギー・食料問題

**ここが出る!** ▶▶

- **酸性雨，オゾン層破壊，地球温暖化といった三大環境問題について知っておこう。原因となる物質を答えさせる問題も出る。**
- **食品ロスが問題化しているためか，食料自給率についてよく問われるようになっている。日本と主要国の数値を知っておこう。**

## 1 日本の環境問題

日本の公害と環境問題対策についてである。

**●公害**

□【 足尾銅山鉱毒事件 】…戦前期最大の公害。渡良瀬川に大量の鉱毒が流出し，住民が被害を受ける。**田中正造**らが抗議運動を展開。

□有名な四大公害裁判である。

| | 発生時期 | 地域 | 有害物質 |
|---|---|---|---|
| イタイイタイ病 | 1910年代 | 富山県神通川流域 | カドミウム |
| 水俣病 | 1950年代 | 熊本県水俣湾 | メチル水銀 |
| 四日市ぜんそく | 1960年代初頭 | 三重県四日市市 | 二酸化硫黄 |
| 新潟水俣病 | 1960年代半ば | 新潟県阿賀野川流域 | メチル水銀 |

□1993年に**環境基本法**が制定。大気汚染，水質汚濁，土壌汚染，騒音，振動，地盤沈下，悪臭の７つを公害として定義(第２条第３項)。

□2021年度の公害の苦情件数で多いのは，騒音(36.5%)，大気汚染(28.0%)，悪臭(20.2%)で，全体の84.7%を占める。

**●環境問題対策**

□公害対策基本法制定(1967年)→大気汚染防止法制定(1968年)→水質汚濁防止法制定(1970年)→環境庁設置(1971年)→環境基本法制定(1993年)→環境アセスメント法制定(1997年)→環境省設置(2001年)。

□リデュース(廃棄物を減らす)，リユース(再利用)，リサイクル(循環)からなる，３Ｒの取組が重要。

□【 PPP 】…環境汚染防止のコストは汚染者が負担すべきという考え。

## 2 地球規模の環境問題

環境問題対策は，地球規模で取り組まないといけない。

●異常気象

| 現象 | 原因 | 主な被害 |
|---|---|---|
| □酸性雨 | 硫黄酸化物，窒素酸化物 | 森林の枯死，魚の死滅 |
| □オゾン層破壊 | フロンガス | 紫外線増加，生物に影響 |
| □地球温暖化 | 二酸化炭素，フロンガス | 海面の上昇 |

□【　酸性雨　】…酸性度の高い雨滴。pH5.6以下の降水を指す。

□【　オゾン層　】…成層圏の高度25km付近の気層。紫外線を吸収。

●二酸化炭素の排出量

□温室効果ガスである二酸化炭素。2020年の排出量の上位５位は，中国，アメリカ，インド，ロシア，日本（環境省統計）。

□経済発展が目覚ましい中国は，排出量が増加の傾向にある。

●環境保全に向けて

| | |
|---|---|
| 1971年 | ラムサール条約採択。国際的に重要な湿地を保全。 |
| 1972年 | ストックホルムで国連人間環境会議開催。人間環境宣言採択。OECDが，公害防止の国際ルールとして，PPPの原則を採択。世界遺産条約採択。各国が国内の遺産を登録。 |
| 1973年 | ワシントン条約採択。絶滅の恐れのある野生動物を保護。 |
| 1974年 | OECDが，環境アセスメントの立法化を勧告。 |
| 1987年 | 国連が「持続可能な開発」の考え方を提唱。 |
| 1989年 | バーゼル条約採択。有害廃棄物の国境をこえる移動を規制。 |
| 1992年 | リオデジャネイロで地球サミット開催。アジェンダ21採択。気候変動枠組条約と生物多様性条約に調印。 |
| 1997年 | 温暖化防止京都会議開催。温室効果ガス５％削減を目指す。 |
| 2002年 | ヨハネスブルクで環境開発サミット開催。 |
| 2015年 | パリ協定採択。産業革命前からの気温上昇を２度未満に抑える。持続可能な開発目標（SDGs）を採択。 |

□国連総会の補助機関として，国連環境計画（UNEP）がある。

## 3 エネルギー問題

電気を得るやり方も考え直さないといけない。

●現状

□石油などの化石エネルギーの消費は，酸性雨や温暖化といった環境問題につながる。

□日本の発電電力の７割は，原油や石炭を使う火力発電による。フランスは，原子力発電が最も多い。

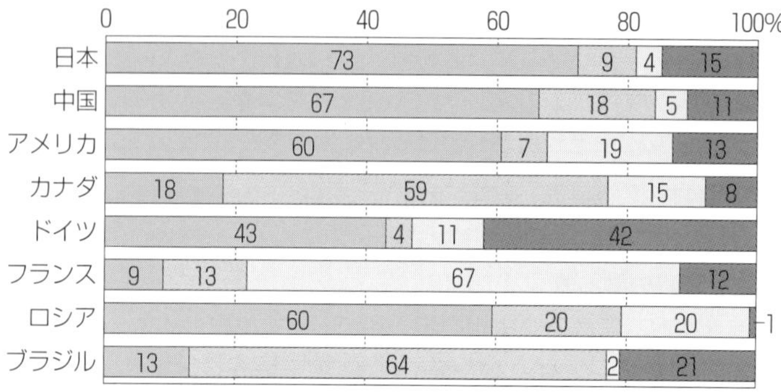


＊2020年のデータ。『地理統計要覧2023年版』より作成

□資源枯渇の心配がなく，温室効果ガスを排出しない再生可能エネルギーの開発が急務。

● **再生可能エネルギーの開発**

□【　太陽光エネルギー　】…太陽光によるもの。日本の新エネルギーでは，発電量が最も多い。発電設備容量が最も多い国は中国。

□【　地熱エネルギー　】…蒸気や温泉水などで運ばれる地球内部の熱エネルギー。発電設備容量が最も多い国はアメリカ。

□【　風力エネルギー　】…風によるもの。電力への変換効率がよく，最も利用されている。発電設備容量が最も多い国は中国。

⏱□【　バイオマスエネルギー　】…現生する生物に由来するもの。最近では**バイオエタノール**が自動車燃料として使われている❶。バイオエタノールの生産が最も多いのはアメリカ。

□【　ハイブリッドカー　】…ガソリンと電気で走る自動車。排気ガスが少ない。

□【　コージェネレーションシステム　】…発電の際に出る熱を，冷暖房や給油などに使うこと。

● **再生可能エネルギーの内訳**

□世界全体で見ると，再生可能エネルギーによる発電のうち，風力発電が半分を占める。日本は太陽光，ブラジルはバイオ燃料が最も多い。

❶バイオマスエネルギーは，二酸化炭素の増減には影響せず中立とされる。これをカーボンニュートラルという。

## 4 食料問題

日本は，ごはんを外国に依存する度合いが高い。にもかかわらず，国民１人が１日に茶わん１杯分の食べ物を捨てる「**食品ロス**」が問題化。

**●構図**

| | |
|---|---|
| 途上国 | ○慢性的な食料不足による，栄養不足や飢餓の問題。<br>○人口爆発に食料生産が追いつかない。先進国への輸出用の嗜好品や穀物生産のため，食料生産に手が回らない。 |
| 先進国 | ○政府の価格保証に便乗した生産過剰（アメリカの小麦など）。<br>○食料の海外依存，食料自給率の低下。食品ロスも問題化。 |

□【　緑の革命　】…米や麦などの多収量品種の導入により，食料増産を図ること。アジア諸国の取組。

**●日本と外国の食料自給率**

□日本は，食料を輸入に依存している。魚介類の輸入額が最も多い。

□農産物の輸入自由化により，食料自給率は低下（とくに果実と肉類）。

| | 米 | 小麦 | 豆類 | 野菜 | 果実 | 肉類 | 魚介類 |
|---|---|---|---|---|---|---|---|
| 1965年 | 95 | 28 | 25 | 100 | 90 | 90 | 100 |
| 2022年 | 99 | 15 | 7 | 79 | 39 | 53 | 54 |

＊農林水産省の統計より作成。単位％

□カロリーベースの食料自給率は，1965年では73％だったが，2022年は38％でしかない。アメリカは115％，フランスは117％，ドイツは84％，イギリスは54％である（2020年）。

□【　フードマイレージ　】…農産物の量に，生産地と消費地の間の距離をかけたもの。輸入増加が環境に与える負荷を数値化。

**●品目別の食料自給率**

| | 穀類 | いも類 | 豆類 | 野菜類 | 果実類 | 肉類 | 魚介類 |
|---|---|---|---|---|---|---|---|
| 日本 | 28 | 73 | 8 | 80 | 38 | 53 | 55 |
| アメリカ | 116 | 101 | 195 | 83 | 66 | 114 | 63 |
| カナダ | 188 | 145 | 386 | 58 | 23 | 144 | 86 |
| イギリス | 72 | 87 | 45 | 41 | 14 | 77 | 53 |
| ドイツ | 103 | 129 | 15 | 40 | 31 | 117 | 27 |
| フランス | 168 | 139 | 74 | 71 | 67 | 104 | 30 |
| オーストラリア | 208 | 84 | 221 | 90 | 101 | 155 | 33 |

＊2020年のデータ。農林水産省の資料より作成。単位％

テーマ 22

● 地理(世界と日本)

# 東アジア・東南アジア・南アジア

**ここが出る!** ▶▶

- **中国の基本事項(人口，国土の世界ランク，正式名称など)を知っておこう。主な工業都市も要注意。**
- **東南アジア，南アジアについては，各国の概説文を提示して，どの国のものかを答えさせる問題が多い。**

## 1 東アジア

東アジアは，わが国と国交の深い地域である。

**●中国**

□1949年，社会主義国の中華人民共和国が成立。

□人口世界第１位，国土第３位。国民の９割が漢民族で，55の少数民族が住む。ホイ族とウイグル族にはムスリムが多い。

| 東北 | 重工業が発達。シェンヤン，アンシャンなどの工業都市。 |
|---|---|
| 華北 | 黄河の流域。首都ペキン，綿工業のテンチン，鉄鋼のパオトウ。 |
| 華中 | 長江の流域。国内一の大都市シャンハイ，鉄鋼のウーハン。 |
| 華南 | チュー川の流域。米の二期作，経済特区シェンチェン。 |

□外国資本を誘致する対外経済開放政策による経済発展。

□農村戸籍と都市戸籍で住民を区別。自由な移動を制限。

□５つの民族自治区がある。北から内モンゴル自治区，シンチアンウイグル自治区，ニンシアホイ族自治区，チベット自治区，コワンシーチョワン族自治区である。

□貿易面では，アメリカに最も多く輸出し，韓国から最も多く輸入している(2021年)。

□1979年に始まった「一人っ子政策」は2015年に廃止された。

**●韓国・北朝鮮**

北緯38度線を境に，韓国と北朝鮮に分かれている。

| 韓国 | ・アジアNIEsの一つ。首都はソウル。<br>・日本の援助で重化学工業が発達。1996年にOECD加盟。 |
|---|---|
| 北朝鮮 | ・社会主義国で，首都はピョンヤン。<br>・1991年，韓国と国連に同時加盟。同年，日本との国交正常化交渉を開始。 |

## 2 東南アジア

**●自然と産業**

□モンスーン(季節風)の影響を受ける。米作に適した自然条件。

□植民地時代は，輸出用商品作物を栽培するプランテーション，一次産品に依存するモノカルチャー経済が支配的。⇒食料生産圧迫。

**●主な国々**

□多くの国が，1967年設立の東南アジア諸国連合(ASEAN)に加盟。原加盟国は，インドネシア，シンガポール，タイ，マレーシア，フィリピン。

□【　タイ　】…**米**のモノカルチャー経済。工業化，機械類の輸出多い。

□【　マレーシア　】…多民族国家。マレー系住民を雇用や教育の面で優遇(ブミプトラ政策)。

□【　シンガポール　】…**華人**が多い。NIEsの一国。国際金融センター。

□【　インドネシア　】…島嶼国家。**石油**，天然ガスが豊富。

□【　フィリピン　】…サトウキビ，バナナのプランテーション。

□【　ベトナム　】…**ドイモイ**政策(1986年～)による経済発展。

## 3 南アジア

**●インド**

□国民の80%がヒンドゥー教徒。強固な身分制度カーストが根強く存続。

□農業国。デカン高原の綿花，アッサム地方の茶など。緑の革命による生産増。

□国営企業と民族資本で工業化。ムンバイの綿工業，コルカタのジュート工業など。

□独立後は混合経済による自給自足型だったが，1991年に新経済政策を導入して，経済の自由化を進めた。



**●その他の国々**

□【　パキスタン　】…イスラーム教徒が多い。小麦，綿花の栽培。カシミール問題などでインドと対立。

□【　バングラデシュ　】…イスラーム教徒が多い。ガンジス川下流域でジュート，**米**栽培。1971年，パキスタンから分離独立。

□【　スリランカ　】…仏教徒が多い。**茶**や天然ゴムの栽培。

テーマ 23 ● 地理(世界と日本)

# 西アジア・アフリカ

頻出度 C

**ここが出る!** ▶▶

・西アジアやアフリカの主な国の概要事項を知っておこう。ガーナ＝カカオなど，主要生産物に注目した整理をしておくとよい。

・アフリカ大陸には，小国がひしめいている。各国の位置を地図上で答えられるようにしよう。

## 1 西アジア・北アフリカ

●自然と社会

□気候は砂漠気候(砂漠，ステップ)がほとんど。アフリカ大陸北部に世界最大のサハラ砂漠がある。

□イスラーム教徒が多く，アラブ民族の勢力が強い。ユダヤ教徒が多いイスラエルは，アラブ諸国と対立。４度の中東戦争を起こした。

●産業

□石油資源が豊富。石油輸出国機構(OPEC)，アラブ石油輸出国機構(OAPEC)を結成。

□乾燥地域ならではの遊牧やオアシス農業。一部で地中海式農業，砂漠の外来河川沿岸やオアシスで灌漑農業も実施。

●主な国々と民族

□【　イラン　】…イスラーム教シーア派が90%。1979年，イラン革命。

□【　サウジアラビア　】…イスラーム教の聖地**メッカ**を擁する。世界有数の産油国。石油収入で工業化。OPECやOAPECで主導的役割。

□【　エジプト　】…**スエズ運河**を国有化。通航料収入を得る。アスワンハイダムで**灌漑**農業。

□【　アルジェリア　】…石油，天然ガスを多く産出。地中海沿岸で，オリーブ，ブドウなどの**地中海式**農業。

□【　クルド人　】…トルコ，イラン，イラク，シリアの国境地帯に居住。「世界最大の少数民族」と言われ，独立国を形成できていない。

## 2 中南アフリカ

●自然と産業

□高原大陸。中部に熱帯雨林気候，その周辺部にサバナ気候が分布。

□一次産品の輸出に依存するモノカルチャー経済。下図は3つの国の例。作物価格の変動による影響を受ける。

| | 1位 | 2位 | 3位 |
|---|---|---|---|
| ガーナ | 金(37.0) | 原油(31.3) | カカオ豆(11.0) |
| コートジボワール | カカオ豆(28.1) | 金(8.5) | 石油製品(8.5) |
| ボツワナ | ダイヤモンド(90.5) | 機械類(3.4) | 金(1.1) |

＊2020年の輸出額に占める割合(%)。『地理統計要覧2023年版』より作成

□世界のダイヤモンドの半分近くはアフリカ産である。

□近年，貿易や投資の面で中国とアフリカの関係が深まっている。

● **主な国々**

□【　ナイジェリア　】…アフリカ最大の人口国。諸民族の連邦国家。北部のサバナ気候帯で，落花生や綿花の**プランテーション**。

□【　コートジボワール　】…カカオの生産量世界一だが，それに依存したモノカルチャー経済。

□【　リベリア　】…天然ゴム，鉄鉱石の生産が多い。**便宜置籍船**(他国の船主が，税金の安い当国に便宜上籍だけ置いている船)が多い。

□【　ケニア　】…温和なホワイトハイランドでコーヒーや**茶**を栽培。

□【　南アフリカ　】…地中海式農業，ハイベルトでの牧畜。**金**，ダイヤモンドなどの鉱産資源が豊富で工業も発達。アパルトヘイトは廃止。1994年，全国民の普通選挙でネルソン・マンデラが大統領に選出。

□【　ルワンダ　】…紛争で海外に避難した人々が，他国で学んだ経験を活かして高い経済成長を実現(アフリカの奇跡)。

## 3 アフリカ全図

| | |
|---|---|
| ①エジプト | ⑪ナイジェリア |
| ②エチオピア | ⑫ガーナ |
| ③南スーダン | ⑬コートジボワール |
| ④ケニア | ⑭リベリア |
| ⑤マダガスカル | ⑮セネガル |
| ⑥ザンビア | ⑯モーリタニア |
| ⑦ジンバブエ | ⑰モロッコ |
| ⑧南アフリカ | ⑱アルジェリア |
| ⑨ルワンダ | ⑲チュニジア |
| ⑩コンゴ民主共和国 | ⑳リビア |

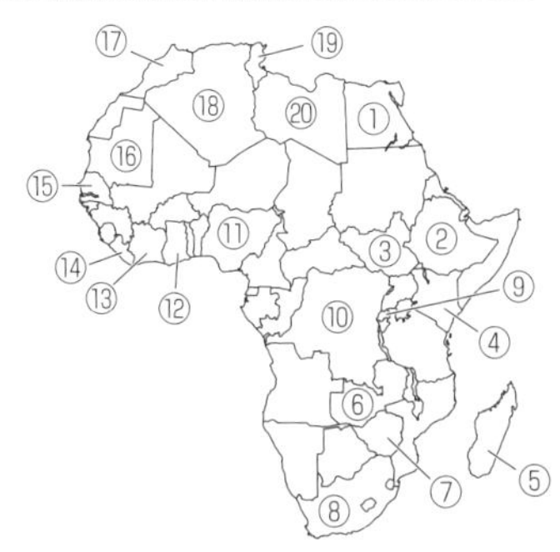


地理　西アジア・アフリカ

テーマ 24 ● 地理(世界と日本)

# ヨーロッパ

**ここが出る!** ▶▶

- ヨーロッパの各国の概要文を提示して，国名を答えさせる問題が非常に多い。各国の記述を判定する際のポイントとなるキーワードを押さえておくこと。「オランダ=ポルダー」というように。
- 主な山脈や河川の地図上の位置を知っておこう。

## 1 基本事項

### ●自然と民族

| | |
|---|---|
| 山脈 | カルパティア山脈，アルプス山脈，ピレネー山脈 |
| 河川 | ライン川，ドナウ川，エルベ川などの国際河川❶ |
| 気候 | 北大西洋海流と偏西風による温和な西岸海洋性気候。南部は地中海性気候。 |

□ナポリやマドリードを通る北緯40度線は，日本の男鹿半島(秋田)，アメリカのニューヨーク付近を通る。

□北西部にプロテスタント系のゲルマン民族，南部にカトリック系のラテン民族が分布。東部にはスラブ民族が分布。

### ●欧州連合

□略称EU。ECが前身。原加盟国は，フランス，ドイツ，イタリア，およびベネルクス3国。2020年1月31日，イギリスはEU離脱。

□ヨーロッパの市場統合を達成。関税なし。ユーロによる通貨統合。1995年のシェンゲン協定で，人の移動の自由化が実現。

□2009年のリスボン条約で，EUに国際法人格が付与。

## 2 西ヨーロッパ

### ●フランス

□パリ盆地周辺で小麦栽培。ロレーヌ地方で鉄鉱石を産出。

□ストラスブールに欧州議会が置かれている。

❶条約により，各国の船舶が自由に航行できる。

●ドイツ

□1990年に東西ドイツ統合。ルール地域中心の工業国。

□穀物，飼料，家畜飼育の混合農業。外国人(ゲスト)労働者が多い。

●イギリス

□産業革命を世界に先駆けて達成。世界の工場として君臨。

□経済の斜陽化(英国病)⇒北海油田開発，産業の民営化。

□ユーロトンネルで，フランスと結ばれている。

●その他の国々

| | | |
|---|---|---|
| ベネルクス3国 | ベルギー | ブリュッセルにEU本部。言語紛争。 |
| | オランダ | 貿易港ユーロポート，干拓地ポルダー。 |
| | ルクセンブルク | 鉄鋼業，金融業，先端技術産業。 |
| アルプス | スイス | 永世中立国。精密機械工業(時計)，酪農。 |
| | オーストリア | 永世中立国。首都ウィーンは「芸術の都」。 |

## 3 南欧・北欧・東欧

| | | |
|---|---|---|
| 南欧 | イタリア | ○南北の経済格差。北部三角地帯(トリノ，ミラノ，ジェノバ)で重化学工業が発達。中部から北東部では伝統工芸が発達(第3のイタリア)。<br>○南部では地中海式農業や移牧が盛ん。 |
| | ギリシャ | 観光産業，海運業，地中海式農業(オリーブ)。 |
| | ポルトガル | 首都リスボン。工業化が遅れている。地中海式農業。 |
| | スペイン | イベリア半島の大部分を占める。メリノ種の羊飼育。工業都市バルセロナ。 |
| 北欧 | スウェーデン | ○短く明るい白夜の夏。社会保障制度の充実。<br>○森林資源，鉱産資源(鉄鉱石)，水力資源が豊富。 |
| | ノルウェー | ○フィヨルドが西岸に広がる。西岸海洋性気候。<br>○森林・水力資源。北海油田による石油資源。 |
| | フィンランド | ○アジア系フィン人の国。氷河湖が多い。<br>○森林資源を生かした製紙パルプ工業が盛ん。 |
| | デンマーク | 畜産物の生産が多い。模範的酪農王国。 |
| | アイスランド | 火山島国。水産業が盛ん。EUには未加盟。 |
| 東欧 | ポーランド | シロンスク地方の石炭。工業化が進展。 |
| | チェコ | スロバキアと分離。ボヘミア炭田。 |
| | ハンガリー | 双子都市ブダペスト。盆地で混合農業。 |

テーマ 25

● 地理(世界と日本)

# ロシア・北アメリカ

頻出度 B

**ここが出る!** ▶▶

- **大国ロシアの歴史と周辺国について知っておこう。1917年ロシア革命⇒1991年旧ソ連解体⇒市場経済，という流れが重要である。**
- **アメリカの主要都市を知っておこう。概要文を示して，どの都市のものかを答えさせる問題が多い。各都市の地理的位置も要注意。**

## 1 ロシア

**●自然と社会**

□国土面積は世界第1位(世界の陸地の約8分の1，日本の約45倍)。冷帯，寒帯の気候。ウラル山脈より西をヨーロッパロシア，東をシベリアという。

□1991年，15の共和国からなる旧ソ連が解体。独立を宣言した各共和国が独立国家共同体(CIS)を形成し，ロシアが主導する。

□西隣にバルト3国(エストニア，ラトビア，リトアニア)がある。

□スラブ系民族が中心で，主な宗教はロシア正教。

**●経済**

□旧ソ連時代は，5ヵ年計画などの計画経済。⇒鉱工業の発展。

□ロシア成立後，計画経済は改められ，市場経済に移行。コルホーズ，ソフホーズが解体され，農地が私有化される。

□ウラジオストクは代表的な漁港で，造船業も盛ん。

## 2 北アメリカ

**●歴史と社会**

□多民族国家。白人，黒人，先住民のインディアン，スペイン語系のヒスパニックなどからなる。

□アングロサクソン系のプロテスタントの白人(WASP)が上流階級を形成。1965年の公民権法で，黒人の参政権が認められた。

**●国土と気候**

□国土の面積はロシア，カナダに次いで世界3位。日本の25倍。

□本土の48州とアラスカ州・ハワイ州，合計50州からなる。各州は強い自治権を持つ。州別の人口の上位3位は，カリフォルニア州，テキサス州，ニューヨーク州。

⏱□国の中央の西経100度線が，年間降水量500mmの線とほぼ一致。これより東は雨が多く，西は少ない。

□東部は温暖湿潤気候，西部は乾燥気候，南西のカリフォルニア州には地中海性気候もある。

**●産業**

□航空機，ITなどの先端技術部門が発展。北緯37度以南のサンベルトに多く立地。多くの巨大企業が多国籍企業として海外進出。

□資源や工業製品の輸入により，貿易収支は大幅赤字。

□大規模な機械化，大農法による適地適作。乾燥地域では，地下水を汲み上げるセンターピボット農法という灌漑農業が普及。

□アグリビジネス(農業関連企業)が影響力を持つ。

## 3 アメリカの主要地域・都市

**●北東部**

⏱□【　ニューヨーク　】…国連本部の所在地。**マンハッタン**の株式市場。

⏱□【　ワシントン　】…アメリカの首都。連邦政府の直轄地。

**●中部・西部**

⏱□【　シカゴ　】…ミシガン湖南岸に位置。農畜産物の集散地。食品工業。

□五大湖沿岸の工業都市。デトロイト(自動車工業)，ピッツバーグ(鉄鋼)など。五大湖周辺では酪農がさかん。

□ロッキー山脈東部の大平原(グレートプレーンズ)で牛の放牧。コーンベルトでとうもろこしなどの飼料作物を栽培。

**●サンベルト(南部・太平洋岸)**

□【　ロサンゼルス　】…国内第２の都市。**コロラド**川の開発，各種工業。

□サンフランシスコ(貿易港)，シアトル(航空)，シリコンバレー(電子工業)。

□南部は，TVAによる開発などで，1970年代より工業化が進展。

**●カナダ**

□ケベック州にフランス系住民が集中。

⏱□【　ヌナブト準州　】…先住民イヌイットの自治州。

□森林資源が豊富で，日本はカナダから最も多く木材を輸入している。

□南西部で春小麦を栽培。春に種をまき，秋に収穫する。

テーマ 26

● 地理(世界と日本)

# 中南アメリカ・オセアニア

**ここが出る!** ▶▶

- **中南アメリカは，鉱産資源が豊富な地域である。コロンビアの石油，チリの銅など，各国の目玉資源を押さえよう。**
- **オーストラリアの貿易統計は頻出。主要な貿易品目について知っておこう。また，先住民の名称などの歴史的な知識も重要である。**

## 1 中南アメリカ

各国の主要作物についてよく問われる。

### ●自然と社会

□南アメリカ大陸のアマゾン川は，流域面積世界第１位。大陸西部には，環太平洋造山帯に属するアンデス山脈が走る。

□ほとんどの地域が熱帯気候。熱帯林(セルバ)が茂る。低緯度地方には高山都市が発達。

□アルゼンチンは白人，ジャマイカは黒人，メキシコはメスチソ(白人とインディオの混血)，ペルーはインディオ(先住民)の割合が高い。

□1995年に，南米南部共同市場(MERCOSUR)を結成。

### ●産業

□多くの国が，一次産品に頼るモノカルチャー経済。ラティフンディオ(大土地所有制)の農業。８カ国の輸出品上位３位は以下。

| | |
|---|---|
| メキシコ | 機械類34.2%，自動車22.6%，原油4.8% |
| エクアドル | 原油27.3%，魚介類26.4%，バナナ13.1% |
| アルゼンチン | とうもろこし10.8%，大豆油かす9.4%，大豆油6.7% |
| ウルグアイ | 牛肉22.7%，木材11.8%，穀物11.1% |
| コロンビア | 原油27.1%，石炭10.6%，金7.6% |
| チリ | 銅鉱31.6%，銅25.2%，野菜・果実8.1% |
| ペルー | 銅鉱23.7%，金16.6%，野菜・果実13.4% |
| ボリビア | 金23.0%，天然ガス20.3%，亜鉛鉱12.5% |

＊2020年の輸出額に占める割合。『地理統計要覧2023年版』より作成

### ●特記事項

□ブラジルのテラローシャでコーヒーを栽培。同国では，自動車燃料のバイオエタノールの原料として，さとうきびの生産が増加。

□ブラジルの公用語はポルトガル語(他の南米諸国はスペイン語)。

□アルゼンチンでは，パンパで小麦・大豆・とうもろこしなどを栽培。
□チリは南北に細長い国土で，銅の産出量は世界一。砂漠気候，地中海性気候，西岸海洋性気候の3つの気候区を擁する。
□キューバは社会主義国。さとうきび依存のモノカルチャー経済。

## 2 オセアニア

オーストラリアは，貿易などの面で日本と関連が深い。

**●自然と社会**

□オセアニアは，オーストラリア大陸と太平洋の島からなる。後者は，ポリネシア，ミクロネシア，メラネシアに区分される。
□おおよそ日付変更線以東をポリネシア，以西の赤道より北部をミクロネシア，南部をメラネシアと区分する。
□オーストラリア大陸には乾燥気候帯(砂漠，ステップ)が広がる。東部には，グレートディバイディング山脈が走る。

**●オーストラリア**

□オーストラリアの先住民はアボリジニー。イギリス系白人移民による圧迫。白豪政策(白人以外の移民抑制)。現在は多民族国家。
□中央部の大鑽井盆地では，掘り抜き井戸を使用した牧羊が盛ん。
□石炭(東部)，鉄鉱石(西部)などの鉱産資源が豊富。地表をけずって採掘する露天掘り。
□オーストラリアからの輸出額上位3位(2021年)は，中国，日本，韓国である。かつては旧宗主国のイギリスが最も多かった。
□【　APEC　】…1989年にオーストラリアのホーク首相の提唱で始まった，アジア・太平洋地域の経済協力組織。

**●ニュージーランド**

□先住民はマオリ族。イギリス系白人と共生。日本と同じく環太平洋造山帯に属し，気候は西岸海洋性気候。偏西風の影響を受ける。
□南島では，フィヨルドなどの氷河地形も見られる。
□先進的な農業国。牧羊，酪農が盛ん。2019年の輸出額上位3品目は，酪農品，肉類，木材である。羊毛も多い。
□南緯40度，東経170度が通る。
□土地利用の割合は，農地が4.0%，牧場・牧草地が43.1%，森林が17.4%(『データブック・オブ・ザ・ワールド2023』)。

テーマ 27

● 地理(世界と日本)

# 日本の自然・産業

ここが出る! ▶▶

・日本の領土の東西南北の端はどこか。島の名称とおおよその経度と緯度を押さえよう。最近，話題になっている領土問題も要注意。

・日本は47の都道府県からなる。人口や農産物のデータを提示して，どの県のものかを答えさせる問題がよく出る。

## 1 日本の自然

日本は世界有数の地震大国である。

●地形

□日本列島は，フォッサマグナ(西縁は糸魚川・静岡構造線)によって東西に2分される。この線よりも西の地域は，中央構造線によって南北に分かれる。

□国土の4分の3は山地。火山も多い。

□4枚のプレートの境界付近に位置する。太平洋プレート(①)は北アメリカプレート(②)の下，フィリピン海プレート(③)はユーラシアプレート(④)の下に沈み込んでいる。

□2011年の東日本大震災は，上記の①と②の境界のずれによる。③と④の境界のずれで，南海トラフ地震の発生が予測されている。

●災害

□【 潮汐 】…気圧の低下で，海水面が上昇すること。

□【 やませ 】…太平洋岸に吹く，初夏の北東風。低温で，農作物の被害(冷害)をもたらす。

□【 内水氾濫 】…大雨により，下水道や排水路などの能力の限界を超えて洪水が起きること。

□地震は，活断層を震源とする直下型地震と，海溝の陸側を震源とする海溝型地震に分かれる。巨大地震の多くは後者。2004年の新潟中越地震は前者の例。

□【　液状化現象　】…地震動により，個体の地層が液体状になること。沖積低地や沿岸の埋め立て地で起きやすい。

## 2 日本の気候

### ●日本の気候・気団

□季節風の影響で，夏は高温多湿。南北に細長い日本は，気候の地域差が大きい。以下は基本区分。

□①北海道気候，②日本海型気候，③内陸性気候，④太平洋型気候，⑤瀬戸内性気候，⑥南西諸島気候

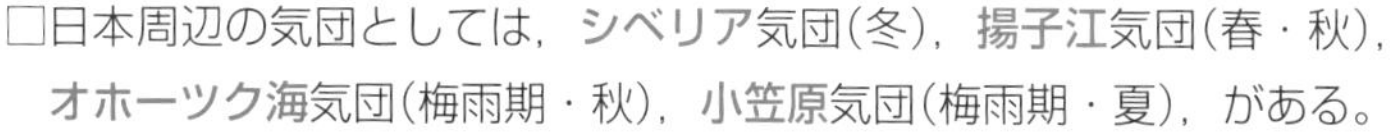

□日本周辺の気団としては，シベリア気団(冬)，揚子江気団(春・秋)，オホーツク海気団(梅雨期・秋)，小笠原気団(梅雨期・夏)，がある。

### ●雨温図の例(折れ線は気候，棒は雨量)

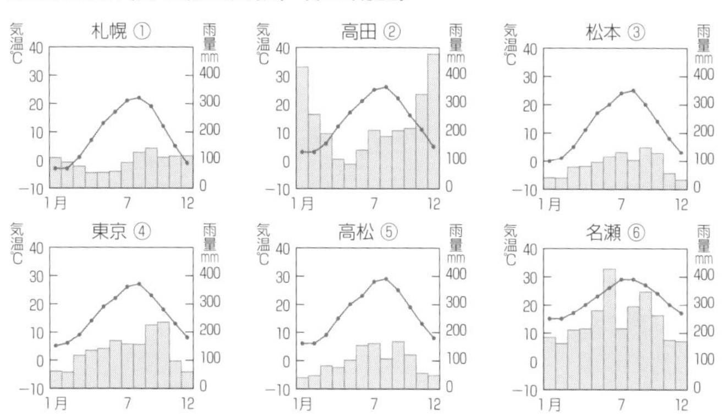


## 3 日本の国土

□総面積は，およそ38万km²。東西南北の端は以下のとおり。

| 東端 | 東京都の南鳥島 | 東経153度59分 | 北緯24度17分 |
|---|---|---|---|
| 西端 | 沖縄県の与那国島 | 東経122度56分 | 北緯24度26分 |
| 南端 | 東京都の沖ノ鳥島 | 東経136度４分 | 北緯20度25分 |
| 北端 | 北方領土の択捉島 | 東経148度45分 | 北緯45度33分 |

□離島が多いため，日本の排他的経済水域(EEZ)は広い。領土の面積の10倍を超える。

## 4 日本の人口

国内の地域別の人口統計がよく出る。

### ●人口の指標

□47都道府県の人口，人口密度，人口増加率，高齢人口率の上位5位，下位5位は以下のとおり。

| 人口<br>(万人) | | 人口密度<br>(人／㎢) | | 人口増加率<br>(‰) | | 高齢人口率<br>(%) | |
|---|---|---|---|---|---|---|---|
| 東京 | 1328 | 東京 | 6051 | 沖縄 | 1.0 | 秋田 | 37.9 |
| 神奈川 | 899 | 大阪 | 4491 | 神奈川 | 0.0 | 高知 | 35.6 |
| 大阪 | 856 | 神奈川 | 3722 | 埼玉 | -0.9 | 山口 | 34.9 |
| 愛知 | 727 | 埼玉 | 1894 | 千葉 | -1.2 | 島根 | 34.8 |
| 埼玉 | 719 | 愛知 | 1405 | 東京 | -1.5 | 山形 | 34.3 |
| ： | ： | ： | ： | ： | ： | ： | ： |
| 全国 | 12322 | 全国 | 326 | 全国 | -5.0 | 全国 | 29.0 |
| ： | ： | ： | ： | ： | ： | ： | ： |
| 福井 | 75 | 島根 | 98 | 長崎 | -11.3 | 滋賀 | 26.9 |
| 徳島 | 72 | 高知 | 97 | 岩手 | -11.6 | 神奈川 | 25.9 |
| 高知 | 69 | 秋田 | 82 | 山形 | -12.2 | 愛知 | 25.9 |
| 島根 | 66 | 岩手 | 79 | 青森 | -13.2 | 東京 | 23.5 |
| 鳥取 | 55 | 北海道 | 62 | 秋田 | -15.1 | 沖縄 | 23.0 |

＊2022年のデータ(『地理統計要覧2023年版』)。人口増加率は過去1年間の数値

□都市的な都県で人口増加率が高いのは**社会増**が多いことによるが，沖縄県は**自然増**が多いことによる。両者の違いは70ページを参照。

### ●その他の事項

『日本国勢図会2023/24』を参考に，いくつか列挙しよう。

□1974年以降，合計特殊出生率は，人口維持に必要とされる**2.1**を下回り続ける。**1989**年に1.57となる(1.57ショック)。

□日本の人口は**2008**年(1億2808万人)をピークに翌年から減少に転じた。今後は減少の一途をたどる。

□単身化が進み，2020年の単独世帯の割合は**38.1**%である。

□2022年の東京圏の人口は3687万人で，全人口の29%を占める。

□2022年11月時点の市町村数は**1718**。財政の悪化や地方分権の推進から平成の**大合併**が実施され，市町村の数は大幅に減少。

□人口50万以上の区市は**27**，100万以上の区市は**11**(2022年1月)。

□政令指定都市は，大阪市，名古屋市，京都市，横浜市，神戸市，北九州市，札幌市，川崎市，福岡市，広島市，仙台市，千葉市，さいたま市，静岡市，堺市，新潟市，浜松市，岡山市，相模原市，熊本市(合計20市，指定の時期順)。

□中核市の数は62(2022年11月時点)。

□2022年の労働力人口は6902万人。完全失業率は2.6%。

□2022年の在留外国人は308万人。総人口の２%ほどを占める。国籍別で多いのは，中国(24.8%)，ベトナム(15.9%)，韓国(13.4%)，フィリピン9.7%)，ブラジル(6.8%)，である。

□2019年４月の改正入管法施行により，特定技能の在留資格が設けられた。介護など人手不足が深刻な14の産業で受け入れが可能。

## 5 日本の農林漁業

「食」をもたらす営みである。地域別の統計がよく出る。

**●基本的性格**

□第二次世界大戦後の農地改革により，自作農となる。

□零細な家族経営。労働力，資本の投下が多い集約的農業。

□専業農家は少なく，兼業農家が多い。半分以上が第二種兼業農家。第二種兼業農家とは，農業以外の仕事による収入が中心となっている農家を指す。

□単位面積当たりの生産性(土地生産性)は高いが，１人当たりの生産性(労働生産性)は低い。

**●各地域の農業**

| | |
|---|---|
| 北海道 | 石狩平野は稲作地帯(客土で土地改良)，十勝平野は畑作地帯(輪作と牧畜の混合農業)。 |
| 東北 | 庄内平野は穀倉地帯，海流が出会う三陸海岸は好漁場❷。 |
| 関東 | 大市場の東京に出荷する近郊農業❸。 |
| 中部 | 八ヶ岳や浅間山麓で高冷地農業(レタスなどの高原野菜)。 |
| 近畿 | 大阪平野や京都盆地で近郊農業。 |
| 中国・四国 | 高知平野で，なすやピーマンなどの野菜を促成栽培。 |
| 九州 | 筑紫平野は，九州一の稲作地帯。 |

❷寒流の親潮と暖流の黒潮が出会う。

❸出荷時期を早める促成栽培，それを遅らせる抑制栽培がある。

●**農業産出額の内訳**

□北海道や九州は畜産，北陸は米どころだ。

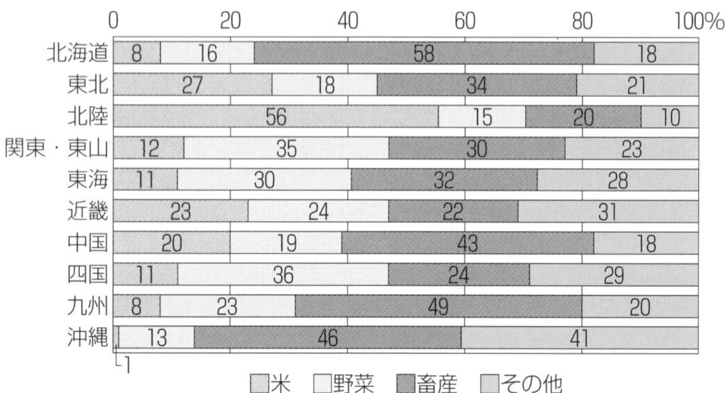

＊2021年のデータ。『日本国勢図会2023/24』より作成

●**減反政策**

□米は，生産過剰による生産調整（**減反政策**）が行われた。自給率は高い。畜産は，輸入牛肉との競争が激化している。

●**農作物の生産量**

□47都道府県の１位と２位を掲げる（2021～2022年）。

| | 1位 | 2位 | | 1位 | 2位 |
|---|---|---|---|---|---|
| 米 | 新潟8.7 | 北海道7.6 | はくさい | 茨城27.8 | 長野25.3 |
| 小麦 | 北海道61.8 | 福岡7.6 | すいか | 熊本15.4 | 千葉11.7 |
| 大豆 | 北海道44.9 | 宮城6.5 | ほうれんそう | 埼玉10.8 | 群馬10.2 |
| 茶 | 静岡38.0 | 鹿児島33.9 | キャベツ | 群馬19.7 | 愛知18.0 |
| ばれいしょ | 北海道77.5 | 鹿児島4.2 | レタス | 長野32.7 | 茨城15.9 |
| みかん | 和歌山19.7 | 愛媛17.1 | メロン | 茨城24.3 | 熊本16.9 |
| りんご | 青森62.8 | 長野16.7 | ピーマン | 茨城22.5 | 宮崎18.0 |
| さくらんぼ | 山形69.9 | 北海道11.5 | トマト | 熊本18.3 | 北海道9.0 |
| 日本なし | 千葉11.1 | 茨城10.3 | きゅうり | 宮崎11.6 | 群馬9.8 |
| 西洋なし | 山形64.7 | 新潟8.3 | なす | 高知13.2 | 熊本11.2 |
| もも | 山梨32.2 | 福島22.6 | ねぎ | 埼玉11.9 | 千葉11.9 |
| ぶどう | 山梨24.6 | 長野17.4 | ごぼう | 青森38.6 | 茨城10.2 |
| かき | 和歌山21.1 | 奈良15.1 | いちご | 栃木14.8 | 福岡10.1 |
| だいこん | 千葉11.8 | 北海道11.4 | 鶏卵 | 茨城8.4 | 鹿児島7.1 |
| にんじん | 北海道31.7 | 千葉17.7 | 生乳 | 北海道56.2 | 栃木4.6 |

＊数値は全国の生産量に占める割合（%）。『日本国勢図会2023/24』より作成

## 6 日本の工業

各県の工業出荷額の統計に，産業の色が出ている。

● **総説**

□原材料を輸入し，それを加工して製品を輸出する**加工貿易**。輸入や輸出に便利な**臨海**地区に，工業生産が集中。

□戦前は繊維工業が主流だったが，戦後は**重化学工業**(金属，機械，化学等)の比重が増し，最近では全出荷額の 3 分の 2 を占める。

□**太平洋ベルト**に三大工業地帯(**京浜**，中京，**阪神**)。以前は，北九州を合わせて四大工業地帯と言っていた。2020年の工業地帯・地域の出荷額の順位は，**中京**，**阪神**，関東内陸，北関東の順。

□製造出荷額の内訳は以下。『日本国勢図会2023/24』より作成。

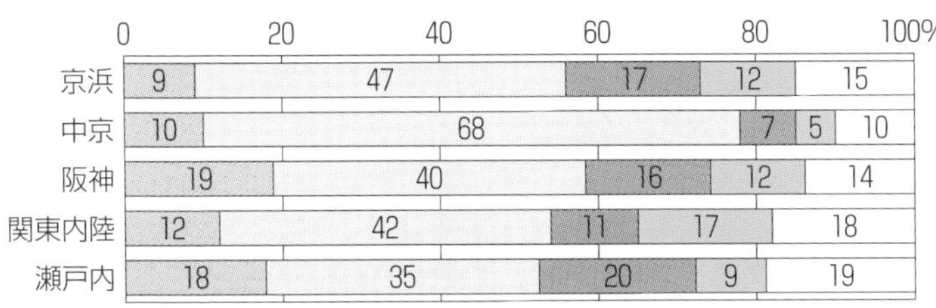


● **エネルギー**

□日本のエネルギー自給率は，**石炭**が0.4%，**原油**が0.3%，天然ガスが2.1%(2020年)。ほぼ全てを輸入に依存している。

□【　メタンハイドレート　】…日本周辺の海底に埋蔵されているエネルギー資源。「燃える氷」と呼ばれる。

□都道府県別の水力発電量の上位 3 位は，**岐阜**，新潟，富山(2023年 3 月)。

□都道府県別の新エネルギーの発電実績の 1 位は，風力は**青森**，太陽光は**福島**，地熱は**大分**，バイオマスは**福岡**(2023年 3 月)。

● **各地域の産業**

□【　シリコンロード　】…東北新幹線，東北自動車道沿いにIC(集積回路)工場が集中。

□茨城県の**鹿島臨海**工業地域の製鉄所，石油化学コンビナート。東京には**印刷**が集中。

□阪神工業地帯には中小工場が多い。

□瀬戸内海沿岸の瀬戸内工業地域。倉敷市などに石油コンビナート。

□八幡製鉄所を中心に栄えた北九州工業地帯は，近年は地位低下。

□伝統工芸品として，以下のものが有名である。

| 漆器 | 津軽塗(青森)，会津塗(福島)，輪島塗(石川)， |
|---|---|
| 陶磁器 | 越前焼(福井)，信楽焼(滋賀)，有田焼(佐賀) |
| 織物 | 小千谷縮(新潟)，加賀友禅(石川)，西陣織(京都) |
| 和紙 | 越中和紙(富山)，越前和紙(福井)，美濃和紙(岐阜) |

□【 文化財保護法 】…有形・無形の文化財の保存について規定。

**●業種別製造品出荷額上位3位の県**

□輸送用機械では，トヨタの愛知が大きなシェアを占める。

| 食料品 | 北海道7.4，埼玉6.9，愛知5.8 |
|---|---|
| パルプ・紙・紙加工品 | 静岡11.3，愛媛7.4，埼玉6.6 |
| 化学工業 | 千葉7.5，兵庫7.4，山口6.8 |
| 石油製品・石炭製品 | 千葉20.6，神奈川16.9，大阪9.8 |
| 鉄鋼業 | 愛知13.5，兵庫11.0，千葉9.2 |
| 金属製品 | 愛知10.4，大阪9.9，兵庫5.5 |
| 生産用機械 | 愛知11.1，大阪7.2，茨城6.0 |
| 電子部品・デバイス・電子回路 | 三重10.6，長野5.2，山形3.6 |
| 電気機械 | 愛知15.2，静岡13.8，兵庫8.3 |
| 情報通信機械 | 長野16.2，神奈川10.5，福島7.8 |
| 輸送用機械 | 愛知39.2，静岡6.3，神奈川5.5 |

＊2019年の都道府県出荷額に占める割合(%)。『地理統計要覧2023年版』より作成

**●港別の貿易額(2021年)**

□貿易額の上位3位は，成田国際空港，東京港，名古屋港。

□各港の貿易品目の上位3位は以下。総額に占める割合(%)である。

| 輸出 | 成田国際空港 | 半導体等製造装置，科学光学機器，金 |
|---|---|---|
| | 東京港 | 半導体等製造装置，プラスチック，自動車部品 |
| | 名古屋港 | 自動車，自動車部品，内燃機関 |
| 輸入 | 成田国際空港 | 医薬品，通信機，集積回路 |
| | 東京港 | 衣類，コンピュータ，集積回路 |
| | 名古屋港 | 液化ガス，石油，衣類 |

＊『日本国勢図会2023/24』より作成。

## 7 日本の自然環境

最後に，わが国の主な山脈・山地や河川の地図をみておこう。

●地図

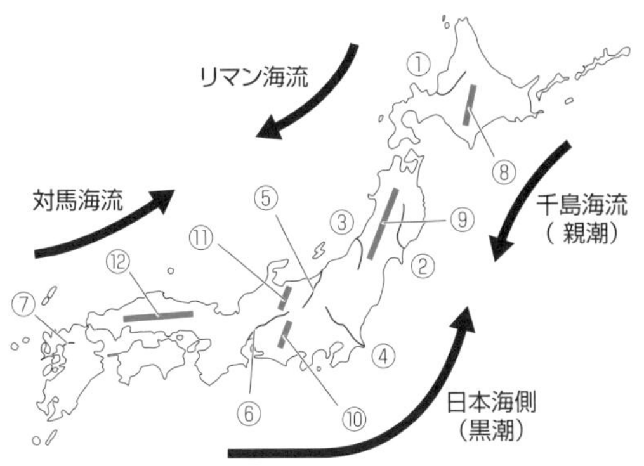


| ①：石狩川 | ⑤：信濃川 | ⑨：奥羽山脈 |
|---|---|---|
| ②：北上川 | ⑥：木曽川 | ⑩：木曽山脈 |
| ③：最上川 | ⑦：筑後川 | ⑪：飛騨山脈 |
| ④：利根川 | ⑧：日高山脈 | ⑫：中国山地 |

●補足

□木曽川・長良川・揖斐川下流の低湿地では，洪水防止のための堤防をはりめぐらせた輪中が見られる。

□三大急流は，最上川，富士川，球磨川である。

□雨量が少ない瀬戸内沿岸では，ため池がつくられた。

□熊本の阿蘇山のカルデラは世界最大級。水もちが悪いシラス台地では，さつまいもなどの畑作が中心(九州南部)。

●環境保全

□【 ジオパーク 】…地形や文化資源を保全し，環境や教育に活用する自然公園。国内に46地域あり，うち10地域が世界ジオパークに認定。

□ラムサール条約❹の国内登録地は，2021年11月時点で53カ所。

●世界遺産

| 文化遺産 | 原爆ドーム，富士山，富岡製糸場，長崎と天草のキリシタン関連施設，百舌鳥・古市古墳群，縄文遺跡群など。 |
|---|---|
| 自然遺産 | 知床，白神山地，屋久島，小笠原諸島，奄美・沖縄。 |

❹湿地の保全により，生態系を保護することを目的とする条約。

地理

日本の自然・産業

# 試験直前ファイナルチェック

□1　堆積平野のうち，河川の堆積作用によってできたものを洪積平野という。 →P.46

□2　熱帯雨林気候の記号は Af である。 →P.49

□3　ラトソルは，冷帯のタイガに分布する酸性の土壌である。 →P.52

□4　アルゼンチンでは，プランテーションという大牧場で企業的牧畜業が営まれている。 →P.58

□5　鉄鉱石の産出高が最も多いのは，イタビラ鉄山があるブラジルである。 →P.63

□6　中国では，対外経済自主権を持つ経済特区として，シャンハイなどの地域が指定されている。 →P.67

□7　最近の統計でみると，世界の人口上位3位の国は，インド，中国，およびアメリカ合衆国である。 →P.70

□8　日本は鉄鉱石をアメリカから最も多く輸入している。 →P.79

□9　500m の距離は，2万5000分の1の地図上では，20cm となる。 →P.84

□10　地図投影法のうち，方位が正しく表されており，航空図などに利用されるものを正角図法という。 →P.84

□11　日本の品目別の食料自給率をみると，野菜類は80％である。 →P.89

□12　マレーシアではマレー系住民が雇用や教育の面で優遇されている。 →P.91

□13　EU の本部は，オランダのブリュッセルに置かれている。 →P.95

□14　日本の東端は，東京都の南鳥島である。 →P.101

**●Answer●**

1　×
洪積平野ではなく，沖積平野である。

2　○

3　×
ポドゾルである。

4　×
プランテーションではなく，エスタンシアである。

5　×
ブラジルではなく，オーストラリアである。

6　×
経済特区ではなく，経済技術開発区である。

7　○

8　×
アメリカではなく，オーストラリアである。

9　×
正しくは，2 cm である。

10　×
正角図法ではなく，正方位図法である。

11　○

12　○

13　×
オランダではなく，ベルギーである。

14　○

# 日本史

テーマ 28

● 日本史（原始古代）

# 日本文化の黎明

**ここが出る!** ▶▶

- **人類が地球上に出現したのはいつか。日本列島が形成されたのはいつか。定説を知っておこう。**
- **縄文文化と弥生文化の特色を押さえよう。後者では，水田農業が行われ，金属器も使われ出したことが重要。土器の相違点も要注意。**

## 1 原始時代の見取図と旧石器・新石器時代

旧石器時代と新石器時代の区別をつけよう。

**●原始時代の見取図**

| 地質時代区分 | 鮮新世 | 更新世 | 完新世 | |
|---|---|---|---|---|
| 時代 | 旧石器時代 | | 新石器時代　⇒　金石併用へ | |
| 文化 | 旧石器文化 | | 縄文文化 | 弥生文化 |
| 年次 | 400～500万年前 | | 1万年前 | 紀元前4～3世紀 |
| 事項 | 人類出現 | | 日本列島形成 | |

**●旧石器時代**

□**打製石器**を使い，**狩猟**や**採取**を生業とした。

⏱□群馬県の**岩宿遺跡**が**相沢忠洋**によって発見され，旧石器時代の存在が確認される。

**●新石器時代**

□石を磨いてつくった**磨製石器**が使用されるようになる。

□農耕や牧畜が開始される。**織物**も出現する。

## 2 縄文時代

狩猟・採集経済に依存していた時代である。土器も発明された。

**●生活**

□住居は**竪穴住居**。**集落**もできていた（青森県の**三内丸山遺跡**）。

□3大生活用具は，**土器**（黒褐色，縄目文様），**弓矢**，**磨製**石器。

⏱□縄文土器は，時期によって異なる。早期では**円錐形深鉢**，前期では**平底深鉢**が一般的，中期では**火焔土器**，晩期では**亀ヶ岡式土器**が有名。

⏱□【　**貝塚**　】…人々が食べた貝殻などが堆積してできた遺跡。当時の生活の様子を知る手掛かりとなる。アメリカ人の**モース**が1877年に**大森貝塚**（東京）を発掘。

●経済と社会

□貧富の差はなかったが，交易は行われていた。特定の場所でしか産出されない黒曜石などが，広い地域に分布していることがその根拠。

□呪術的習俗が多くみられた。土偶(女性の形をした土人形)，成人儀礼としての抜歯，死者の手足を折り曲げて葬る屈葬など。

## 3 弥生時代

**弥生時代**は，紀元前 4 ～3世紀から 3 世紀頃まで続いた。水田農業が始まり，金属器が使用されるようになる。

●農耕・金属文化

□弥生土器は赤褐色で文様が少ない(縄文土器との違いに注意)。唐古・鍵遺跡(奈良)や登呂遺跡(静岡)などから出土。

□水田農業が広まる。石包丁で穂首刈りにして収穫，千歯扱(せんばこき)で脱穀，高床倉庫に保存。

□金属器が伝来する。青銅器と鉄器に大別される。青銅器の銅鐸(どうたく)は祭器，鉄器は農具・工具・武器の実用品として使われた。

●社会

□【　高地性集落　】…山頂・丘陵上の軍事的な集落。

□周囲に濠をめぐらした環濠集落が出現。佐賀県の吉野ヶ里遺跡が有名。

□富の蓄積が可能になったことから，支配層と被支配層の階級が発生。

□死者の手足を伸ばして葬る伸展葬。方形の溝で囲った方形周溝墓。

□死者の手足を伸ばして葬る伸展葬。墓制として①土器を用いた甕棺墓，②板石を組み合わせた箱式石棺墓，③自然石に平石をのせた支石墓，④方形の溝で囲った方形周溝墓，⑤盛土で墓域を画した墳丘墓。

## 4 著名な遺跡

| 名称 | 所在県 | 記事 |
|---|---|---|
| 三内丸山遺跡 | 青森県 | 大型竪穴住居，土器，土偶が出土。 |
| 菜畑遺跡 | 佐賀県 | 住居跡，墳墓，水田跡が出土。 |
| 板付遺跡 | 福岡県 | 夜臼式土器，石包丁などが出土。 |
| 登呂遺跡 | 静岡県 | 平地式の住居跡，高床倉庫などが出土。 |
| 唐古・鍵遺跡 | 奈良県 | 弥生土器，木製農具，植物性遺品が出土。 |
| 吉野ヶ里遺跡 | 佐賀県 | 日本屈指の大環濠集落。 |
| 荒神谷遺跡 | 島根県 | 銅剣，銅矛，銅鐸が出土。 |

テーマ 29

● 日本史(原始古代)

# 国家の形成

**ここが出る!**

- **4世紀になると,大和政権という政治連合が生まれてくる。この政権の性格や組織に関する基本事項を押さえよう。**
- **この時代の外交や文化も要注意。中国の史書は,古代の日本を知る手がかりとなる。**

| 年(時期) | 事項　　◎は重要事項 |
|---|---|
| | 国内にいくつかの小国が分立(『漢書』地理志による)。 |
| 57 | ◎倭奴国王が使者を後漢に派遣。金印「漢委奴国王」印を授かる(『後漢書』東夷伝による)。 |
| 107 | 倭国王が後漢に朝貢(同上の資料による)。 |
| 2C後半 | 倭国の大乱 |
| | ◎邪馬台国の女王に卑弥呼を立てる(『魏志』倭人伝)。 |
| 239 | 卑弥呼が魏に朝貢。「親魏倭王」の称号を授かる(同上)。 |
| 4C半ば | ◎大和政権成立。大王と畿内豪族の連合体。 |
| 391〜 | 倭の朝鮮出兵　⇒　倭が高句麗に敗北(好太王碑に記載)。 |
| 413〜 | 倭の五王が中国の南朝に朝貢開始。倭王武の上表文が有名。 |
| 538 | ◎仏教伝来　⇒　崇仏論争❶がおこる |

## 1 邪馬台国と大和政権

4世紀半ば,**大和政権**が成立し,国内統一の礎が築かれる。

### ●邪馬台国

□3世紀の倭国(当時の日本の呼称)では,邪馬台国(女王・卑弥呼)が30余りの小国をしたがえていた。＊『魏志』**倭人伝**による。

□239年以後,卑弥呼は魏に朝貢し,「親魏倭王」の称号を授かる。卑弥呼の後継の女王は壱与。

### ●朝鮮との関係

□4世紀の朝鮮は,半島北部を高句麗が支配し,南部に百済,新羅,および加耶が位置していた。

□391年,倭軍が朝鮮に出兵(鉄資源の獲得のため)。404年,高句麗に敗れる。⇒高句麗の好太王の功業記念碑建立。

❶崇仏派と排仏派の対立のことである。

●倭の五王と国内統一

□倭の五王(讃，珍，済，興，武)が，413年以降，中国の南朝に朝貢。朝鮮半島南部での外交・軍事上の立場を有利にするため。

□478年の倭王武の上表文には，国内統一の進行ぶりが記されている。

●中国の史書

| 史書名 | 内容 | 時期 |
|---|---|---|
| 『漢書』地理志 | 倭人の社会は百余国に分立。 | 前1世紀 |
| 『後漢書』東夷伝 | 倭の使者が光武帝から印を授かる。 | 1世紀 |
| 『魏志』倭人伝 | 卑弥呼が「親魏倭王」の称号を受ける。 | 3世紀 |
| 『宋書』倭国伝 | 倭の五王が宋などの南朝に貢使。 | 5世紀 |

## 2 文化

●古墳文化

□古墳の型としては，前方後円墳が代表的。古墳から，円筒埴輪(前期)や形象埴輪(中期以降)などが出土。

□副葬品は，前期古墳では呪術的宝飾品，後期古墳では日用品もあった。

□中期以降の横穴式石室では追葬も可能。

□【 群集墳 】…小さな古墳の集積。有力農民の出現を示唆。

□【 太占 】…焼いた鹿の骨の割れ方で吉凶を判定する呪術。

□【 盟神探湯(くかたち) 】…熱湯に入れた手の火傷の有無で虚偽を暴く呪術。

●大陸文化の影響

□朝鮮半島や中国との交流がさかんになり，鉄器·土器の須恵器·機織り·土木技術が，渡来人を通して伝来。

□【 王仁(わに) 】…百済から来日して儒教を伝達。西文氏(かわちのふみうじ)の祖先。

## 3 大和政権の構造

●氏姓制度

□支配階級である氏の長を氏上，氏の成員を氏人という。

□【 姓(かばね) 】…氏の地位を示すもの。臣，連，君，造など約30種類。

●部民制度・政治組織

□王権に奉仕する部民を品部，その統率者を伴造という。

□大王家直属の部民を名代・子代の部，豪族の隷属民を部曲(かきべ)という。

□中央では，大豪族として大臣と大連が設けられ，国政を担当。

□県主(あがたぬし)や国造(くにのみやつこ)(地方の有力首長を任命)を通した地方政治の展開。

テーマ 30

● 日本史(原始古代)

# 飛鳥・白鳳時代

**ここが出る!** ▶▶

- **聖徳太子が行った政治の中身について知っておこう。冠位十二階の制,憲法十七条,遣隋使など,重要事項が数多くある。**
- **大化の改新,壬申の乱といった古代の最重要事項が出てくる。班田収授など,律令国家の仕組みも頻出。**

| | 年 | 事項　◎は重要事項 |
|---|---|---|
| | 527 | 磐井の乱(筑紫国造磐井による反乱)。 |
| 飛鳥時代 | 587 | 蘇我馬子が物部守屋を滅ぼす。 |
| | 593 | ◎聖徳太子(厩戸王)が摂政となり政治を行う。 |
| | 603 | ◎冠位十二階の制。官人の位階制度。 |
| | 604 | 憲法十七条を制定。官人への道徳的訓戒。 |
| | 607 | ◎遣隋使(小野妹子)を派遣。隋の煬帝に国書を提出。 |
| 白鳳時代 | 645 | ◎乙巳の変。中大兄皇子らが蘇我氏を滅ぼす。 |
| | 658 | 阿倍比羅夫が蝦夷を討つ。 |
| | 663 | 白村江の戦い。日本と百済が唐と新羅の連合軍に敗れる。 |
| | 670 | 庚午年籍が作成される。わが国初の全国的な戸籍。 |
| | 672 | ◎壬申の乱　⇒　大海人皇子が勝利し,天武天皇となる。 |
| | 694 | 持統天皇が藤原京を造営。 |
| | 701 | ◎大宝律令制定。律令国家の成立。 |

## 1 大和政権の動揺

地方豪族の反乱で,大和政権に揺らぎが生じる

□527年,筑紫国造磐井(つくしのくにのみやつこいわい)が新羅と組んで反乱を起こす。

□587年,蘇我馬子が物部氏を滅ぼす。⇒　以後,蘇我氏が政権を握る。

## 2 聖徳太子の政治

時代は**飛鳥時代**。この時代の為政者は,**聖徳太子**(**厩戸王**)である。

**●聖徳太子の登場**

□馬子が擁立した推古天皇の甥の聖徳太子が摂政となり,政治を行う。

□【　摂政　】…天皇に代わって政治を行う官職のこと。

**●冠位十二階の制**

□【　冠位十二階の制　】…603年に制定された官人の位階制度。

□徳・仁・礼・信・義・智の6種を大小に分けて12階(6×2＝12)とし，色別の冠を授ける制度である。

□**氏姓**制度の世襲を排し，個人の才能や功績による人材登用を意図した。

● **憲法十七条**

□604年に制定された**憲法十七条**は，官人が依るべき道徳的訓戒を記したものである。17の条文のうち，初めの3条を引いてみよう。

| 一に曰く，**和**を以て貴しとなし，忤(さから)ふること無きを宗とせよ。<br>二に曰く，篤く三宝を敬へ。三宝とは**仏**と法と**僧**なり。<br>三に曰く，**詔**＊を承りては必ず謹め。　＊天皇の命令のこと |
|---|

● **遣隋使の派遣**

□対外的には，**遣隋使**を派遣し，大陸の文化や制度の輸入に努めた。

□【　小野妹子　】…607年の遣隋使。隋の**煬帝**(ようだい)に国書を提出。煬帝は国書を無礼としたが，**高句麗**征討のため国交を保った。

□【　犬上御田鍬　】…614年の遣隋使。630年の第1回遣唐使でもある。

● **その他**

| 史書編修 | 620年，蘇我馬子と共に『**天皇記**』と『**国記**』を編修。 |
|---|---|
| 暦法採用 | 百済の**観勒**が伝えた暦法(太陰暦)を採用。 |
| 仏教信仰 | **三経義疏**(さんぎょうのぎしょ)(法華経，維摩(ゆいま)経，勝鬘(しょうまん)経の注釈書)を執筆。 |

## 3 飛鳥文化

修学旅行の名スポットである法隆寺は，この時代に建てられた。

● **寺院**

□【　飛鳥寺　】…最古の寺院。別名**法興寺**。蘇我馬子が建立にかかわる。飛鳥寺式の**伽藍**配置では，**塔**を囲んで3金堂が配置。

□【　法隆寺　】…聖徳太子が建立。金堂や**五重塔**(右)は最古の木造建築。

□【　エンタシス　】…円柱の中央部にふくらみを持たせる建築様式。法隆寺の金堂の柱などに見られる。

● **仏像・工芸品**

□**釈迦如来**像(飛鳥寺)，**釈迦三尊**像(法隆寺金堂)，**百済観音**像(法隆寺大宝蔵殿)，**半跏思惟**(はんかしゆい)像(広隆寺)，天寿国繡帳(**中宮寺**)。

□【　止利仏師　】…この時代の代表的仏師。釈迦如来像などの作者。

●絵画・工芸

□【　玉虫厨子　】…法隆寺に所蔵。台座の上に宮殿をのせた工芸品。

□【　密陀絵　】…一酸化鉛に油と絵の具を混ぜたもので描いた絵。

□【　曇徴（どんちょう）　】…高句麗の僧。610年に来日。彩色などの技法を伝達。

## 4 大化の改新

●大化の改新

□【　乙巳（いっし）の変　】…645年，中大兄皇子と中臣鎌足が蘇我氏を滅ぼす。

□年号を大化とする（初の年号）。孝徳天皇が改新の詔を発布する。都を飛鳥から難波宮に移す。

□【　改新の詔　】…①**公地公民制**（私地・私民の廃止），②地方制度，③**班田収授法**，④新税制，の４カ条からなる政治方針。

□中臣鎌足は内臣，阿部内麻呂は左大臣，蘇我倉山田石川麻呂は右大臣，高向玄理・旻（みん）は国博士に任命される。

●中大兄皇子の政治

□663年，白村江の戦いで唐・新羅に敗北。両連合軍の侵攻に備えるため，大野城などの朝鮮式山城を築く。

□667年，近江大津宮に遷都。中大兄皇子は即位して天智天皇になる。

□【　庚午年籍　】…670年に作成された初の戸籍。民衆統治の台帳。

●壬申の乱とその後の政治

□【　壬申の乱　】…大友皇子（天智天皇の子）と大海人皇子の皇位継承争い。672年に勃発。大海人皇子が勝利し，**天武天皇**となる。

□大海人皇子が都を飛鳥浄御原宮に移す。

□天武天皇の死後，皇后が即位して持統天皇となる。壬申の乱後，豪族が没落し，天皇支配体制が確立する。

| 天武天皇 | 皇族中心の皇親政治，八色の姓（真人など８階の姓） |
|---|---|
| 持統天皇 | 飛鳥浄御原令施行，都城制の藤原京を造営（694年） |

## 5 律令体制の成立

８世紀になると，**律令**（法）による中央集権体制が確立する。

●大宝律令

□701年，藤原不比等らによって大宝律令が完成する。中央集権的な律令体制の成立。718年には，修正版の養老律令がつくられる。

□【　木簡　】…文字を記した木札。藤原宮・平城宮などから出土。藤原宮出土の木簡で，郡評論争❶は決着。

●統治組織

| | |
|---|---|
| 組織 | □神祇官(祭司)と太政官(一般政務)の二官が最高機関。<br>□太政官の下に８つの省(式部省，民部省など)を置く。 |
| 区画 | □全国を五畿七道に分け，さらに国・郡・里に細分する。<br>□国・郡・里に，国司・郡司・里長を配置する。 |
| 身分 | □人民を良(貴族，官人，公民，品部・雑戸)と賤(陵戸，官戸，家人，公奴婢，私奴婢)に大別。後者は五賤という。 |
| 司法 | □刑罰として五刑八虐。行政官庁が裁判を実施。 |

●民衆統治

| | |
|---|---|
| 土地 | □【　班田収授法　】…６年に１回，良賤・男女に戸単位で口分田を支給。良民男子は２段，良民女子は１段120歩(奴婢は３分の１)。<br>□口分田の売買は禁止された。<br>□【　条里制　】…班田に便利なように行われた土地区画。 |
| 租税 | □口分田の支給を受けた者には，租(稲)，庸(労役の代わりに布など)，調(特産物)の税を課税。租は，田１段につき稲２束２把。<br>□庸と調は，運脚が都に運搬した。<br>□【　公出挙　】…春に稲を貸し付け，秋に利息をつけて回収。<br>□調・庸の課税対象は主に成年男子。年齢により，中男(少丁)，正丁，次丁(老丁)に区分。<br>□【　雑徭　】…国司が農民に課した労役(年60日以内)。 |
| 軍事 | □正丁には，衛士や防人などの兵役が課された。 |
| 司法 | □刑罰の五刑，重大犯罪の八虐 |

## 6 白鳳文化

初唐の影響を受けた仏教文化である。

□【　薬師寺東塔　】…三重の塔。各層に裳階(もこし)(軒下に出したひさしの一種)があり，六重塔に見える。

□彫刻では，薬師寺金堂の薬師三尊像，法隆寺の阿弥陀三尊像が有名。

□絵画は，法隆寺金堂壁画，高松塚古墳の壁画など。

□歌人として，柿本人麻呂や額田王などが有名。

❶改新の詔の信ぴょう性をめぐる論争である。

テーマ 31

● 日本史(原始古代)

# 平城京から平安京へ

**ここが出る!**

・平安京遷都の後，律令制再建のために実施された政策の中身についてよく問われる。検非違使などの役職名に要注意。

・政局が不安定な状態にあった奈良時代の仏教の基本的性格や，平安仏教の二大宗派(天台宗，真言宗)について押さえておこう。

| | 年 | 事項　◎は重要事項 |
|---|---|---|
| | 708 | 和同開珎がつくられる。 |
| 奈良時代 | 710 | ◎平城京に遷都。 |
| | 723 | 三世一身法。新たに開墾した土地は三世まで私有可とする。 |
| | 743 | 墾田永年私財法。墾田の永年私有を認める。⇒荘園の拡大。 |
| | 784 | 長岡京に遷都。造長岡宮使は藤原種継。 |
| 平安 | 794 | 平安京に遷都。律令制再建に向けた政治へ。 |
| | 802 | 坂上田村麻呂が胆沢城をきずく(陸奥の鎮守府)。 |

## 1 平城京の造営と奈良時代の政治

### ●平城京

□710年，藤原京から平城京に遷都。この時の天皇は元明天皇。

□唐の長安をモデルとした，碁盤目状の土地区画制度(条坊制)を採用。

### ●貨幣の出現

□【　和同開珎　】…708年に鋳造された銭貨。唐の開元通宝がモデル。

□その後，乾元大宝に至るまで，12種の銭貨がつくられる(皇朝十二銭)。

### ●領土拡大

| 東北の開拓 | 多賀城に鎮守府が置かれ，蝦夷平定のための拠点となる。 |
|---|---|
| 九州の開拓 | 隼人を征討し，大隅国を設置する(713年)。 |

### ●政争過程

□権力者は，藤原不比等の政治→長屋王の政治＊→長屋王の変(729年)→藤原四子の政治→橘諸兄の政治＊→藤原広嗣の乱(740年)→藤原仲麻呂の政治→道鏡の政治＊→光仁天皇，というように推移。＊は反藤原勢力。

□こうした政局不安を仏教で鎮めようとした聖武天皇は，741年に国分寺建立の詔，743年に大仏造立の詔を出した。

**●律令制の揺らぎ**

□班田制による重い税負担。公民の生活困窮，浮浪や逃亡の頻発❶。

□三世一身法(723年)，墾田永年私財法(743年)などの制度改革。

□有力貴族や寺社は墾田を拡大し，私有地(荘園)を増やしていった。

□唐文化の摂取のため，遣唐使が頻繁に派遣された。初の遣唐使は犬上御田鍬(630年)。894年に，菅原道真の意見により中止。

## 2 平安遷都と政治改革

**平安京**に遷都してから，長い平安時代がスタートする❷。

□794年に平安京へ遷都。桓武天皇によって政治改革が進められた。藤原緒嗣の提案により，軍事(蝦夷征伐)と造作(平安京造営)は中止。

| | |
|---|---|
| 負担軽減 | 班田収授は12年に1回。雑徭期間(国司が農民を使役できる期間)短縮，出挙(稲貸付)の利率引下げ。 |
| 軍制改革 | 辺要を除いて軍団廃止。郡司の子弟を兵にする(健児の制)。 |
| 地方監視 | 巡察使の派遣，勘解由使による国司交代の不正是正。 |
| 蝦夷との戦い | 征夷大将軍坂上田村麻呂が蝦夷の反乱を鎮静。 |

□嵯峨天皇は，機密文書や訴訟を扱う蔵人(くろうど)，京の治安を守る検非違使(けびいし)を置く。これらは令に規定のない官職(令外官)。

## 3 文化

**●天平文化(奈良時代中期)**

| | |
|---|---|
| 仏教 | 仏教による鎮護国家思想，南都六宗(奈良仏教の中心学派) |
| 文芸 | 古事記(太安万侶)，日本書紀，風土記，万葉集(大伴家持) |
| 美術 | 正倉院(校倉造)，阿修羅像，唐招提寺の鑑真像，正倉院宝物 |

**●弘仁・貞観文化(平安時代初期)**

| | |
|---|---|
| 仏教 | 最澄の天台宗(延暦寺)，空海の真言宗(金剛峰寺) |
| 文芸 | 六国史(日本書紀…)，庶民教育機関の綜芸種智院(空海による) |
| 美術 | 観心寺の如意輪観音(木彫の一木造)，両界曼荼羅などの密教画，嵯峨天皇・空海・橘逸勢の3人は書道の名手(三筆) |

□天台宗と真言宗は密教で，現実的な加持祈禱が貴族に受け入れられた。

❶民衆の生活の悲惨さは，山上憶良「貧窮問答歌」がリアルに活写している。

❷都の変遷の順は，藤原京→平城京→恭仁京→難波京→紫香楽宮→平城京→長岡京→平安京，となる。

テーマ32

● 日本史(原始古代)

# 平安時代の政治と文化

**ここが出る!**

・摂関政治の時期における，主な摂政と関白の名を覚えよう。摂関家に対抗すべく開始された院政についても，基礎事項を押さえよう。
・平安の文化はよく出題される。おなじみの『源氏物語』や『枕草子』をはじめ，著名な作品は押さえておこう。

| | 年 | 事項　◎は重要事項 |
|---|---|---|
| 平安時代 | 858 | 藤原良房が摂政となる。 |
| | 884 | 藤原基経が関白となる(関白の初め)。 |
| | 894 | 菅原道真の建議により，遣唐使を中止。 |
| | 902 | 延喜の荘園整理令。荘園(私有地)の拡大防止へ |
| | 935 | ◎承平・天慶の乱(＝935〜939 平将門の乱＋939〜941 藤原純友の乱) |
| | 969 | 安和の変。藤原氏による他氏排斥。摂政・関白常置へ。 |
| | 1016 | ◎藤原道長が摂政となる。翌年には藤原頼通が摂政に。 |
| | 1019 | 刀伊の入寇。地方武士が刀伊による侵攻を撃退。 |
| | 1051 | 前九年の役　⇒　源氏の勢力が拡大。 |
| | 1069 | 延久の荘園整理令。荘園のさらなる整理・獲得の強化 |
| | 1083 | 後三年の役　⇒　源義家の名声が上がる。 |
| | 1086 | ◎院政開始。白河上皇による。 |

## 1 摂関政治

天皇の代理として政務を執る官職(**摂政**と**関白**)による政治である。

**●成立**

□858年，藤原良房が摂政となる(天皇は清和天皇)。884年には，藤原基経が関白となる。

□天皇中心の政治も行われた。年号をとって，延喜・天暦**の治**という。

| | |
|---|---|
| 醍醐天皇(延喜) | 延喜の荘園整理**令**(902年)，『日本三代実録』，『古今和歌集』編修 |
| 村上天皇(天暦) | 乾元大宝鋳造(958年)，『後撰和歌集』編修 |

□延喜の荘園整理令は，不輸権(租税免除)や不入権(警察権の立ち入り拒否)を獲得して拡大しつつあった荘園を抑制し，律令体制を再建することを意図した。

●**藤原氏による他氏の排斥**

□**承和の変**(842年)で伴健岑(とものこわみね)，**応天門の変**(866年)で伴善男を排斥。901年に**菅原道真**を左遷し，**安和の変**(969年)で源高明を排斥。

□菅原道真は，醍醐天皇の時，**藤原時平**の策謀で左遷された。

□菅原道真は，学問の神として**大宰府**の天神社に祀られている。

●**全盛**

□摂関政治は，藤原道長・頼通父子の時代，全盛期を迎える。

□【　藤原道長　】…1016年に摂政。法成寺建立。**御堂関白**と呼ばれる。

□【　藤原頼通　】…1017年に摂政。**平等院**建立。宇治殿と呼ばれる。

## 2 院政

藤原氏と外戚関係にない**後三条天皇**は，自ら政治を行った。政権は天皇側に移り，**院政**が生まれるはしりとなる。

●**後三条天皇の親政**

□**大江匡房**らを登用し，政治の刷新をはかる。

□【　延久の荘園整理令　】…1069年に発令。1045年以後の新立荘園を廃止，書類の不備のある荘園や国務の妨げとなる荘園を整理。

□**記録荘園券契所**を設け，荘園整理の実務を行った。整理の対象は，摂関家の荘園にも及んだ。

●**院政の仕組み**

□【　院政　】…上皇(法皇)が，天皇を後見しながら政治を行うこと。

□1086年，堀河天皇に譲位した**白河上皇**が院庁(いんのちょう)を開き，院政を開始。

□院庁から出される**院庁下文**や院の命令(**院宣**)が効力をもった。

□院政期の六勝寺として，法勝寺(**白河天皇**)，尊勝寺(**堀河天皇**)，最勝寺(**鳥羽天皇**)，円勝寺(待賢門院)，成勝寺(**崇徳天皇**)，**延勝寺**(近衛天皇)，がある。

□白河上皇は，院警備のため，平氏などの武士を**北面の武士**として採用。

●**地方政治**

□地方の国司の上に**知行国主**を置き，国務を行わせ，収入を得させた。

□【　遙任(ようにん)　】…国司に任命されても赴任せず，代理の目代を派遣して，収入を得ていた者。

□徴税の権限を乱用し，私腹をこやす国司もいた。尾張国の藤原元命を訴えた「**尾張国郡司百姓等解文**」は有名。

## 3 武士の出現

桓武平氏と清和源氏という2大棟梁のもと，武士団が成立する。

●承平・天慶の乱

□【　承平・天慶の乱　】…東の平将門の乱と，西の藤原純友の乱の総称。

・平将門の乱(935年)…関東の大部分を占領し，新皇と名乗る。

・藤原純友の乱(939年)…瀬戸内海の海賊を率いた反乱。伊予の国府や大宰府を攻め落とす。

●前九年の役・後三年の役

□【　前九年の役　】…陸奥の安倍氏の反乱。源頼義・義家父子が鎮圧。

□【　後三年の役　】…源義家が清原氏を滅ぼす。源氏の勢力が拡大。

□奥州藤原氏が平泉を拠点に繁栄する。平泉の中尊寺を建立。

## 4 国風文化

●国文学

| | 名称 | 作者 | 概要 |
|---|---|---|---|
| 和歌 | 古今和歌集 | 醍醐天皇勅命 | わが国初の勅撰和歌集。 |
| | 後撰和歌集 | 村上天皇勅命 | 源順らが編纂した勅撰和歌集。 |
| | 拾遺和歌集 | 不詳 | その他の和歌を集めたもの。 |
| 物語 | 伊勢物語 | 不詳 | 在原業平の恋愛談などの短編集。 |
| | 竹取物語 | 不詳 | かぐや姫などの伝奇物語。 |
| | 宇津保物語 | 不詳 | 左大臣の娘の結婚談義など。 |
| | 落窪物語 | 不詳 | 継子いじめの物語。 |
| | 源氏物語 | 紫式部 | 大長編小説。貴族社会を描写。 |
| 日記・随筆 | 土佐日記 | 紀貫之 | 紀貫之の紀行文。最初のかな日記。 |
| | 蜻蛉日記 | 藤原道綱の母 | 結婚生活の自叙伝的物語。 |
| | 紫式部日記 | 紫式部 | 宮廷での見聞，人物伝など。 |
| | 和泉式部日記 | 和泉式部 | 自身の恋愛を回想した自叙伝。 |
| | 更級日記 | 菅原孝標の女 | 宮仕え，結婚など，一生の回想録。 |
| | 枕草子 | 清少納言 | 宮廷生活を随筆として表現。 |
| | 御堂関白記 | 藤原道長 | 朝廷の儀式・行事を記録 |

□国文学の発展は，かな文字(平仮名，片仮名)の発達を原動力とした。

□【　三跡(蹟)　】…和風能書(書道)の3大家(小野道風，藤原佐理，藤原行成)。

●貴族の生活

□【　寝殿造　】…一部の上流貴族の間に普及した住居様式。

□男子の正装は衣冠・束帯，女子の正装は女房装束というものであった。

●浄土教

□【　浄土教　】…菩薩が住む浄土への極楽往生を願う信仰。

□【　空也　】…諸国を遊業し，人々の集まる市で布教。市聖と呼ばれる。空也上人立像は，京都の六波羅密寺に残されている。

□【　源信　】…『往生要集』を著し，浄土信仰について説く。

●芸術

□建築としては，法成寺（藤原道長建立），平等院鳳凰堂（藤原頼通建立），法界寺**阿弥陀堂**が有名。

□彫刻の技法として，寄木造が始められる。定朝がつくった平等院鳳凰堂の阿弥陀如来像など。阿弥陀如来は，浄土教の中心の仏。

□絵画としては，**高野山**聖衆来迎図（しょうじゅらいごうず）❶や平等院鳳凰堂扉絵など。

□工芸の技法として，蒔絵（まきえ）（漆工芸の一種）や螺鈿（らでん）が普及。

## 5　院政期の文化

●歴史・文学・芸能

| | 名称 | 作者 | 概要 |
|---|---|---|---|
| 歴史 | 大鏡 | 不詳 | 道長時代を中心に藤原全盛期を描く。 |
| | 栄花物語 | 赤染衛門？ | 藤原道長の栄華を賛美。 |
| | 本朝世紀 | 藤原通憲 | 歴史書。朝廷の歴史などを主題とする。 |
| 文学 | 今昔物語集 | 不詳 | 平安末期の説話集。31巻，現存1040話。 |
| | 梁塵秘抄 | 後白河法皇 | 平安末期の歌謡集。法皇自らが撰。 |

□庶民文化として，田楽（祭礼神事芸能），催馬楽（さいばら），今様などが成立。

●芸術

□【　大和絵　】…日本的風物を主題とした絵画。それをもとに，絵巻物などが生まれる。

□代表的な絵巻物として，源氏物語絵巻，伴大納言絵巻，信貴山縁起絵巻，鳥獣戯画など。

□【　平家納経　】…平清盛らが厳島神社に奉納した装飾経。

□各地に阿弥陀堂が建てられる。中尊寺金色堂，富貴寺大堂，白水阿弥陀堂など。

❶阿弥陀仏が浄土から死者を迎えに来るという意味で，来迎図という。

テーマ 33

● 日本史（中世）

# 鎌倉時代の政治と文化

**ここが出る！** ▶▶

・院政に象徴される貴族政治が終わり，武家社会が成立する。鎌倉幕府の機構の主な役職を押さえよう。機構図の空欄補充問題も出る。

・執権として幕府を運営した北条氏の政策の中身について知っておこう。六波羅探題，御成敗式目など，漢字で書けるようにすること。

| | 年 | 事項　　◎は重要事項 |
|---|---|---|
| 平安時代 | 1156 | 保元の乱　⇒　敗北した崇徳上皇は流罪。院政の動揺。 |
| | 1159 | 平治の乱　⇒　源氏勢力の一掃。平清盛が政権掌握。 |
| | 1167 | ◎平清盛が太政大臣になる。 |
| | 1185 | 壇の浦の戦い。平氏の滅亡。全国に守護と地頭をおく。 |
| 鎌倉時代 | 1192 | ◎源頼朝が征夷大将軍となる。 |
| | 1203 | ◎北条時政が執権となる。執権政治の開始。 |
| | 1221 | ◎承久の乱　⇒　後鳥羽上皇の敗北。貴族政治の終焉。 |
| | 1225 | 評定衆を設置。重要政務の裁定や訴訟の採決機関。 |
| | 1232 | ◎御成敗式目を制定。 |
| | 1249 | 引付衆を設置。裁判制度の整備を意図。 |

## 1 平氏政権

平安末期，いくつかの動乱を契機として，**平氏**が政権を握る。

### ●平氏の政界進出

□【　保元の乱　】…崇徳上皇VS後白河天皇。後者の勝利。院政の動揺。

□【　平治の乱　】…平清盛が藤原信頼・源義朝を打ち負かす。義朝の子頼朝は伊豆に流罪。源氏の勢力が一掃され，平清盛が政権を握る。

### ●平氏政権

□1167年，**平清盛**が太政大臣となる。天皇の外戚として権力を高める。

□全国の**知行国**や荘園を経済基盤とする。

□摂津の**大輪田泊**を整え，**日宋貿易**を行う。宋銭を大量に輸入。

## 2 鎌倉幕府の成立

平氏の栄華は長続きしない。源氏の蜂起により，**鎌倉幕府**が成立する。

### ●源氏の蜂起と鎌倉幕府の成立

□1180年の**富士川**の戦いで，源頼朝が平維盛に勝利。

□以後，頼朝は弟の範頼と義経の力を借りて，**一の谷**の戦い(1184年)，**壇の浦**の戦い(1185年)で勝利し，平氏を完全に滅ぼす。

□対立する義経をとらえる名目で1185年に全国に守護と地頭をおく権利を得，西国にも支配権を強めた頼朝は，**鎌倉幕府**を開く。

□1192年，源頼朝が**征夷大将軍**に任じられる。

●**鎌倉幕府の仕組み**

| | | |
|---|---|---|
| 中央 | 侍所 | 御家人の統制機関。長官は**別当**(初代は**和田義盛**)。 |
| | 公文所 | 政務・財政機関。長官は**別当**(初代は**大江広元**)。 |
| | 問注所 | 裁判機関。長官は**執事**(初代は三善康信)。 |
| 地方 | 守護 | 1国1人。御家人の統制や治安維持，警察権の行使が任務。 |
| | 地頭 | 荘園ごとに配置。荘園の管理，荘園内の治安維持が任務 |

●**封建的主従関係**

□将軍と御家人の主従関係は，**御恩**と**奉公**の交換関係からなる。

□こうした制度が**封建制度**である。

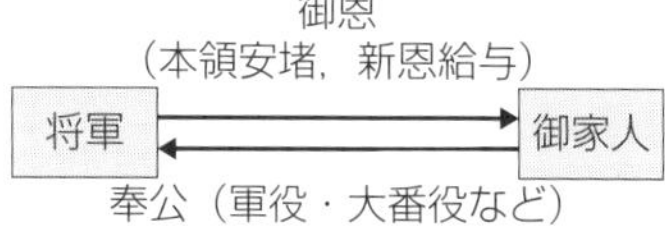


## 3 執権政治

源氏の将軍は3代で途絶え，以後，北条氏が政権を握る。

●**北条氏の台頭**

□1203年，**北条時政**が執権となり，執権政治を開始する。

□【　執権　】…政所と侍所の別当を兼ねた，幕府の最高役職。

□2代将軍・**源頼家**は伊豆修善寺に幽閉され(後に暗殺)，3代将軍・**源実朝**は**公暁**に殺される。

●**承久の乱**

□【　承久の乱　】…1221年，院政を行っていた**後鳥羽上皇**が2代執権・北条義時の追討を企てるが敗北。後鳥羽上皇は**隠岐**に流され，以下の措置がとられる。

・没収した上皇方の所領に**新補地頭**を置き，加徴米を徴収する。

・京都に**六波羅探題**を設置し，朝廷の監視にあたらせる。

●**その後の政治**

| | |
|---|---|
| 北条泰時 | □評定所を設置し，有力御家人11人を**評定衆**に任命。<br>□51カ条からなる**御成敗式目**を制定(1232年)。 |
| 北条時頼 | □**引付衆**を設置(1249年)。評定衆の補佐，裁判の迅速化。 |

**●御成敗式目**

□武家社会初の体系的な成文法。**貞永式目**ともいう。

□右大将家(**源頼朝**)の示した例を重視。守護や**地頭**の職務を規定し，**女子**にも所領の分割相続権を認めた。

## 4 民衆の生活

産業が発達し，貨幣経済も浸透する。

**●武士の生活**

| | |
|---|---|
| 紛争の処理 | □荘園領主が年貢を地頭に請け負わせる**地頭請**や，荘園領地を領主と地頭とで折半する**下地中分**が行われた。 |
| 武士の生活 | □一族の長(惣領)が強い権限を持ち，庶子を率いる**惣領制**。<br>□武士の住居様式として，簡素な**武家造**が普及。<br>□**笠懸**，犬追物，**流鏑馬**(やぶさめ)という馬上弓技が頻繁に行われた。 |

**●農民の生活**

□農民は，**名主**(有力農民)，小百姓，下人・所従という階層に分化。

□農業技術として，**二毛作**(稲と麦)や**牛馬耕**が普及した。

**●産業と経済**

| | |
|---|---|
| 市 | □【　三斎市　】…月に3度開かれる定期市。商品売買の場所。 |
| 貨幣 | □【　宋銭　】…宋から輸入された貨幣。国内通貨として流通。年貢を貨幣で納める**代銭納**も見られた。 |
| 金融 | □【　借上　】…名主や僧侶などから現れた高利貸業者。<br>□【　為替　】…遠隔地間の米銭の輸送を為替手形で行う制度。 |
| 運送 | □【　問丸　】…港湾の貨物運送業者。貨物の保管も請け負った。<br>□【　馬借・車借　】…馬や車を使う運送業者。 |

## 5 元寇

鎌倉時代の対外関係は，元の襲来(**元寇**)を抜きにしては語れない。

**●元寇**

□13世紀，モンゴル族の**チンギス・ハン**がモンゴル帝国を建国する。フビライ・ハンの時，国号を**元**とする(1271年)。

□日本(執権・**北条時宗**)に服属を拒否された元は，2度にわたり襲来(1274年の**文永の役**，1281年の**弘安の役**)するが，いずれも失敗。

□幕府は西国一帯に勢力を強め，北条氏一門を**鎮西探題**(ちんぜい)として送る。

□長崎の**鷹島神崎**遺跡で，元寇の沈没船が見つかる。

●鎌倉幕府の動揺

□元寇に備えるための軍役，分割相続による所領の細分化によって，御家人の生活が窮乏。

□【　永仁の徳政令　】…1297年に発令。御家人の生活窮乏の救済。御家人の所領の売買禁止，御家人に対する金銭貸借訴訟の不受理など。

## 6 鎌倉仏教

| 宗派 | 開祖 | 著書 | 概要・キーワード |
|---|---|---|---|
| 浄土宗 | 法然 | 選択本願念仏集 | 他力本願，専修念仏 |
| 浄土真宗 | 親鸞 | 教行信証，歎異抄 | 悪人正機説(悪人も救われる) |
| 時宗 | 一遍 | 一遍上人語録 | 念仏にあわせて踊る踊念仏 |
| 法華宗(日蓮宗) | 日蓮 | 立正安国論 | 南無妙法蓮華経の題目をとなえることが重要 |
| 臨済宗 | 栄西 | 興禅護国論 | 座禅を組み，師の公案による悟り。幕府の保護を受ける |
| 曹洞宗 | 道元 | 正法眼蔵 | ひたすら座禅(只管打坐) |

□華厳宗(けごんしゅう)の明恵は著書『摧邪輪(ざいじゃりん)』で，法然の専修念仏を批判。

## 7 鎌倉文化

力強い武士の気風にあった文化である。

●文学作品

| 和歌 | 新古今和歌集(藤原定家ら)，山家集(西行)，金槐和歌集 |
|---|---|
| 説話集 | 宇治拾遺物語，古今著聞集，十訓抄，宝物集，沙石集 |
| 随筆 | 方丈記(鴨長明)，徒然草(吉田兼好) |
| 紀行文 | 十六夜日記，東関紀行 |
| 史書 | 水鏡，愚管抄(慈円)，吾妻鏡，元亨釈書❶(虎関師錬) |
| 軍記物 | 保元物語，平治物語，平家物語，源平盛衰記 |

●美術・学問

□大仏様と禅宗様という2つの建築様式が伝来。大仏様として東大寺南大門，禅宗様として円覚寺舎利殿など。

□運慶・快慶による彫刻作品として，東大寺南大門の金剛力士像，興福寺の無著像・世親像など。

□絵画として，一遍上人絵伝，蒙古襲来絵巻など。

□【　金沢文庫　】…北条実時が開設した初の武家文庫。

❶日本で最初の仏教通史である。

テーマ 34

● 日本史(中世)

# 室町幕府の成立

**ここが出る!** ▶▶

- **鎌倉幕府滅亡の過程と，それに代わる天皇親政(建武の新政)の中身について知っておこう。新田義貞など功労者の名も要注意。**
- **室町時代の政治機構はどのようなものか。将軍の補佐役に任用された3氏の名前や，各機関の長官職の名についてよく問われる。**

| | 年 | 事項　◎は重要事項 |
|---|---|---|
| 鎌倉時代 | 1324 | 正中の変 ｝後醍醐天皇の倒幕計画 |
| | 1331 | 元弘の変 ｝後醍醐天皇の倒幕計画 |
| | 1333 | 鎌倉幕府の滅亡 |
| 南北朝時代 | 1334 | ◎後醍醐天皇が建武の新政を始める。 |
| | 1336 | 後醍醐天皇が南朝政権を立てる。⇒　南北朝の対立へ。 |
| | 1338 | ◎足利尊氏が征夷大将軍となり，室町幕府が成立。 |
| | 1350 | 観応の擾乱(～52)。足利尊氏が弟の直義を毒殺。 |
| 室町時代 | 1392 | ◎南北朝の統一。 |
| | 1397 | 足利義満が金閣を造営する。 |

## 1 鎌倉幕府の滅亡と建武の新政

元寇以後，御家人の信頼が揺らぐなど，鎌倉幕府が傾いてくる。

**●鎌倉幕府の滅亡**

□天皇家が大覚寺統と持明院統に分かれ，前者から後醍醐天皇が即位。

□後醍醐天皇は，2度の討幕(正中の変，元弘の変)を企てるが失敗。

□しかし，楠木正成など反北条勢力が挙兵。足利高氏(のち尊氏)が六波羅探題，新田義貞が鎌倉を占領し，鎌倉幕府は滅亡(1333年)。

**●建武の新政**

□1335年，北条時行が鎌倉を占領するが(中先代の乱)，後に足利尊氏に敗れる。

□後醍醐天皇が，延喜・天暦の治を理想とした建武の新政を実施する。

□記録所(重要政務を行う機関)，雑訴決断所(訴訟の処理)，武者所(警備，武士の統制)，恩賞方(功労の審査)を設ける。諸国に国司と守護を置く。

□足利尊氏が光明天皇を即位させたことで，建武の新政は終わる。

## 2 南北朝時代

光明天皇の即位以後，北朝と南朝の対立時代に突入する。

●南北朝の争い

□後醍醐天皇は吉野に逃れ**南朝**を樹立。吉野の南朝と**京都**の北朝の対立時代に突入。南朝は**北畠**氏，北朝は**足利**氏が勢力の中心となる。

□【 神皇正統記 】…北畠親房が著した歴史書。南朝の正統性を主張。

□1392年，3代将軍足利義満の時代に，南北朝は統一される。

●守護大名の出現

□【 守護大名 】…諸国の守護が，任国とつながって勢力を増したもの。

□【 半済 】…守護が荘園・公領の年貢の半分を取得すること。

## 3 室町幕府の成立

●政治機構

| | | |
|---|---|---|
| 中央 | 管領 | 将軍の補佐役。細川，斯波，畠山の3氏に限定。 |
| | 侍所 | 武士の統制，警備・裁判。長官の職目は所司。 |
| | 政所 | 幕府の財政を担当。長官の職名は執事。 |
| | 問注所 | 文書記録の保管，訴訟時に証拠の鑑定など。 |
| 地方 | 鎌倉府 | 関東の幕政代行機関。長官は**鎌倉公方**，補佐は**関東管領**。 |
| | 奥州探題 | 奥州の軍事・民政を統括。 |
| | 羽州探題 | 奥州探題から分立。出羽国の軍事・民政を統括。 |
| | 九州探題 | 九州の統轄。鎮西探題ともいう。渋川氏が世襲。 |

□【 三管領 】…管領に任用された**細川**，**斯波**，**畠山**3氏の総称。

□【 四職 】…侍所の長官に任用された**山名**，**赤松**，**一色**，**京極**の4氏。

●経済基盤

□【 御料所 】…幕府の直轄領。奉公衆などが管理にあたった。

□段銭（土地税），棟別銭（戸別税），土倉役・酒屋役（営業税）も収入源。

●守護大名対策

| | | | |
|---|---|---|---|
| 幕府の抑圧 | 明徳の乱 | 1391年 | 足利義満が守護·山名氏清を滅ぼす。 |
| | 応永の乱 | 1399年 | 義満が6カ国の守護・大内義弘を討伐。 |
| 大名の抵抗 | 永享の乱 | 1438年 | 足利義教が，挙兵した鎌倉公方の足利持氏を討伐。 |
| | 嘉吉の変 | 1441年 | 守護大名・赤松満祐が将軍・義教を殺害。 |

テーマ 35

● 日本史(中世)

# 戦国の世と室町文化

頻出度 A

**ここが出る!** ▶▶

- 応仁の乱の後，時代は戦国時代に入る。主な戦国大名の名前を知っておこう。領国の地図が出題されることもある。
- 建築物や絵画の実物写真がよく出る。金閣と銀閣の白黒写真を見間違えるようでは情けない。資料集で確認のこと。

| | | 年 | 事項　◎は重要事項 |
|---|---|---|---|
| 室町時代 | | 1419 | 応永の外寇。朝鮮軍が，倭寇の本拠地とみなした対馬を襲撃する。 |
| | | 1428 | 正長の徳政一揆。「日本開白以来，土民蜂起是れ初め也」 |
| | 戦国時代 | 1467 | ◎応仁の乱　⇒　戦国時代へ突入。 |
| | | 1485 | 山城の国一揆。南山城の国人・土民が畠山氏の撤退を要求。 |
| | | 1488 | 加賀の一向一揆。一向宗徒が守護の富樫政親を攻め殺す。 |
| | | 1510 | 三浦の乱。朝鮮の 3 港に住む日本人の特権が縮小されたため，日本人が暴動をおこす。⇒　日朝貿易が衰退へ。 |

## 1 室町時代の対外関係

**● 日明貿易**

□1401年，足利義満が祖阿と肥富を明に派遣し，中国との国交再開。1404年，日明貿易(勘合貿易)が開始される。

□海賊・倭寇と区別するため勘合を用いたので，勘合貿易と呼ばれた。日本が貢物を献じ，明の物産を与えられる朝貢貿易であった。これを嫌った足利義持は貿易をいったん中止。

□日本から武具や鉱物を輸出し，明から銅銭，生糸などを輸入。

□貿易の利権は，博多商人と組む大内氏，堺商人と組む細川氏に移る。1523年，両氏は寧波で武力衝突する。

**● 日朝貿易・琉球貿易**

□朝鮮との貿易は，富山浦，乃而浦(ないじほ)，塩浦の 3 港(三浦)で行われた。

□【　応永の外寇　】…1419年，朝鮮が倭寇の本拠地とみなした対馬を襲撃。

□尚巴志が建国した琉球王国は，日本や明と中継貿易を行った。

## 2 農民の台頭

### ●惣の形成

□【　惣　】…農民の自治組織。活動方針は**寄合**という議会で決定。

□宮座(祭礼を行う組織)の運営や，村掟の作成などを行った。

### ●主な一揆

| | | |
|---|---|---|
| 正長の徳政一揆 | 1428年 | 近江の馬借の徳政要求から始まる。 |
| 播磨の土一揆 | 1429年 | 徳政要求と，守護赤松氏の追放を狙う。 |
| 嘉吉の徳政一揆 | 1441年 | 室町幕府初の徳政令発布にこぎつける。 |
| 山城の国一揆 | 1485年 | 守護大名に代わって月行事が支配。 |
| 加賀の一向一揆 | 1488年 | 守護富樫政親を滅ぼし，門徒領国を作る。 |

## 3 応仁の乱と戦国大名

### ●応仁の乱

□管領の細川勝元と，四職の山名持豊が政権をめぐって対立。

□【　応仁の乱　】…勝元の東軍と持豊の西軍の争い。1467年に勃発し，77年まで続く。以後，下剋上の風潮が支配する戦国時代に入る。

□【　下剋上　】…身分が下の者が上の者を打ち負かすこと。

### ●戦国大名の出現

□諸国の守護代や国人が守護大名を打倒し，戦国大名となる。

| | |
|---|---|
| 東北・関東 | 伊達稙宗(陸奥)，北条早雲(伊豆) |
| 中部 | 上杉謙信(越後)，武田信玄(甲斐)，今川義元(駿河) |
| 近畿・中国 | 三好長慶(摂津)，松永久秀(大和)，毛利元就(安芸) |
| 四国・九州 | 長宗我部元親(土佐)，大友義鎮(豊後)，島津貴久(薩摩) |

□戦国大名の領国は分国と呼ばれ，当地の法律(分国法)が制定された。領国の経済の中心として城下町もつくった。

| | |
|---|---|
| 今川仮名目録(今川氏) | 喧嘩両成敗，私婚禁止。 |
| 塵芥集(伊達氏) | 伊達稙宗が制定。最多の条文を持つ。 |
| 甲州法度之次第(武田氏) | 武田信玄が制定。**喧嘩両成敗**。 |
| 朝倉孝景条々(朝倉氏) | 人材登用，家臣の集住等について。 |

## 4 産業・経済と都市

生産力が向上し，商品流通も進んでくる。

●産業・経済

| 農・手工業 | 二毛作，大山崎の油座(製油業)，尾張の瀬戸(製陶業) |
|---|---|
| 商業 | 月 6 回の六斎市，問屋(輸送業者)，座(同業者団体)<br>土倉・酒屋(高利貸)，馬借・車借(輸送業者) |
| 貨幣・交通 | 永楽通宝などの明銭，撰銭(えりぜに)(良貨と悪貨の識別)，関所(交通の要所に設けて関銭を徴収) |

●都市

□【　門前町　】…大寺社の門前に栄えた町。伊勢神宮の宇治・山田など。

□【　寺内町　】…一向宗徒の町。濠で囲まれた城郭都市。石山など。

□【　自治都市　】…町衆による自治都市。堺，博多，京都など。

## 5 南北朝時代の文化

●文学・学問

| | 作品名 | 作者 | 概要 |
|---|---|---|---|
| 歴史書 | 増鏡 | 二条良基？ | 鎌倉時代(承久の乱以後)の歴史物語。 |
| | 梅松論 | 足利氏の家臣？ | 足利尊氏の幕府創立を描く。 |
| | 神皇正統記 | 北畠親房 | 神代から後村上天皇までの歴史書。 |
| 軍記物 | 太平記 | 小島法師？ | 南北朝動乱について記した軍記物語。 |
| | 義経記 | 不詳 | 源義経の幼少期から末期を描いた伝記。 |
| | 曽我物語 | 口承伝説 | 曽我兄弟の仇討物語。 |

□【　有職故実　】…朝廷や公家社会の儀式や機構について研究する学問。後醍醐天皇の『建武年中行事』や北畠親房の『職原抄』が有名。

●庶民文化

□【　連歌　】…和歌の上の句と下の句を交互に詠む文芸。最初の連歌集として『菟玖波集(つくばしゅう)』，連歌の規則集として『応安新式』がある。

□【　闘茶　】…茶の味を飲み分ける競技。茶飲みの会合(茶寄合)で行われた。武家や庶民の間ではやった。

□【　田楽　】…農耕儀礼から発達した芸能。

## 6 北山文化

足利義満が建てた金閣に象徴される文化である。

□【　五山文学　】…五山の上の格の南禅寺・京都五山(天竜寺，相国寺など)・鎌倉五山(建長寺，円覚寺など)の禅僧を担い手として栄えた文学。絶海中津・義堂周信らが活躍。

□【　五山・十刹の制　】…寺院の格付け。五山が最高，十刹がその次。

| | |
|---|---|
| 建築 | □足利義満が京都・北山山荘に金閣を建てる。<br>□金閣は3層構造からなる。初層は寝殿造，上層は禅宗様。 |
| 絵画 | □水墨画が伝わる。墨のみの単色画。山水を主題とする。<br>□水墨画を発展させた僧侶＝東福寺の明兆，相国寺の如拙。 |
| 学問 | □1439年，関東管領の上杉憲実が足利学校を再興。坂東の大学の名でヨーロッパにも知られた。<br>□『古今和歌集』の解釈の秘伝を伝える古今伝授が完成。1471年，東常縁(とうのつねより)が宗祇に伝授した。 |
| 芸能 | □観阿弥・世阿弥父子が猿楽の能(総合演劇)を完成させる。<br>□能楽論として，世阿弥の『風姿花伝(花伝書)』や『花鏡』など。 |

## 7 東山文化

**●建築・庭園**

□【　銀閣　】…足利義政が京都の東山山荘に建立。

□【　書院造　】…畳を敷きつめ，床の間，違い棚，付書院を設ける。銀閣の下層・東求堂同仁斎に見られる。

□【　枯山水　】…石と白砂で山水を表現。枯山水の庭園を持つ寺として，竜安寺や大徳寺大仙院などがある。

**●絵画・学問**

□【　山水画　】…山水を題材とする風景画。雪舟が大成。この人物の代表作として，『秋冬山水図』など。

□狩野正信・元信父子が絵画流派(狩野派)をおこす。

□朱子学者の桂庵玄樹が，『大学章句』を出版する。

□民衆教育の教科書として，『庭訓往来』，『実語教』などが普及。前者は，書簡形式の教科書である。

**●文芸・芸能**

□連歌が発展し，正風連歌となる。宗祇編『新撰菟玖波集』は有名。

□山崎宗鑑によって俳諧連歌が確立。宗鑑編の『犬筑波集』は有名。

□【　御伽草子(おとぎぞうし)　】…庶民生活を題材とした短編文学。『浦島太郎』など。

□村田珠光が侘び茶を始める。簡素静粛を重視。⇒茶道の成立。

□住宅装飾として生花が発達。⇒池坊専慶が華道として芸術化。

**●宗教**

□浄土真宗本願寺派に蓮如が出て，全国に布教が及ぶようになる。

テーマ 36

● 日本史（近世）

# 安土・桃山時代

**ここが出る！** ▶▶

- **信長と秀吉の天下統一事業の概略を押さえよう。秀吉時代の太閤検地と刀狩（兵農分離政策）は重要である。**
- **この時代，鉄砲やキリスト教の伝来に加え，茶道や歌舞伎も発展するなど，文化も進歩した。主な功労者の名前を知っておこう。**

16世紀後半に入り，いよいよ信長・秀吉による天下統一である。

| | | 年 | 事項　　◎は重要事項 |
|---|---|---|---|
| 室町時代 | 戦国時代 | 1543 | ◎ポルトガル人による鉄砲伝来。 |
| | | 1549 | ◎ザビエルがキリスト教を伝来。 |
| | | 1560 | 桶狭間の戦い。織田信長が今川義元を大敗させる。 |
| | | 1573 | 室町幕府の滅亡。信長が足利義昭を京都から追放。 |
| 安土・桃山時代 | | 1575 | 長篠の戦い。信長が武田勝頼を大敗させる。 |
| | | 1582 | 本能寺の変。信長が明智光秀に襲われて自害。 |
| | | 1584 | スペイン人が平戸に来航。⇒　南蛮貿易の隆盛。 |
| | | 1588 | 刀狩令。農民から武器を没収。⇒　兵農分離へ。 |
| | | 1590 | ◎豊臣秀吉の全国統一 |
| | | 1592 | 文禄の役 } 朝鮮出兵 |
| | | 1597 | 慶長の役 } 朝鮮出兵 |

## 1 ヨーロッパ人の来航

16世紀半ば，いよいよヨーロッパとの国交も開けてくる。

**●鉄砲伝来**

□1543年，ポルトガル人が種子島に漂着。⇒鉄砲の伝来へ

□一騎打ちの騎馬戦から，足軽の鉄砲隊を中心とする集団戦術への移行。

**●南蛮貿易**

□【　南蛮貿易　】…ポルトガル・スペイン（イスパニア）両国との貿易。

□輸入品は中国産生糸，鉄砲など。輸出品は銀，刀剣，工芸品など。

**●キリスト教伝来**

□1549年，イエズス会のフランシスコ・ザビエルがキリスト教を伝える。

□1582年，大友・有馬・大村の3大名が，4少年❶を天正遣欧使節としてローマ教皇のもとに派遣。宣教師のヴァリニャーニのすすめによる。

❶伊東マンショ，千々石ミゲル，中浦ジュリアン，原マチルノの4少年である。

## 2 織田信長の統一事業

**●信長の台頭**

□1560年，桶狭間の戦いで今川義元を破り，天下に名をはせる。

□1573年，足利義昭を京都から追放し，室町幕府を滅ぼす。

**●信長の戦歴・事業**

□①比叡山延暦寺の焼打ち(1571年)，②長篠の戦いで，鉄砲を大量に用い，武田勝頼を破る(1575年)，③安土城の築城開始(1576年)，④商人の自由な活動を認める楽市楽座の実施(堺を直轄領とする)，⑤関所の廃止，⑥キリスト教の保護など。

□1582年，本能寺にて明智光秀に襲われて信長は自殺(本能寺の変)。

## 3 豊臣秀吉の天下統一

1582年，光秀を破った羽柴秀吉(**豊臣秀吉**)が信長の後継者となる。

**●秀吉の統一事業**

□①柴田勝家を賤ヶ岳の戦いで破る(1583年)。②大坂城の築城開始(1583年)，③関白に任ぜられる(1585年)，④太政大臣となる(1586年)，⑤伊達政宗ら東北の諸大名を服属させる(1590年) ⇒1590年，小田原の北条氏政を滅ぼし豊臣秀吉の天下統一が完成。

**●政策**

□太閤検地で農民を土地に縛り，刀狩令で武器を没収(兵農分離政策)。

□土地一区画ごとに石高を定め，一地一作人の制度を確立。

**●外交**

□【 朱印船貿易 】…1592年より，正規の商船に朱印状を与えた。

□【 バテレン追放令 】…キリスト教の禁止。宣教師に国外退去を迫る。

□２度にわたる朝鮮侵略(1592年文禄の役，1597年慶長の役)。

## 4 桃山文化

| | |
|---|---|
| 建築 | 城郭の天守閣，聚楽第(城郭風の邸宅)，妙喜庵待庵(茶室) |
| 絵画 | 住宅の襖に描かれた障壁画⇒狩野永徳『唐獅子図屏風』<br>風俗画⇒『洛中洛外図屏風』，『職人尽図屏風』，『南蛮屏風』 |
| 芸能 | 堺の千利休が茶道を大成，出雲阿国が阿国歌舞伎を始める。 |
| 南蛮文化 | 活字印刷機が伝達され，『平家物語』などのローマ字本(**キリシタン版・天草版**)が出版される。 |

テーマ 37

● 日本史(近世)

# 江戸幕府の成立

**ここが出る!** ▶▶

- 江戸幕府の政治機構は最頻出。主な役職の名称と職務をしっかり覚えよう。徳川氏との親近関係に基づく大名の3類型も要注意。
- 士農工商という身分制度を軸とした，各種の民衆統制の内実について押さえよう。税の種類や五人組制度などがよく出る。

1603年，江戸幕府が成立。約250年の江戸時代の始まりである。

| | 年 | 事項　◎は重要事項 |
|---|---|---|
| 江戸時代 | 1600 | ◎関ヶ原の戦い。徳川家康VS石田三成　⇒　家康の勝利 |
| | 1603 | ◎徳川家康が征夷大将軍となる。江戸幕府の成立 |
| | 1604 | 糸割符制度。特定の商人に生糸の買取権を与える。 |
| | 1612 | 幕府直轄領でキリスト教禁止(翌年，全国に禁教令)。 |
| | 1614 | 大坂冬の陣。翌年は大坂夏の陣。⇒　豊臣氏が滅ぶ。 |
| | 1615 | 武家諸法度。大名や武士が守るべき大綱。 |
| | | 禁中並公家諸法度。朝廷運営の基準を示す。 |

## 1 江戸幕府の成立

豊臣政権の五大老の筆頭であった**徳川家康**が台頭してくる。

### ●江戸幕府の成立

□豊臣政権の五大老の徳川家康，上杉景勝，石田三成の政権争い。

□1600年，家康方(東軍)と三成方(西軍)が関ヶ原で衝突！

⏱□勝利を収めた家康は，1603年，征夷大将軍となり，江戸幕府を開く。

### ●豊臣氏の滅亡

□家康が大坂城を陥落させる(大坂冬の陣・夏の陣)。⇒豊臣氏滅亡。

## 2 幕藩体制

将軍(幕府)と大名(藩)の支配体制を**幕藩体制**という。

### ●基礎事項

□将軍直属の家臣は，旗本(将軍御目見え可)と御家人(不可)に区分。

□幕領は400万石，旗本領は300万石(＝全国石高の4分の1に相当)。

### ●職制

3代将軍・家光の頃，職制が整う。譜代大名と旗本が職務を担当。

| | | |
|---|---|---|
| 中央 | 大老 | 幕府の最高職。非常時に老中の上に置かれる。 |
| | 老中 | 常置の最高職。２万5000石以上の譜代大名から選任。 |
| | 若年寄 | 老中を補佐する。旗本や御家人の監察が主な職務。 |
| | 寺社奉行 | 寺社の管理や宗教統制などを行う。将軍直属。 |
| | 町奉行 | 江戸の行政，司法・警察を管轄。旗本より選任。 |
| | 勘定奉行 | 幕領の租税徴収や訴訟を担当。旗本より選任。 |
| 地方 | 京都所司代 | 朝廷の監察，京都町奉行などの統轄。老中に次ぐ要職。 |
| | 城代 | 城を預かる職。二条（京都），大坂，駿府に設置。 |
| | 郡代・代官 | 郡代は広域の幕領（関東など），代官はその他を管轄。 |

●**大名と藩**

□【　大名　】…１万石以上の領地を与えられた者。以下の３種類。

| | |
|---|---|
| □親藩 | 徳川氏の一門。尾張・紀伊・水戸は御三家として重用。 |
| □譜代大名 | 三河以来の徳川氏の家臣。要地に配置。要職に就けた。 |
| □外様大名 | 関ヶ原の戦い以後に従った大名。遠隔地に配置。 |

●**大名の統制**

□２代将軍徳川秀忠のとき，一国一城令，武家諸法度を制定（1615年）。３代将軍徳川家光のとき，参勤交代（諸大名を１年ごとに江戸に出させる）を制度化した武家諸法度を出す（1635年）。

□違反者には，改易，減封，転封（国替）などの制裁が科された。

## 3 朝廷・寺社・民衆の統制

放っておけば脅威となりかねない朝廷や寺社への統制もなされた。

●**朝廷・寺社の統制**

□【　禁中並公家諸法度　】…公家の統制法。公家の席次などを規定。

□【　武家伝奏　】…朝廷と幕府の事務連絡を担う公家。

□【　寺請制度　】…寺院に檀徒がキリシタンでないことを証明させる。

●**身分制度**

□士農工商（武士－農民－職人－商人）の序列。その下にえた・非人。

□家族では，家長が絶対的権限を持つ。明確な男尊女卑（三従の教え）。

●**農民の統制**

| | |
|---|---|
| 農民の階層 | 本百姓－水呑百姓－名子という序列。村の責任者は名主。 |
| 農民の税 | 本途物成（本年貢），小物成（雑税），夫役（陣夫役など） |
| 統制法 | 田畑永代売買の禁令，分地制限令，田畑勝手作りの禁 |
| 農民生活 | 村掟（破ると村八分），五人組制度（連帯責任） |

テーマ 38

● 日本史(近世)

# 鎖国政策と政治・文化

**ここが出る!** ▶▶

- **いくつかの政策を列挙し，どの時期のものかを問う問題が多い。家綱時代のもの，綱吉時代のものというように，区別をつけよう。**
- **鎖国政策に象徴されるように，対外関係が制限された時代である。奉書船制度や海舶互市新例など，重要な政策の中身を押さえよう。**

| | 年 | 事項　◎は重要事項 |
|---|---|---|
| 江戸時代 | 1624 | スペイン船の来航を禁止。 |
| | 1631 | 奉書船制度。海外渡航船に奉書の所持を求める。 |
| | 1637 | ◎島原の乱。キリシタン農民による反乱。 |
| | 1639 | ポルトガル船の来航を禁止。 |
| | 1640 | 宗門改役を設置。キリスト教対策を強化。 |
| | 1641 | ◎オランダ商館を平戸から出島に移す。⇒　鎖国完成。 |
| | 1651 | 慶安事件。由井正雪による反乱計画。 |
| | 1685 | 生類憐みの令。極端な動物愛護令。 |
| | 1715 | 海舶互市新例。長崎貿易を制限。 |

## 1 対外関係の制限

対外関係を制限した**鎖国政策**が整えられる。

**●江戸時代初期の外交**

□朱印船貿易が盛んになる。主な輸出品は銀，輸入品は生糸。

□【　糸割符制度　】…堺・長崎・京都・江戸・大坂の5カ所の商人に，輸入生糸の一括買取権を与える。ポルトガル商人に打撃。

**●鎖国政策**

□スペインやポルトガルの侵攻を恐れ，1612年，キリスト教を禁止。

□外国船(中国船除く)の来航を平戸と長崎に限定。1633年には，海外渡航船に，老中発行の奉書を所持することを義務づける(奉書船制度)。

□1641年，オランダ商館を長崎の出島に移す。⇒鎖国の完成！

□【　志筑忠雄　】…ケンペル『日本誌』を訳し，「鎖国」の語を使う。

□長崎でオランダ・中国，対馬で朝鮮，薩摩で琉球，松前でアイヌと対外関係を保つ(4つの窓)。

□【　商場知行制　】…上級家臣にアイヌとの交易権を与えることで，主従関係を結んだ松前藩の制度。

●島原の乱

□【　島原の乱　】…キリスト教弾圧に抵抗した百姓らの一揆。大将は天草四郎時貞。

□【　宗門改役　】…キリスト教徒の摘発を任務とする職。絵踏(えぶみ)など実施。

## 2 文治政治

4代将軍・家綱から7代将軍家継の政治は，**文治政治**といわれる。

●徳川家綱の政治

□大名の改易(お家断絶)による牢人の増加を防ぐため，大名の末期に養子をとることを認めない「末期養子の禁」を緩和した。

□戦国の名残ともいえる殉死や，大名が幕府に人質を差し出す大名証人制度を廃止。⇒これらは，寛文の二大美事と呼ばれる。

●徳川綱吉の政治

□湯島に聖堂学問所と聖堂を建設。林鳳岡(ほうこう)を大学頭，北村季吟を歌学方，渋川春海(安井算哲)を天文方に任命。

□【　生類憐みの令　】…生類すべての殺生を禁止。極端な動物愛護令。

□明暦の大火や時代の華美な風潮による財政悪化。⇒勘定吟味役・荻原重秀による貨幣改鋳(元禄の改鋳)。⇒質の悪い元禄小判が出回り，物価が高騰し，世が混乱する。

## 3 正徳の治

6・7代将軍の家宣・家継の時代，儒学者・**新井白石**が政権を担った。この人物の史書『読史余論』は有名である。

●正徳の治

□新井白石の政治は正徳の治と呼ばれる(側用人は間部詮房(まなべあきふさ))。まず，生類憐みの令を廃止。

□朝鮮通信使(朝鮮からの使節)の待遇を簡素化。⇒将軍の権威高揚。

□朝廷と幕府の関係の融和を図るため，閑院宮家を創設。

□良貨の乾字金(けんじきん)，正徳金銀を鋳造し，物価高騰を抑制(正徳の改鋳)。

●貿易の制限

□【　海舶互市新例　】…金・銀の海外流出を押さえるため，長崎貿易を制限。貿易船の数や貿易額を制限(清船は年間30隻，銀6000貫)。

日本史　鎖国政策と政治・文化

## 4 産業の発達

### ●農業

□新田が開発され，生産力が高まった(河内の鴻池新田など)。

| | |
|---|---|
| 技術 | □治水灌漑工事が各地で行われ，用水路や溜池が建設された。<br>□深耕用の備中鍬，脱穀用の千歯扱，籾を選別する唐箕や千石簁などの農具が考案され，作業能率が上がった。 |
| 知識 | □宮崎安貞『農業全書』，大蔵永常『広益国産考』などの農書。<br>□二宮尊徳(金次郎)，大原幽学などの農政家が登場。 |
| 商品作物 | □四木(桑・茶・漆・楮)と三草(藍・麻・紅花)の栽培。<br>□綿花，いぐさ，たばこ，菜種(あぶらな)なども重要作物。 |

### ●水産業・鉱業

□地曳網など，各種の網を使用する上方漁法が普及する。

□蝦夷地の俵物(海産物を俵に詰めたもの)は有名。清国への輸出品に。

□金(佐渡，伊豆)，銀(生野，石見)，銅(足尾)の鉱山の開発。

### ●手工業

□絹織物業や綿織物業において，問屋制家内工業が普及した。

□各地の特産品として，京都の西陣織，佐賀の有田焼，尾張の瀬戸焼，越前の奉書紙など。

## 5 都市と交通

### ●都市

□【 城下町 】…大名城下の町。城郭で囲い，武士や町人を住まわせた。

□【 三都 】…江戸，大坂，京都の総称。政治，経済，文化面の中心。

### ●交通

□【 五街道 】…東海道，中山道，日光街道，奥州街道，甲州街道の総称。

□【 宿駅 】…２～３里ごとに設置。

□河村瑞賢が海上の西廻り航路と・東廻り航路を整備。西廻りでは，大坂と松前を結ぶ北前船が活躍。

□江戸～大坂間の南海路には，菱垣廻船と樽廻船が就航し，物資を輸送。

□関所を設け，「入鉄砲・出女」を取り締まる。

## 6 経済

**●商業**

□年貢の米や国産品は，蔵物として，大坂や江戸の蔵屋敷に運ばれた。

□蔵物を保管売却する町人を蔵元，その代金を運ぶ町人を掛屋といった。

□【　株仲間　】…株札の交付を受け，営業の独占権を得た同業者団体。

**●貨幣・金融**

□金貨・銀貨・銭貨の三貨。銀貨は，重さで価値が決まる秤量貨幣。

□東日本では主に金貨，西日本では主に銀貨が流通した。

□【　両替商　】…金銀銭貨の両替を扱う。大坂には強力な本両替が出現。

## 7 学問・文化

平和が続き，為政者となった武士は学問に傾倒するようになる。

**●学問**

| | | |
|---|---|---|
| 儒学 | 朱子学 | 宋の朱熹が大成。京学派（林羅山❶），南学派，水戸学派。 |
| | 陽明学 | 明の王陽明が創始。中江藤樹と弟子の熊沢蕃山が有名。 |
| | 古学 | 原典を重視。山鹿素行，伊藤仁斎，荻生徂徠など❷。 |

**●寛永文化**

| | |
|---|---|
| 絵画 | 俵屋宗達「風神雷神図屏風」，久隅守景「夕顔棚納涼図屏風」 |
| 工芸 | 酒井田柿右衛門の赤絵，野々村仁清の京焼，本阿弥光悦「舟橋蒔絵硯箱」 |
| 建築 | 日光東照宮，京都の桂離宮・修学院離宮 |

**●元禄文化**

上方（大坂，京都）を中心とした，町人の文化である。

| | | |
|---|---|---|
| 文芸 | 俳諧 | 松尾芭蕉が独自の蕉風を樹立。紀行文『奥の細道』。 |
| | 浮世草子 | 風俗小説。井原西鶴『好色一代男』『世間胸算用』が有名。 |
| | 人形浄瑠璃 | 人形芸術。近松門左衛門『曽根崎心中』『心中天網島』。 |
| | 歌舞伎 | 演劇。俳優として，市川団十郎，坂田藤十郎など |
| 美術 | 絵画・工芸 | 尾形光琳『紅白梅図屏風』『燕子花図屏風』『八橋蒔絵螺鈿硯箱』，菱川師宣『見返り美人図』 |
| | 染色 | 宮崎友禅の友禅染⇒元禄振袖の流行へ。 |

❶林羅山は，武家諸法度を起草した人物でもある。

❷伊藤仁斎は堀川学派（古義学），荻生徂徠は蘐園学派（古文辞学）に属する。

テーマ 39

● 日本史(近世)

# 幕藩体制の動揺と諸改革

**ここが出る!**

- **傾いた幕政を立て直すために実施された享保の改革，田沼改革，寛政の改革の中身を押さえよう。政策を提示して，どの改革のものかを識別させる問題が多い。きちんと区別をつけておこう。**
- **棄捐令(きえんれい)など，難しい漢字も書けるようにしよう。**

幕府に揺らぎが生じ，3大改革と内患外憂の時代になる。

| | 年 | 事項　◎は重要事項 |
|---|---|---|
| 江戸時代 | 1716 | 徳川吉宗が8代将軍となる。 |
| | 1719 | 相対済し令。金銭貸借訴訟を不受理。裁判の迅速化へ。 |
| | 1722 | 上げ米の制。⇒　財政不足を補う。1731年に廃止。 |
| | 1742 | ◎公事方御定書。判例収集。刑罰基準の客観化。 |
| | 1767 | 田沼意次，側用人となる(田沼時代の始まり)。 |
| | 1787 | ◎松平定信が老中となる。 |
| | 1789 | 棄捐令，囲米の制　} 寛政の改革 |
| | 1791 | 七分金積立の制　} 寛政の改革 |
| | 1792 | ロシアのラクスマンが根室に来航。} 対外危機の浮上 |
| | 1804 | ロシアのレザノフが長崎に来航。} 対外危機の浮上 |
| | 1825 | ◎異国船打払令。清・蘭船以外の外国船の撃退を命じる。 |
| | 1828 | シーボルト事件。高橋景保が処罰される。 |
| | 1837 | ◎大塩の乱。「窮民救済」を掲げた武装蜂起。 |
| | 1839 | 蛮社の獄。洋学者の弾圧事件。 |
| | 1841 | ◎水野忠邦が老中となる。⇒　天保の改革を実施。 |
| | 1842 | 天保の薪水給与令。異国船打払令を緩和。 |
| | 1843 | 人返しの法。農村復興のため，帰農を強制。 |

## 1 財政危機と徳川吉宗の政治—享保の改革—

8代将軍・吉宗による財政再建の改革は，享保の改革といわれる。

### ●財政危機と3大飢饉

□幕藩財政悪化と武士の生活困窮。農民も，豪農と小百姓・小作人に分化。

⏱□3大飢饉(享保，天明，天保)により，壊滅的な打撃を被る。

### ●享保の改革

□吉宗の諮問を受け，荻生徂徠が意見書の「政談」を出す。

⏱□【　上げ米の制　】…石高1万石につき100石の米を献上させる。

□【　定免法　】…年貢率を一定させる。著しい不作以外は減免なし。
□【　勧農　】…新田開発を奨励。朝鮮人参などの商品作物栽培を奨励。
□青木昆陽を登用し，救荒用の甘藷を普及させる。
□株仲間の公認，元文金銀鋳造による物価対策，米相場の安定を図る。
□公事方御定書を制定。⇒幕府の成文法。裁判の公正化。
□目安箱で庶民の意見を聴取し，町火消や小石川養生所を設置。
□漢訳洋書の輸入を解禁し，洋学の発達へ。

## 2 田沼意次の政治

10代将軍・家治の時代，老中の**田沼意次**が幕政を運営した。

**●商業資本を利用した財政再建**

□株仲間を大幅認可し，運上・冥加金などの税を課税する。
□定量の計数銀貨(南鐐二朱銀)を鋳造させ，金を中心とする貨幣制度の一本化を目指す。
□銅座，朝鮮人参座などの同業者団体(座)を設け，専売制を実施。
□新田の開発⇒印旛沼・手賀沼の干拓を進める。
□工藤平助の進言により，最上徳内らを蝦夷地に派遣し，ロシアとの交易可能性を調査させる。間宮林蔵は，樺太が島であることを発見。

**●百姓一揆・打ちこわし**

天明・天保期は，百姓一揆が100件を超えた年もあった。

□【　代表越訴型　】…代表者(義民)が権力者に訴状を直提出。
□【　惣百姓型　】…村民全員が参加。強訴や打ちこわしが伴った。傘連判状を突きつけた郡上一揆は有名。
□【　世直し型　】…貧農・小作人が中心。幕末期から起こる。

## 3 松平定信の政治 ―寛政の改革―

賄賂政治で失脚した田沼意次の後，老中となった**松平定信**による改革が実施される。

**●主な政策**

□【　旧里帰農令　】…本百姓体制再建のため，農村出身者の帰村を奨励。
□【　棄捐令　】…旗本・御家人の札差からの借金返済の免除。
□【　囲米の制　】…農村に社倉・義倉をつくらせ，米を貯蔵させる。
□【　七分金積立の制　】…町入用の節減分の7割を積立て，急時に備える。

□非常に厳しい政治で，「白河の清きに魚の住みかねてもとのにごりの田沼恋しき」と狂歌で皮肉られる。

● **文教政策**

□【　寛政異学の禁　】…**朱子学**を正学とし，それ以外を異学として禁止。

□湯島の聖堂は，1797年に昌平坂学問所となる。

□寛政３博士として，柴野栗山，尾藤二洲，岡田寒泉を幕府儒者に登用。

□言論統制も行う。世相をあげつらう黄表紙や洒落本（しゃれぼん）を取り締まる。『海国兵談』などで海外事情を説いた林子平を弾圧。

● **尊王論の登場**

天皇を主君として尊ぶ尊王論も，幕府による弾圧対象となった。

□【　宝暦事件　】…京都で公家らに尊王論を説いた竹内式部を追放。

□【　明和事件　】…江戸で兵学を講じ，尊王を主張した山県大弐を処刑。

● **ロシアの接近**

□1792年，ロシア使節ラクスマンが根室に来航。通商を要求。
⇒長崎への入港を許可。対外危機への備えのため，海岸防備を実施。

## 4 内憂外患の時代

**内憂外患**とは，国内にも国外にも心配事があることである。

● **対外危機**

□1804年，ロシア使節レザノフが長崎に来航。幕府は通商を拒否。

□【　ゴローウニン事件　】…樺太・択捉を襲撃したロシア軍艦艦長ゴローウニンを国後で捕らえ，箱館・松前に監禁。

□【　フェートン号事件　】…イギリス軍艦フェートン号が長崎湾内に侵入し，食料などを強奪。長崎奉行・**松平康英**は引責自殺。

□幕府は，清・蘭船以外の外国船の撃退を命じる異国船打払令を出す。

● **天保の飢饉と一揆**

□天保の飢饉（1833～39年）が起こり，大規模な一揆が続発する。

□1837年，大塩平八郎が窮民救済を掲げて武装蜂起（大塩の乱）。

● **幕政批判への弾圧**

□【　シーボルト事件　】…ドイツ人医師のシーボルトに日本地図を贈った高橋景保を処罰。

□【　蛮社の獄　】…渡辺崋山は『慎機論』，高野長英は『戊戌夢物語』にて，幕府の対外政策(モリソン号砲撃)を批判し，処罰される。

## 5 天保の改革

老中・**水野忠邦**は天保の改革を実施し，難局を打開しようとした。

**●国内政策**

□出版統制⇒人情本作者の為永春水，合巻作者の柳亭種彦を処罰。

□株仲間による流通の独占を防ぐため，株仲間の解散を命じる。

□【　人返しの法　】…江戸に流入した下層民の帰農を強制。

□【　三方領知替　】…川越藩の財政援助のため，川越・庄内・長岡の3藩の領知を入れ替えようとしたが失敗に終わる。

**●対外危機への対策**

□【　上知令　】…江戸・大坂周辺の私領約50万石を幕府の直轄地にしようとした法令(1843年)。大名や旗本の反対により失敗。

□【　薪水給与令　】…異国船打払令を緩和し，異国船への薪水や食料の支給を命じる法令。アヘン戦争の勝国イギリスとの紛争回避のため。

□【　印旛沼掘割工事　】…利根川から品川に至れるようにする水運工事。外国船の妨害で，廻船が江戸湾に入れなくなる事態に備える。

**●西南諸藩の改革**

□薩摩藩⇒調所広郷が中心。借財500万両を250年賦で返済(踏み倒し)。

□長州藩⇒村田清風が中心。越荷方を設置し，金融業や倉庫業を営む。

□佐賀藩⇒鍋島直正が中心。均田制による本百姓制，反射炉で大砲製造。

## 3 江戸時代の通史的整理

**●歴代将軍**　(　)内は将軍に就任した年

| | |
|---|---|
| 確立期 | ①家康(1603)，②秀忠(1605)，③家光(1623) |
| 安定期 | ④家綱(1651)，⑤綱吉(1680)，⑥家宣(1709)，⑦家継(1713) |
| 動揺期 | ⑧吉宗(1716)，⑨家重(1745)，⑩家治(1760)，⑪家斉(1787) |
| 崩壊期 | ⑫家慶(1837)，⑬家定(1853)，⑭家茂(1858)，⑮慶喜(1866) |

**● 3大改革**

| 名称 | 中心人物 | キーワード |
|---|---|---|
| 享保の改革 | 徳川吉宗 | 上げ米の制，定免法，公事方御定書 |
| 寛政の改革 | 松平定信 | 旧里帰農令，棄捐令，囲米の制 |
| 天保の改革 | 水野忠邦 | 人返しの法，上知令，薪水給与令 |

テーマ 40

● 日本史(近世)

# 江戸時代後期の文化

ここが出る! ▶▶

・化政文化を彩る文芸作品はよく出題される。洒落本と滑稽本の区別など，戯作文学のジャンルの理解を深めておこう。
・討幕の原動力となる思想や学問が生まれてくる。人物と著作を結びつけさせる問題が多い。

## 1 化政文化

●文芸

| 種類 | | 内容・有名な作品 |
|---|---|---|
| 戯作文学 | 洒落本 | 遊里小説。山東京伝『通言総籬(まがき)』，『仕懸文庫』 |
| | 滑稽本 | 十返舎一九『東海道中膝栗毛』，式亭三馬『浮世風呂』 |
| | 人情本 | 恋愛情痴を描く。為永春水『春色梅児誉美』 |
| | 読本 | 上田秋成『雨月物語』，滝沢馬琴『南総里見八犬伝』 |
| | 黄表紙 | 絵入り小説。山東京伝『江戸生艶気樺焼』 |
| | 合巻 | 黄表紙の合本，大衆読物。柳亭種彦『偐紫田舎源氏』 |
| 狂歌 | | 滑稽味を入れた短歌。狂歌師として大田南畝が有名。 |
| 俳諧 | | 与謝蕪村『蕪村七部集』，小林一茶『おらが春』 |
| 川柳 | | 柄井川柳が創始。川柳集として『誹風柳多留』 |
| 和歌 | | 著名な歌人として，香川景樹，良寛，田安宗武，橘曙覧 |

●芸能・娯楽

□浄瑠璃に代わって歌舞伎が発展。竹田出雲『仮名手本忠臣蔵』，鶴屋南北『東海道四谷怪談』などが人気を博す。

□【　寄席　】…落語や物まねなど，大衆芸能が行われた場所。

□供養や祭典として，縁日や秘仏を公開する開帳，賞金当ての富突などが開催された。

□交通も発達し，療養のため温泉に行く湯治や物見遊山，伊勢神宮や善光寺などへの寺社参詣も流行った。

●写生画・文人画・洋画

□【　円山応挙　】…写生画の創始者。西洋の遠近法をとり入れる。代表作として『雪松図屏風』。

□教養人が描く文人画も発達。池大雅と与謝蕪村の合作『十便十宜図』は有名。

□洋画家として，平賀源内，司馬江漢など。後者の『不忍池図』は有名。

●浮世絵

| 版画 | 鈴木春信 | 錦絵の創始者。代表作として『弾琴美人』。 |
|---|---|---|
| 美人画 | 喜多川歌麿 | 美人画の大家。『ポッピンを吹く女』は有名。 |
| 役者絵 | 東洲斎写楽 | 『市川鰕蔵（えび）』，『三代目大谷鬼次の奴江戸兵衛』が有名。 |
| 風景画 | 葛飾北斎 | 風景版画『富嶽三十六景』，『神奈川沖浪裏』，『北斎漫画』など。 |
| | 歌川広重 | 風景版画『東海道五十三次』が有名。 |

## 2 学問・思想

●国学

□【　国学　】…古典の研究により，日本古来の道を探究する学問。

□賀茂真淵『国意考』，本居宣長『古事記伝』，平田篤胤の復古神道，塙保己一『群書類従』（古典を収集したもの）などが有名。

●洋学（蘭学）

□イタリア人宣教師のシドッチの尋問をもとに『西洋紀聞』が出る。

□前野良沢と杉田玄白らが，オランダの医学書『ターヘル=アナトミア』を翻訳し，『解体新書』として出版。蘭学発展の糸口を開く。

□大槻玄沢『蘭学階梯』，伊能忠敬『大日本沿海輿地全図』なども有名。

□稲村三伯らの『ハルマ和解』は，初の蘭日辞書。

□志筑忠雄は『暦象新書』にて，万有引力説や地動説を紹介。

●思想

□安藤昌益『自然真営道』（自然世を理想，農本主義），海保青陵『稽古談』（殖産興業），山片蟠桃『夢の代』（合理的思考），本多利明『経世秘策』（開国論），佐藤信淵『経済要録』（産業の国家統制）など。

●学校

□藩士教育機関の藩学，庶民対象の寺子屋があった。また，両者の中間的なものとして郷学があった（岡山藩の閑谷（しずたに）学校は有名）。

□主な藩学として，秋田の明徳館，米沢の興譲館，水戸の弘道館，岡山の花畠教場，熊本の時習館など。

●私塾

□中江藤樹の藤樹書院，伊藤仁斎の古義堂，三宅石庵の懐徳堂，緒方洪庵の適塾，シーボルトの鳴滝塾，吉田松陰の松下村塾など。

□【　心学　】…石田梅岩による町人哲学。以後，心学舎が全国に普及。

テーマ 41

● 日本史(近代・現代)

# 江戸幕府の滅亡と明治維新

**ここが出る!** ▶▶

- 開国に際してわが国が締結させられた不平等条約の中身を押さえよう。2つの条約の内容を識別させる問題が出る。
- 明治新政府の樹立に貢献した名士の名前や，主な政策の名称を知っておこう。「一世一元の制」など，重要用語の概念も要注意。

| | 年 | 事項　◎は重要事項 |
|---|---|---|
| 江戸時代 | 1853 | 浦賀にペリーが来航。 |
| | 1854 | ◎日米和親条約締結。（不平等条約） |
| | 1858 | ◎日米修好通商条約締結。（不平等条約） |
| | | 安政の大獄。吉田松陰らを処刑 |
| | 1860 | 桜田門外の変。井伊直弼が水戸脱藩士に殺害される。 |
| | 1864 | 第1次長州征討。翌年には第2次長州征討 |
| | 1866 | 薩長同盟結成。土佐藩の坂本竜馬の斡旋による。 |
| | 1867 | ◎大政奉還　⇒　王政復古の大号令(新政府成立) |
| | 1868 | ◎戊辰戦争勃発。五箇条の御誓文が出される。 |

## 1 開国と不平等条約締結

清との貿易の**寄港地**にすべく，アメリカは日本に開国を迫った。

□【　ビッドル　】…1846年，浦賀に来航。東インド艦隊司令長官。

□【　ペリー　】…1853年，浦賀に来航。日米和親条約を締結させる。

□【　ハリス　】…1856年，下田に来航。日米修好通商条約を締結させる。

| | |
|---|---|
| 日米和親条約(1854年) | ①下田・箱館の2港を開く，②アメリカに最恵国待遇を与える，③下田に領事を駐在させる　など |
| 日米修好通商条約(1858年) | 井伊直弼が調印。①神奈川・長崎・新潟・兵庫の開港，②領事裁判権を認める＝治外法権を認める，③関税は相互で決める＝日本に関税自主権がない　など。蘭・露・英・仏とも同種の条約を結ぶ(安政の5か国条約)。 |

□日露和親条約で，両国の国境を択捉(えとろふ)島と得撫(うるっぷ)島の間に設定。

□【　安政の大獄　】…孝明天皇の勅許を得ずに日米修好通商条約を結んだ井伊直弼を批判した，吉田松陰らを処刑。

□【　桜田門外の変　】…江戸城桜田門外で井伊直弼が殺害される。

## 2 公武合体・尊王攘夷

雄藩の動きが攘夷(外国排斥)から倒幕へと変わった。

●公武合体

□【 公武合体 】…朝廷と幕府の融和による政局の安定化。天皇家の和宮と将軍・家茂の結婚。しかし，提案者の安藤信正の失脚で頓挫。

□島津久光を介した勅命により，幕府は文久の改革を実施。参勤交代の緩和(３年に１回)や京都守護職(松平容保を任命)の設置など。

●尊王攘夷運動

⏱□【 尊王攘夷 】…尊王は天皇崇拝，攘夷は外国人排斥という意味。

□吉田松陰の松下村塾で学んだ志士が多い長州藩が尊王攘夷運動の中心。藩士の高杉晋作は一般の農民・町人を隊員に含む奇兵隊を組織。しかし外国の力は強く，攘夷運動は挫折に追い込まれる。

| 薩摩藩の場合 | 1863年の薩英戦争→イギリスと接近。 |
|---|---|
| 長州藩の場合 | 2度の長州征討，英仏蘭米の下関砲撃によるダメージ。 |

●攘夷から倒幕への方針転換

| 薩摩藩 | 薩摩藩(西郷隆盛・大久保利通)と長州藩(高杉晋作・木戸孝允)が薩長同盟を結ぶ。→幕府への抵抗姿勢を強める。 |
|---|---|
| 長州藩 | |
| 土佐藩 | 前藩主の山内豊信が，将軍・慶喜に大政奉還を促す。 |
| 民衆 | 1867年，「ええじゃないか」の世直し運動。社会改革志向。 |

## 3 明治維新

細かい政治機構は後にゆずり，まずは新政府成立の経緯を押さえよう。

●新政府の成立

⏱□【 王政復古の大号令 】…天皇中心の新政府を樹立(1867年)。

□三職(総裁，議定，参与)の会議で，徳川慶喜の辞官納地(領地没収)を決定。⇒幕府側の抵抗により，戊辰戦争が勃発。⇒幕府が敗北。

●政治方針

□1868年，五箇条の御誓文を出し，公議世論の尊重や開国和親の方針を公示。また，政体書を出し，太政官への権力集中(太政官制)を規定。

□明治と改元。以後，天皇一代を一元号とする一世一元の制を導入。

□江戸を東京と改め，天皇も東京に居を移す。

□【 五榜の掲示 】…人民の心得を示す高札。キリスト教の禁止など。

テーマ 42

● 日本史(近代・現代)

# 近代国家(明治政府)の確立

**ここが出る!** ▶▶

- **中央集権国家を成立させるために実施された政策を押さえよう。藩を廃止した廃藩置県や,身分制を打破した四民平等などが重要である。**
- **明治新政府は,欧米諸国と伍していくための富国強兵を目指した。そのために実施された外交や殖産興業政策の中身を知っておこう。**

| | 年 | 事項　◎は重要事項 |
|---|---|---|
| 明治時代 | 1869 | ◎版籍奉還 |
| | 1871 | ◎廃藩置県 |
| | 1872 | 富岡製糸場が開業。小学校教育の義務化(学制を発布)。 |
| | 1873 | 地租改正条例　⇒　安定的な財源確保へ。 |
| | 1875 | ロシアと樺太・千島交換条約を締結。 |
| | 1876 | 秩禄処分。華士族の特権消滅。 |
| | 1877 | ◎西南戦争。西郷隆盛率いる士族の反乱。 |

## 1 政治体制

中央集権体制ができ,身分制が壊され,国民に兵役が課された。

### ●政治機構

□【　版籍奉還　】…1869年,藩主が天皇に領地(版)と人民(籍)を返還。

□【　廃藩置県　】…藩を廃止して府と県を置く。中央から府知事・県知事を派遣する中央集権体制の確立。

□政治機構は,正院(太政大臣,左右大臣,参議),左院,右院からなる三院制。参議や各省の長官(卿)には,薩長土肥の4藩出身者を任命。
⇒　薩長土肥出身者優位の藩閥政府

### ●身分制の改革

□士農工商を廃し,華族・士族・平民の3族籍に再編(四民平等)。えた・非人の呼称も廃止(解放令)。全国民を同一戸籍に(壬申戸籍)。

□【　秩禄処分　】…華士族への秩禄を廃止。代わりに金禄公債を交付。

□【　廃刀令　】…軍人・警官以外は帯刀禁止(1876年)。

### ●徴兵令

□【　徴兵令　】…国民皆兵を主旨とし,**20**歳以上の男子に兵役を課す。大村益次郎の発案を山県有朋が受け継ぎ,1873年に発令。

## 2 外交

### ●征韓論と士族の反乱

□欧米に，岩倉具視使節団を派遣。国内では，朝鮮を力ずくで開国させ，勢力を伸ばさんとする征韓論が隆盛するが，新政府に抑えられる。

□【　西南戦争　】…征韓派の中心であった**西郷隆盛**が九州で起こした反乱(1877年)。西郷は政府軍に敗退し，自決。

### ●アジアとの関係

| 対朝鮮関係 | 日本軍が江華島を占領→1876年，日朝修好条規を締結。 |
|---|---|
| 対清国関係 | 1871年，日清修好条規を締結。 |
| 国境の画定 | 樺太・千島交換**条約**→樺太をロシア領，千島列島を日本領。 |

□台湾で琉球の漂流民が殺害されたことを受け，現地に出兵(1874年)。清が賠償金を払い，1879年に琉球藩を廃し沖縄県を置く。

## 3 経済と文化

税制の改革と，富国強兵を目指す**殖産興業**政策を押さえよう。

### ●地租改正

□田畑勝手作りを認め，田畑永代売買の禁止を正式に解く。

□【　地租改正　】…土地の所有者に地券を発行し，地価の３％を金納させる。その後，農民の反対一揆が続発したため，税率は２.5%に。

### ●殖産興業

□【　官営模範工場　】…織物･軍需工業が主。群馬県の富岡製糸場など。

□【　新貨条例　】…円・銭・厘の十進法の貨幣制度。**金本位制**となる。

□【　国立銀行条例　】…第一国立銀行などの銀行の設立。兌換紙幣発行。

□北海道に開拓使を置き，大農法を導入。士族を屯田兵として送る。

□前島密によって飛脚にかわる郵便制度がつくられる(1871年)。

### ●文化

| 文化 | □生活・文化の近代化＝文明開化。太陽暦の採用。 |
|---|---|
| 教育 | □福沢諭吉『文明論之概略』で西洋文明の摂取を提言。<br>□ミル『自由之理』，スマイルズ『西国立志編』などの啓蒙書。<br>□1872年，学制を制定。実学の重視，国民皆学を強調。 |
| マスコミ・思想 | □森有礼らが『明六雑誌』を発行。欧米の文化を紹介。<br>□新聞・雑誌も普及。初の日刊新聞は『横浜毎日新聞』。<br>□1868年の神仏分離令。1870年の大教宣布の詔。 |

テーマ 43

● 日本史（近代・現代）

# 自由民権運動と立憲政治の成立

**ここが出る！**

- 民主的改革を標榜した自由民権運動の流れを押さえよう。中心人物のほか，結成された政党，それらを束ねた運動などが重要である。
- 大日本帝国憲法公布は，近代日本史の最重要事項である。公布年，基本的な性格（天皇主権…），議会制度など，しっかり覚えよう。

| | 年 | 事項　◎は重要事項 |
|---|---|---|
| 明治時代 | 1874 | ◎民撰議院設立建白書。自由民権運動のスタート。 |
| | 1880 | 国会期成同盟結成。⇒　国会開設請願書を提出。 |
| | 1881 | 明治十四年の政変。大隈重信を罷免，国会開設の勅諭。<br>自由党結成（板垣退助，後藤象二郎） |
| | 1882 | 立憲改進党結成（大隈重信，犬養毅など） |
| | 1883 | 鹿鳴館を建設。欧化政策へ。 |
| | 1885 | ◎内閣制度が誕生・初代首相は伊藤博文。 |
| | 1889 | ◎大日本帝国憲法公布。天皇主権をうたう欽定憲法。 |

## 1 自由民権運動

新政に不満を持った士族の反政府運動は，**自由民権運動**に発展する。

### ●自由民権運動の諸側面

| | |
|---|---|
| 思想 | 天賦人権説（人権はひとしく天から授かったもの） |
| 思想家 | 植木枝盛や中江兆民らが活躍。後者は別名・東洋のルソー。 |
| 始まり | 板垣退助・後藤象二郎らが民撰議院設立建白書を提出。 |
| 結社 | 愛国公党（東京），立志社（土佐），愛国社（大阪） |
| 政策 | 大阪で愛国社結成→漸次立憲政体樹立の詔→三権分立へ。<br>立法機関として元老院，司法機関として大審院を設置。 |

### ●自由民権運動の展開

□1880年，愛国社が国会期成同盟を結成し，国会開設請願書を提出。これに対し政府は，集会条例を制定し，運動を抑圧しようとする。

□翌年，国会開設の勅諭が出され，1890年に国会を開くと発表される。

## 2 政党結成と自由民権運動のなりゆき

政党に分裂するが，後に，党派を超えた団結が図られる。

●政党の結成

| | 結成年 | 党首 | 主張 | 地盤 |
|---|---|---|---|---|
| 自由党 | 1881 | 板垣退助 | 仏流の急進論 | 農村，士族，豪農等 |
| 立憲改進党 | 1882 | 大隈重信 | 英流の穏健論 | 都市，商工業者など |

●運動の後退

□松方正義大蔵卿のデフレ政策により，自由党の支持基盤（農村）が困窮。以後，自由党は主流派と急進派に分裂する（前者は1884年に解党）。

□急進派は農民と組み，激化事件（福島事件，秩父事件）を起こす。

●運動の再生

□1886年，大同団結運動（党派が結集した議会開設の動き）が起こる。

□翌年，①言論の自由，②地租軽減，③外交失策挽回を主張する三大事件建白運動が起こる。政府は，保安条例を制定して弾圧する。

## 3 内閣制度と大日本帝国憲法

●内閣制度の誕生と諸改革

□1884年，伊藤博文，井上毅（こわし）らが憲法起草に着手（参考はドイツ）。

□1885年，太政官制を廃し，内閣制度を創設。初代首相は伊藤博文。内務大臣は山県有朋，外務大臣は井上馨，文部大臣は森有礼。

□閣外に内大臣（天皇の補佐）と宮内大臣（宮中事務を行う）を置く。

□山県有朋が，市制・町村制および府県制・郡制を制定する。

●大日本帝国憲法

□1889年，大日本帝国憲法を公布。当時の首相は黒田清隆。

□天皇は神聖不可侵で統治権を総攬。陸海軍の統帥権などの権力を掌握（天皇大権）。天皇の諮問機関は枢密院。

□国民は臣民で，人権は「法律ノ範囲内ニ於テ」保障。

□【　二院制　】…帝国議会は，衆議院と貴族院からなる。

□内閣は天皇に対してのみ責任を持ち，行政府として大きな権限を持つ。

□皇室に関する事項を定めた皇室典範のほか，諸法典も制定された。

●諸法典

| 刑法 | 1882年施行 | ボアソナード起草 | 罪刑法定主義を採用。 |
|---|---|---|---|
| 民法 | 1898年施行 | 穂積陳重ら起草❶ | 戸主権を強化，家督相続。 |
| 商法 | 1899年施行 | ロエスレル起草 | 法典調査会の修正を経る。 |

❶ボアソナードが起草した民法は「民法出デテ忠孝亡ブ」と批判された。

テーマ 44

● 日本史（近代・現代）

# 議会政治と条約改正

**ここが出る!** ▶▶

- 初めて行われた総選挙は，選挙権を制限する制限選挙であった。どういう人間に選挙権が与えられたかを確認しよう。
- 不平等条約改正に向けた一連の動きを押さえよう。条約の改正案を提示して，どの外相のものかを問う問題がよく出る。

| | 年 | 事項　◎は重要事項 |
|---|---|---|
| 明治時代 | 1890 | ◎第１回衆議院議員総選挙。有権者が人口の１％しかいない制限選挙。 |
| | 1892 | 第２回総選挙。松方正義内閣の選挙干渉。 |
| | 1894 | 日英通商航海条約　⇒　治外法権撤廃，関税自主権部分回復。 |
| | | ◎日清戦争勃発。日本側の勝利。 |
| | 1895 | ◎下関条約。清国は日本に巨額の賠償金を支払う。 |
| | | 三国干渉。露仏独が遼東半島の返還を日本に勧告。 |

## 1 議会政治

議会政治の初期では，政府と民党（野党）が激しく対立する。

### ●初の衆議院議員総選挙と議会

□1890年７月，第１回衆議院議員総選挙が行われる。

□【　制限選挙　】…満25歳以上の男子で，直接国税15円以上を納める者のみが選挙権を有する。有権者は45万人。当時の全人口の約１％。

□結果は反政府派の民党が議席の過半数を占める。これに対し政府は，政党の意向にとらわれずに政治を行う超然主義の姿勢を固持。

### ●議会の紛糾

| 第一議会 | 政府（軍備拡張）VS民党（予算削減）→政府の予算成立。首相の山県有朋は，主権線（国境）と利益線（朝鮮）の防護を主張❶。 |
|---|---|
| 第二議会 | 民党を抑えるため議会解散。田中正造が足尾鉱毒問題を上程。 |

□第二議会解散後の第２回総選挙（1892年）では，松方正義内閣が，与党候補者を有利にすべく，激しい選挙干渉を行う。

❶第２次山県内閣は，武官任用令を改正し，軍部大臣現役武官制を制定した。政党の軍への影響力を抑えるため。

## 2 条約改正

**●不平等条約の問題**

□治外法権を認めていたため，国内で罪を犯した外国人を裁けない。

□関税自主権がないため，輸入品に自主的に課税ができない。

**●条約改正に向けた努力**

| | |
|---|---|
| 寺島宗則 | 関税自主権の回復が第一目標。 |
| 井上馨 | 1883年，鹿鳴館を建設し，西洋式の舞踏会を催す(欧化政策)。外国人判事の任用などを条件に，条約改正交渉をすすめるが，政府内外の大反対にあい辞職❷。 |
| 大隈重信 | 大審院に限って外国人判事を任用する条件で交渉をすすめるが反対にあい失敗。 |
| 青木周蔵 | イギリスと交渉をすすめるが，**大津事件**が起こり中断。 |

**●条約改正の成功**

□1894年，外相・陸奥宗光が日英通商航海条約の締結に成功。治外法権の撤廃，関税自主権の部分回復。

□1911年，外相・小村寿太郎が関税自主権の回復を実現。

## 3 対外関係

**●日朝関係**

朝鮮国内の2度のクーデターにより，日本公使館が焼き打ちにされる。

□壬午事変(1882年)⇒済物浦条約により，朝鮮は日本に賠償金。

□甲申事変(1884年)⇒漢城条約により，朝鮮は日本に賠償金。清と天津条約を結び，朝鮮への出兵の際は事前に相互通告することを決める。

**●日清戦争**

□【 甲午農民戦争 】…1894年，朝鮮の農民が政府の圧政に抵抗して武力蜂起。日清両国が朝鮮に出兵。⇒朝鮮の支配権をめぐって日清が対立。

□【 日清戦争 】…1894年に勃発。翌年，日本側の勝利に終わる。

□1895年，日本の伊藤博文・陸奥宗光と清の李鴻章が下関条約を締結。清国は朝鮮の独立を承認，台湾と澎湖諸島を割譲，賠償金2億両(テール)を支払う。巨額の賠償金により，国内の産業革命が進展。金本位制が確立。

□1895年，ロシア・ドイツ・フランスの勧告(三国干渉)により，日本は遼東半島を返還。

❷ノルマントン号事件により，外国人判事への不信が広まっていたことも大きい。

テーマ 45

● 日本史(近代・現代)

# 日露戦争・大陸進出と産業の発達

**ここが出る!** ▶▶

- **日露戦争後に締結されたポーツマス条約の内容を押さえよう。下関条約の内容と混同しないよう，注意のこと。**
- **産業も発展する。どういう産業が盛んになったか，貿易での輸出・輸入ではどういう品目が多かったか。**

| | 年 | 事項　　◎は重要事項 |
|---|---|---|
| 明治時代 | 1898 | 第1次大隈重信内閣発足。初の政党内閣が誕生。 |
| | 1900 | 北清事変。列強侵略に対する清国の抵抗(後に鎮圧)。 |
| | 1900 | ◎立憲政友会結成。総裁は伊藤博文。憲政党も合流。 |
| | 1902 | 日英同盟結成。ロシアに対抗するための同盟。 |
| | 1904 | ◎日露戦争。⇒　ロシア軍敗退。 |
| | 1905 | ポーツマス条約。日露の講和条約。日本の韓国指導権など。 |
| | 1906 | 第1次西園寺公望内閣発足。 |
| | 1910 | ◎韓国併合。朝鮮総督府による植民地支配。 |
| | 1911 | 関税自主権回復(外相・小村寿太郎)。 |

## 1 日露戦争と大陸進出

清国に勝利した後，今度は大国·ロシアとも戦火を交えることになる。

### ●中国分割

□日清戦争の敗北により，弱体化した清国の沿岸の要地を，ヨーロッパ列強がこぞって租借地にする。仏は広州湾，独は膠州湾など。

□【　北清事変　】…1900年，列強の侵略に対し，清国の義和団が反乱を起こすが，日·露等連合軍が鎮圧。1901年，清国は北京議定書で謝罪。

### ●日露戦争

□朝鮮や満州へ南下するロシアと，朝鮮支配をもくろむ日本との対立。

□【　日英同盟　】…1902年，露に対抗すべく，日と英が同盟を結ぶ。

⏱□【　日露戦争　】…1904年に勃発。翌年，日本海海戦でロシアのバルチック艦隊を全滅させる。

⏱□【　ポーツマス条約　】…1905年9月，小村寿太郎(日)とヴィッテ(露)が締結した講和条約。内容は次の4点。賠償金がないことへの不満から，日比谷焼打ち事件が起きる。⇒戒厳令で治安を維持。

イ）ロシアは日本の韓国指導権を認める。
ロ）旅順・大連の租借権と長春以南の東清鉄道の付属利権を譲渡。
ハ）樺太南半分（北緯50度以南）を譲渡。
ニ）沿海州・カムチャッカの漁業権は日本が得る。

●**大陸進出**

□【 桂・タフト協定 】…1905年の日米間の協定，日本の韓国支配，アメリカのフィリピン支配を確認。

□【 韓国併合 】…1910年，日本は韓国を植民地にする。朝鮮総督府を置き，1945年まで植民地支配を継続する。

□朝鮮総督府の総督には軍人を任命。初代総督は寺内正毅であった。

□1906年，旅順に南満州鉄道株式会社を設立（初代総裁は後藤新平）。

□台湾の台北に総督府を設置。製糖業の育成を図る。

## 2 産業革命と交通の発達

製糸業が発達する。輸出の首位は生糸，輸入の首位は綿花。

●**産業革命**

□日清戦争後に軽工業，日露戦争後に重工業の部門で産業革命が起きる。

| | |
|---|---|
| 軽工業 | ○1882年，渋沢栄一らが大阪紡績会社を設立。<br>○1894年，器械製糸が座繰製糸をしのぐ。製糸業の発展。<br>1909年，生糸の輸出量が清を抜いて世界１位となる。 |
| 重工業 | ○1901年，官営の八幡製鉄所が操業開始。鉄鋼業の発展。中国の大冶鉄山の鉄鉱石や，筑豊炭田の石炭を利用。 |

□1897年の貨幣法で金本位制を確立。小作人に耕作させる寄生地主制も確立。

□三井・三菱・住友・安田などが財閥を形成。コンツェルンの形態。

□水力発電が増え，都市には電灯が普及。一方，農村は疲弊。地域格差。

□【 地方改良運動 】…1909年以降，内務省を中心に推進された国富増強運動。

●**交通の発達**

□綿花輸入のボンベイ航路や，生糸輸出の北米航路が開く。

□1881年設立の日本鉄道会社が軌道に乗り，1889年に民営鉄道の営業距離が官営鉄道のそれを上回る。

テーマ 46

● 日本史(近代・現代)

# 社会運動と近代文化

**ここが出る!** ▶▶

- 産業の発展に伴い，社会問題も生じてくる。この事期の著名な社会運動を知っておこう。問題は現在にも通じている。
- 外国との国交が開けてくると文化も開花してくる。学問で偉大な功績を挙げた人物や，著名な文学作品などを頭に入れよう。

## 1 社会問題と社会運動

**●社会問題の発生**

| | |
|---|---|
| 公害 | 足尾銅山鉱毒事件。衆議院議員・田中正造が解決を訴える。 |
| 組合 | 片山潜・高野房太郎らが労働組合期成会を結成(1897年)。 |
| 思想 | 片山潜・幸徳秋水らの社会主義研究会→日本最初の社会主義政党である社会民主党(1901年)を結成。 |
| 弾圧 | 1900年，政府は治安警察法を制定。労働運動を取り締まる。 |

**●反戦運動**

□1903年，幸徳秋水と堺利彦らが平民社を設立。反戦運動を展開。

□キリスト教の立場から，内村鑑三が非戦論を主張する。内村は教育勅語への拝礼を拒み，教職を追われる(1891年，内村鑑三不敬事件)。

□明星派歌人の与謝野晶子が反戦詩(「君死にたまふこと勿(なか)れ」)を書く。

**●社会主義運動**

□【 日本社会党 】…1901年結成の社会民主党が結党翌日に禁止された後，1906年，社会主義者らが結成。後に解散に至る。

□【 大逆事件 】…1910年，大逆罪によって幸徳秋水らが逮捕され，翌年に処刑される。以後，社会主義は不振になる。

□森戸辰男は，クロポトキンの研究をとがめられる。

**●労働運動・女性解放運動**

□横山源之助『日本之下層社会』，細井和喜蔵『女工哀史』などの作品。

□【 工場法 】…1911年に成立。初の労働者保護法。児童の就労禁止。

□平塚らいてうらが青鞜社を結成。雑誌『青鞜』で因習打破を主張。

## 2 近代文化

西洋との交流が進むにつれて，思想や学問にも新風が吹き込まれる。芸術作品は現物も確認しておきたい。横山大観の「無我」がよく出る。

●思想

| | |
|---|---|
| 国粋主義 | ○欧化主義に対し，日本固有の美を説く国粋主義が台頭。<br>○三宅雪嶺，杉浦重剛らが政教社を結成。雑誌『日本人』。 |
| 平民主義 | ○1887年，徳富蘇峰が民友社を結成。『国民新聞』創刊。 |
| 国民主義 | ○陸羯南らが新聞『日本』を発行。ナショナリズムを主張。 |
| 日本主義 | ○雑誌『太陽』を主宰した高山樗牛が日本主義を提唱。 |
| 仏教 | ○国粋主義により仏教が復興。井上円了らが指導。 |

●学問

| | |
|---|---|
| 哲学 | ○西周が西洋哲学を紹介。西田幾多郎『善の研究』など。 |
| 歴史学 | ○福沢諭吉『文明論之概略』，田口卯吉『日本開化小史』。 |
| 自然科学 | ○北里柴三郎が破傷風の血清療法，ペスト菌を発見。<br>○志賀潔が赤痢菌を発見。ハンセン氏病の研究へ。<br>○野口英世が黄熱病を研究。梅毒スピロヘータの培養に成功。<br>○木村栄が緯度変化のZ項を発見。<br>○鈴木梅太郎がオリザニンを抽出。<br>○牧野富太郎が植物分類学を研究。 |
| 教育 | ○1886年の諸学校令で，近代学校制度が樹立する。<br>○1900年，津田梅子が女子英学塾を開く。 |

●文学

| | |
|---|---|
| 写実主義 | 坪内逍遙『小説神髄』，二葉亭四迷『浮雲』尾崎紅葉『金色夜叉』，幸田露伴『五重塔』など。 |
| ロマン主義 | 森鷗外『舞姫』，北村透谷『雑誌・文学界』創刊，島崎藤村『若菜集』，与謝野晶子『みだれ髪』など |
| 自然主義 | 島崎藤村『破戒』，田山花袋『蒲団』，徳田秋声『黴』など。 |
| その他 | 夏目漱石『吾輩は猫である』，森鷗外『高瀬舟』など。 |

●芸術

□イタリアから，フォンタネージ（絵画）とラグーザ（彫刻）を招き，工部省美術学校で指導させる。

□フェノロサと岡倉天心が古美術復興運動を起こす。1887年，東京美術学校が創立され，岡倉が初代校長となる。

□1889年，浅井忠らが明治美術会を結成。

| | |
|---|---|
| 日本画 | 狩野芳崖「悲母観音」，横山大観「無我」「生々流転」など。 |
| 洋画 | 浅井忠「収穫」，黒田清輝「湖畔」「読書」など。 |
| 彫刻 | 高村光雲「老猿」，荻原守衛「女」，朝倉文夫「墓守」など。 |

テーマ 47

● 日本史(近代・現代)

# 第一次世界大戦と日本

**ここが出る!**

- 第一次世界大戦の経緯を押さえよう。日本が中国に出した二十一カ条の要求の中身など,細かい事項も要注意。
- 第一次世界大戦後,軍縮に向けた動きが出てくる。ワシントン海軍軍縮条約で定められた,各国の主力艦比率などを覚えておこう。

| | 年 | 事項　　◎は重要事項 |
|---|---|---|
| 大正時代 | 1911 | 中国で辛亥革命が起きる。清朝が滅ぶ。 |
| | 1913 | 大正政変　⇒　桂園時代の終焉。 |
| | 1914 | ◎第一次世界大戦勃発。日本は連合国側に参戦。 |
| | 1915 | 日本が中国に二十一カ条の要求を提示(大隈重信内閣)。 |
| | 1918 | シベリア出兵。ロシア革命の妨害が目的。 |
| | | 米騒動。米価高騰に対する富山県の主婦らの蜂起。 |
| | | ◎原敬内閣が成立(初の政党内閣,平民宰相)。 |
| | 1919 | ◎ヴェルサイユ条約。第一次世界大戦後の講和条約。 |
| | 1921 | ワシントン会議。軍縮に向けた動き。 |

## 1 大正政変

大正時代の初頭に,西園寺公望・桂太郎内閣は倒された。

□1911年の辛亥革命により,清朝が滅ぶ。中国大陸への野心が高まる。

□陸軍の2個師団増設要求に対処できなかった第2次西園寺内閣は辞職。

□第3次桂内閣が成立。それに対し,「閥族打開・憲政擁護」を叫ぶ護憲運動が展開(犬養毅や尾崎行雄らが中心)。内閣は即座に倒れる。

□1913年,第1次山本権兵衛内閣が成立。護憲運動の要求にある程度応えたものの,翌年,海軍の汚職事件(シーメンス事件)で倒れる。

## 2 第一次世界大戦

1914年,第一次世界大戦が勃発する。構図は218ページを参照。ここでは大戦中の日本の外交を見よう。

**●二十一カ条要求**

□1915年,日本は中華民国の袁世凱(えんせいがい)政府に,二十一カ条の要求を提示する。

イ)山東省のドイツ権益を譲渡すること。

ロ）旅順・大連と南満州鉄道などの租借期限を99年間延長すること。

ハ）漢冶萍公司(大製鉄会社)を日中で共同経営すること。…

●**外交と貿易**

□【　西原借款　】…中国の段祺瑞政権に１億4500万円を融資。

□【　石井・ランシング協定　】…1917年の日米協定。アメリカは中国の特殊権益を日本に認め，日本は中国の門戸開放をアメリカに認める。

□【　シベリア出兵　】…ロシア革命の妨害のため，シベリアに出兵。

□シベリア出兵の影響で米価が高騰し，富山県で米騒動が起き，寺内正毅内閣は辞職(1918年)。

□連合国に軍需品，アジア市場に綿織物，アメリカ市場には生糸などを輸出し，輸出超過となる。英・米に次ぐ世界３位の海運国へ。

## 3 ヴェルサイユ条約と国際協調

1918年11月，ドイツの降伏により，第一次世界大戦が終結する。

●**ヴェルサイユ条約と国際連盟**

□1919年，パリの講和会議でヴェルサイユ条約が結ばれる。

□日本には，中国山東省におけるドイツ利権の継承，赤道以北のドイツ領南洋諸島の委任統治が認められる。

□【　国際連盟　】…1920年，ウィルソンの提案により，国際紛争の平和処理の機関として成立。本部はジュネーヴ。日本は常任理事国に。

●**ワシントン会議**

□1921～22年のワシントン会議(呼びかけ人はハーディング)にて，以下の条約が締結される。

| 四カ国条約 | 日米英仏が太平洋の権益維持。日英同盟は廃棄。 |
|---|---|
| 海軍軍縮条約 | 米英日仏伊の主力艦比率を５：５：３：1.67：1.67とする。日本の主力艦の保有量は31万５千トンまでに制限。 |
| 九カ国条約 | 関係９カ国が中国の主権尊重・門戸開放などを約束。 |

●**国内情勢と民族運動**

□第一次世界大戦後の好況により，日本は債務国から債権国へと変化する。

□1918年，原敬内閣が成立。米国重視の外交。普通選挙の実施には慎重で，選挙資格となる納税額を10円から３円に下げたのみ。

□1919年，朝鮮の独立運動(三・一運動)と，二十一カ条要求の解消を拒まれた中国の排日運動(五・四運動)が起こる。

テーマ 48

● 日本史(近代・現代)

# 大正・昭和初期の政治と文化

頻出度 C

**ここが出る!**

- **大正デモクラシーの思想的支柱を押さえよう。理論家の名前のほか,概念を簡単に説明させる問題が出る。**
- **大正から昭和初期にかけて,内閣が激しく入れ替わる。普通選挙法制定時の首相は誰か,という類の問題に答えられるようにしよう。**

普選運動,労働運動,農民運動などの社会運動が急速に拡大した。昭和初期には軍部が頭をもたげてくる。

| | 年 | 事項　◎は重要事項 |
|---|---|---|
| 大正時代 | 1918 | 大学令を公布。官公私立大学の出現。 |
| | 1923 | 関東大震災。混乱の中,外国人虐殺や社会運動の弾圧。 |
| | 1924 | 第二次護憲運動。政友,憲政,革新の護憲三派による。 |
| | 1925 | ◎普通選挙法,治安維持法が制定される。<br>日ソ基本条約　⇒　日ソの国交回復へ。 |
| 昭和時代 | 1927 | 金融恐慌が起きる。震災手形の処理をめぐる過失。 |
| | 1928 | 三・一五事件。共産党への弾圧。翌年には四・一六事件。 |
| | 1929 | 世界恐慌。ニューヨークのウォール街での株価暴落。 |
| | 1930 | ◎ロンドン海軍軍縮会議。各国の補助艦比(米10:英10:日7)を決定。 |
| | 1931 | 蔵相の高橋是清が金の輸出を再禁止する。<br>◎満州事変。柳条湖事件を契機とする。 |
| | 1932 | 五・一五事件。犬養毅首相が軍人に暗殺される。 |
| | 1933 | 国際連盟を脱退(斎藤実内閣)。 |
| | 1936 | 二・二六事件。岡田啓介内閣が倒れ,広田弘毅内閣成立。 |
| | 1937 | ◎盧溝橋事件　⇒　日中戦争が勃発。 |

## 1 大正デモクラシー

大正期になると,自由主義・民主主義的風潮が席巻するようになる。

**●思想**

□【　天皇機関説　】…美濃部達吉が主張。主権は国家にあり,天皇は国家の最高機関。天皇の統治権を議会によって制限しようとする。

□【　民本主義　】…吉野作造が雑誌『中央公論』にて主張。天皇は,民衆の意向に基づいて,主権を行使すべき。政党内閣制や普通選挙の実現を説く。

●運動

| | |
|---|---|
| 労働運動 | 1912年，鈴木文治が労資協調路線の友愛会(後の日本労働総同盟)結成。1920年に初メーデー。 |
| 農民運動 | 賀川豊彦・杉山元治郎らが日本農民組合を結成。 |
| 部落解放 | 1922年，全国水平社を結成。差別を糾弾する運動を行う。 |
| 学生・婦人 | 1918年，東大で新人会結成。1920年，新婦人協会結成。 |

## 2 大正期・昭和初期の内閣

1923(大正12)年組閣の山本内閣から政策を見ていく。

●山本権兵衛

□関東大震災の処理。虎の門事件で引責辞任。

●清浦奎吾

□護憲三派に，普通選挙や貴族院改革などを要求される。

□護憲三派とは，立憲政友会(党首・高橋是清)，憲政会(加藤高明)，革新倶楽部(犬養毅)の３党をさす。

●加藤高明

□1925年，普通選挙法を制定。満25歳以上の男子全員に選挙権。

□同年，治安維持法を制定。国体変革を目指す結社の禁止。

□日ソ基本条約を締結(日ソの国交回復)。外相は弊原喜重郎。

●若槻礼次郎

□弊原喜重郎外相の協調外交。アメリカ・イギリスと強調し，中国への干渉は避ける。

□鈴木商店の破産，台湾銀行の経営危機などの金融危機を収束しようとするが，枢密院の反対で否決され総辞職する。

●田中義一

□モラトリアム(支払い猶予令)による金融恐慌の処理。

□中国との強硬外交。２度に渡り山東に出兵する。

□張作霖爆殺事件の処理の責任を問われ総辞職する。

●浜口雄幸

□1930年，金の輸出を解禁(蔵相は井上準之助)。

□重要産業統制法の制定により，カルテルの結成を助長。

□ロンドン軍縮会議で，補助艦の比率を「米：英：日＝10：10：７」と協定。右翼から統帥権干犯であると攻撃される。

●犬養毅

□1931年，蔵相の高橋是清が金の輸出を再禁止する。以後，円安により輸出が飛躍的に伸びる。

●選挙権の変化

| | | |
|---|---|---|
| 1889年 | 25歳以上の男子で，直接国税15円以上を納める。 | 記名 |
| 1900年 | 25歳以上の男子で，直接国税10円以上を納める。 | 無記名 |
| 1919年 | 25歳以上の男子で，直接国税 3 円以上を納める。 | 無記名 |
| 1925年 | 25歳以上の男子全員。普通選挙法成立による。 | 無記名 |

## 3 大正期・昭和初期の文化

茶の間にラジオが流れ，電灯が広まったのはこの頃である。

●教育・学問・文化

□1918年，大学令制定。官立大学以外の公・私立大学の設置が可能となり，大学数が増加。

□生活綴方(つづりかた)運動，西田幾多郎『善の研究』，河上肇『貧乏物語』など。

□1925年，ラジオ放送始まる。円本（超安価な全集本）ブーム。大衆雑誌『キング』が創刊される。

□ガス灯に代わって電灯が広まる。

●文学・芸術

| | | |
|---|---|---|
| 文学 | 白樺派 | 武者小路実篤，志賀直哉『暗夜行路』 |
| | 新思潮派 | 芥川龍之介『羅生門』，菊池寛『恩讐の彼方に』 |
| | 新感覚派 | 川端康成『伊豆の踊子』 |
| | プロレタリア文学 | 小林多喜二『蟹工船』，徳永直『太陽のない街』 |
| | 大衆文学 | 中里介山『大菩薩峠』 |
| 芸術 | 二科会（在野の洋画団体），小山内薫らが築地小劇場を創立。柳宗悦が民芸運動を主導。 | |

## 4 満州事変と軍部の台頭

経済恐慌などの問題が山積する中，軍部が頭をもたげてくる。

●満州事変

□【 柳条湖事件 】…柳条湖で関東軍が満鉄を爆破。満州事変の勃発。

□1932年，溥儀を元首とする満州国が成立。日満議定書により，日本が同国を支配。

□中国は，日本の侵略行為を国際連盟に提訴。連盟は，リットン報告書を出し，日本軍の撤退を求める。⇒日本は国際連盟を脱退(1933年)。

●軍部の発言力増大

□【　五・一五事件　】…犬養毅首相が軍人に暗殺される。政党の党首が首相となる政党政治の終焉。

□【　二・二六事件　】…皇道派青年将校のクーデター。高橋是清蔵相と斎藤実内大臣が殺害される。軍部の発言力増大。

□広田弘毅内閣が軍部大臣現役武官制を復活させ，軍国主義を強化。

●思想の弾圧

□【　滝川事件　】…自由主義学説を唱えた滝川教授が京大を追われる。

□【　天皇機関説問題　】…天皇機関説を唱えた美濃部達吉が議員辞職。岡田啓介内閣は国体明徴声明を主張(統治権の主体は天皇)。

●出版・美術

□桐生悠々は，社説「関東防空大演習を嗤ふ」が軍部の逆鱗に触れ，信濃毎日新聞社を退社。

□島田啓三の『冒険ダン吉』が雑誌『少年倶楽部』に載り人気を博す。

□藤田嗣治が多くの戦争画を描き，聖戦美術展などに出品。

## 5 日中戦争

1937年，近衛文麿が首相となり，東亜新秩序の建設が目指される。

●日中戦争

□【　盧溝橋事件　】…北京西郊の盧溝橋で日中両軍が衝突。日中戦争へ。

□【　第２次国共合作　】…中国国民党と中国共産党の抗日民族統一戦線。

□1937年12月，南京が陥落。中国政府は重慶に都を移し，米英仏の援助を受けて抗戦。

□火野葦平の『麦と兵隊』は，中国に進軍中の軍の実情を活写。

□立憲民政党議員の斎藤隆夫は，中国での戦争政策を批判する演説を行い議員を除名される。

●米・ソとの衝突

米・ソとの衝突を契機に，日本は南方への進出を図るようになる。

□1939年，アメリカが日米通商航海条約の廃棄を通告，翌年の条約失効後は，戦略物資輸入が途絶える。

□張鼓峰事件(1938年)，ノモンハン事件(1939年)でソ連軍に敗れる。

テーマ 49 ● 日本史（近代・現代）

# 第二次世界大戦と戦後の日本

**ここが出る!**

- **1939年に第二次世界大戦が勃発し，1941年に日本は太平洋戦争に突入する。戦局の推移・終結に加え，当時の国民生活も知っておこう。**
- **戦後の日本は目覚ましい経済発展を遂げた。著名な出来事の並べ替えの問題がよく出る。当時の首相名も要注意。**

かつての悲惨な戦争体験を，しっかりと知っておく必要がある。

| | 年 | 事項　◎は重要事項 |
|---|---|---|
| 昭和（戦中） | 1938 | 国家総動員法。国家総動員体制へ。 |
| | 1939 | ◎第二次世界大戦が勃発。 |
| | 1940 | 日独伊三国同盟。日独伊の枢軸国家体制の確立。 |
| | 1941 | ◎太平洋戦争が勃発。 |
| | 1945 | ◎原子爆弾投下，ポツダム宣言を受託。終戦。 |
| 昭和（戦後） | 1946 | ◎日本国憲法公布。 |
| | 1947 | 教育基本法公布（6・3・3・4の単線型学校体系）。 |
| | 1949 | ドッジライン，シャウプ勧告。 |
| | 1950 | 朝鮮戦争。武力による半島統一をめぐる戦争。 |
| | 1951 | ◎サンフランシスコ平和条約，日米安全保障条約。 |
| | 1955 | 55年体制の成立。 |
| | 1956 | 日ソ共同宣言。日本が国際連合に加盟。 |
| | 1965 | 日韓基本条約。 |
| | 1978 | 日中平和友好条約。 |
| | 1993 | ◎細川護煕内閣成立。55年体制の終焉。 |

## 1 戦時体制と太平洋戦争

### ●戦時体制の強化

⏱□【　国家総動員法　】…政府は議会の承認なしに人的・物的資源を運用できると規定。

□【　国民徴用令　】…国民を強制的に徴用し，軍需産業に従事させる。

□【　大政翼賛会　】…新体制運動の指導組織。総裁は，近衛文麿首相。

□【　大日本産業報国会　】…労資一体で国策協力。労働組合は解散。

□市部に町内会，農村に部落会，さらに下位組織として隣組が置かれる。

### ●太平洋戦争の勃発

⏱□ドイツ（ヒトラー）とイタリア（ムッソリーニ）でファシズムが台頭。

1939年，第二次世界大戦が勃発する。翌年，日独伊三国同盟成立。

□日本は南下し，北部・南部のフランス領インドシナに進駐する。対米強硬派の東条英機内閣が成立。米は，対日石油輸出を禁ずる。

□【　ABCD包囲陣　】…日本の南方進出に対し，アメリカ，イギリス，中国，オランダが共同で経済封鎖の体制をとる。

□1941年12月，日本がハワイの真珠湾を奇襲し，太平洋戦争が勃発。

**●戦局と国民生活**

□【　大東亜共栄圏　】…中国や東南アジアの侵略を正当化するスローガン。

□石油やゴムなどの資源獲得と，中国の蔣介石軍への援助ルート遮断のため，仏印に進駐。

□1942年６月のミッドウェー海戦での敗北で戦局が悪化。ガダルカナル島撤退，サイパン島玉砕。1945年４月にアメリカ軍が沖縄上陸。

□生活物資が不足し，金属供出を強いられる。学童の集団疎開。14～25歳の未婚女子は，女子挺身隊として工場に送られる。

□清沢洌は『暗黒日記』で反軍部の姿勢を表す。

**●敗戦へ**

| | |
|---|---|
| カイロ会談 | 1943年の米英中の会談。日本領土の処理を協議。 |
| ヤルタ会談 | 1945年の米英ソの会談。ソ連の対日参戦を協議。 |
| ポツダム会談 | 1945年の米英ソの会談。日本に無条件降伏を勧告。 |

□日本の戦局悪化。1945年８月，広島と長崎に原子爆弾が投下される。同年８月14日，日本はポツダム宣言❶を受諾し，無条件降伏へ。

## 4 日本の民主改革と社会の立て直し

戦後初期の改革は，軍国主義の打開と**民主主義**の育成を目指した。

**●連合軍の占領と旧支配体制の打開**

□【　連合国軍最高司令官総司令部　】…略称はGHQ。最高司令官はアメリカのマッカーサー。日本に，改革の指示・命令を出した(**間接統治**方式)。

□【　極東国際軍事裁判　】…A級戦犯28名を審理。25名が有罪判決。東条英機や広田弘毅ら７名が絞首刑。戦争推進者は**公職**を追われる。

**●民主改革**

□GHQは，幣原喜重郎内閣に対し，五大改革を命じる。

❶米英中の名で発表された。日ソ中立条約を結んでいたソ連は除かれた。

□五大改革とは，①婦人解放，②労働組合奨励，③教育の自由主義化，④秘密警察などの撤廃，⑤経済機構の民主化，を指す。

□【　財閥解体　】…15財閥の資産を凍結。独占禁止法，過度経済力集中排除法を制定。

□【　農地改革　】…地主・小作の封建的関係を打破。自作農創設特別措置法により，1950年までに小作地は農地の約10％に減少。

**●政党政治の復活**

□第１次吉田茂内閣のもとで，日本国憲法が公布・施行された。

□1947年の総選挙で第一党となった日本社会党の片山哲が，民主党・国民協同党と連立内閣をつくる。

**●経済の再建**

□占領の目的を非軍事化から経済自立に変更（ロイヤル陸軍長官）。

□【　経済安定九原則　】…1948年，GHQが提示。予算均衡，徴税強化，資金貸出制限，賃金安定，物価統制，貿易改善，物資割当改善など。

□【　ドッジ・ライン　】…赤字を許さない予算編成，単一為替レート（１ドル＝360円）。

□【　シャウプ税制　】…直接税中心になる。平衡交付金制度。

□【　傾斜生産方式　】…石炭・鉄鋼などの部門に資材と資金を集中。

□【　金融緊急措置令　】…インフレ抑制のため制定。

## 5　戦後の日本社会

戦後史の重要事項を時期ごとに区切って見ていく。

**●国際社会への復帰**

□1951年のサンフランシスコ平和条約により，日本は独立を回復し，朝鮮の独立を承認する（第３次・吉田茂内閣）。中国は会議に招かれず，ソ連・チェコ・ポーランドは条約調印を拒否。

□同講和会議で日米安全保障条約を締結。⇒1954年，自衛隊が発足。

□1956年，日ソ共同宣言により両国の国交が回復し（鳩山一郎内閣），日本は国際連合に加盟する。

**●1950年代**

□1952年，国際通貨基金・世界銀行に加盟。

□1950年，警察予備隊設置（54年に自衛隊となる）。52年の血のメーデー事件を受け，破壊活動防止法を制定。

□【 55年体制 】…与党が自由民主党，野党が社会党の政治体制。自民党初代総裁は鳩山一郎。

□「もはや戦後ではない」（1956年，経済白書）。

●1960年代

□【 エネルギー革命 】…エネルギー資源が石炭から石油に転換。

□1960年，日米新安保条約締結。衆議院で改訂法案が強行採決され（岸信介首相），安保闘争が起きる。

□1960年，池田勇人内閣の国民所得倍増計画。

□1964年，ＩＭＦ８条国に移行しＯＥＣＤに加盟。東海道新幹線開通，東京オリンピック開催。

□白黒テレビ・冷蔵庫・洗濯機は「三種の神器」。1965年，白黒テレビの普及率が90%を超える。1967年，ＧＮＰが世界２位になる。

□1965年，日韓基本条約（佐藤栄作内閣）。日韓の国交正常化。

□1967年，公害対策基本法を制定（佐藤栄作内閣）。

●1970年代

□1971年，佐藤栄作内閣が沖縄返還協定に調印。翌年，沖縄は日本復帰。

□1972年，日中共同声明で両国の国交が正常化（田中角栄内閣）。

□1973年，アラブ諸国が石油供給制限（石油ショック）。翌年，戦後初のマイナス成長となる。安定経済路線に変更（三木武夫内閣）。

□1978年，日中平和友好条約で戦後の処理が完成（福田赳夫内閣）。

●1980年代以降

□1985年に電電公社，専売公社，87年に国鉄が民営化（中曽根康弘内閣）。

□1989年，３%の消費税を導入（竹下登内閣）。

□1992年，PKO協力法が成立（宮沢喜一内閣）。

□1993年，非自民８党派による細川護熙内閣成立。55年体制の終焉。

□1995年，阪神・淡路大震災が起きる。

□2000年，九州・沖縄サミット開催（森喜朗内閣）。

□2001年，ニューヨークで同時多発テロ事件が起きる。

□2002年，小泉純一郎首相が北朝鮮を訪問。日朝平壌宣言を発表。

□2011年，東日本大震災が起きる。

□2012年，郵政民営化法が成立（小泉純一郎内閣）。

□1　607年に派遣された遣隋使で，隋の煬帝に国書を提出した人物は，犬上御田鍬である。 →P.115

□2　672年の壬申の乱で勝利した大海人皇子は持統天皇となり，皇族中心の皇親政治を行った。 →P.116

□3　古今和歌集は，最初の勅撰和歌集として知られる。 →P.122

□4　鎌倉幕府では，御家人を統制する機関として，問注所が置かれた。 →P.125

□5　管領の細川勝元と，四職の山名持豊が政権をめぐって対立し，1467年に応仁の乱が勃発した。 →P.131

□6　1489年，足利義満は京都の東山山荘に銀閣を建立した。 →P.133

□7　1549年，ポルトガル人が種子島に漂着し，鉄砲が日本に伝えられた。 →P.134

□8　江戸幕府では，関ヶ原の戦い以後に徳川氏に従った大名は，外様大名とされた。 →P.137

□9　天保の改革では，郷倉米を貯蔵させる「囲米の制」が実施された。 →P.145

□10　十返舎一九の『東海道中膝栗毛』は，劇作文学の人情本に属する。 →P.146

□11　富山県で米騒動が起きたことで，1918年に原敬内閣は辞職した。 →P.161

□12　美濃部達吉は民本主義を主張し，政党内閣制や普通選挙の実現の必要性を説いた。 →P.162

□13　1993年の橋本龍太郎内閣の成立により，55年体制が崩壊した。 →P.169

**Answer**

1　×
犬上御田鍬ではなく，小野妹子である。

2　×
持統天皇ではなく，天武天皇である。

3　○

4　×
正しくは侍所である。

5　○

6　×
足利義政である。

7　×
1543年のことである。

8　○

9　×
寛政の改革で実施された政策である。

10　×
滑稽本に属する。

11　×
寺内正毅内閣である。

12　×
民本主義を主張したのは美濃部達吉ではなく，吉野作造である。

13　×
橋本龍太郎内閣ではなく，細川護熙内閣である。

# 世界史

テーマ 50

● 世界史(諸地域の形成)

# 先史時代と古代文明

**ここが出る!** ▶▶

・人類の進化のプロセスを押さえよう。古代文明が生まれた，肥沃な三日月地帯も重要。歴史地図にて確認しておくこと。
・古代の暦，文字，法典，宗教などについて知っておこう。ハンムラビ法典，楔形文字など，選択肢がなくても解答できるようにしよう。

## 1 先史の世界

### ●人類の出現

□人類は約700万年前に出現し，猿人→原人→旧人→新人と進化。

| 猿人 | 最古の人類。アフリカ南部のアウストラロピテクス。 |
|---|---|
| 原人 | 打製石器や簡単な言語を使用。ジャワ原人，北京原人。 |
| 旧人 | 毛皮の衣服を着用。ドイツのネアンデルタール人。 |
| 新人 | 現代人の祖先。洞窟壁画を残す。南仏のクロマニョン人。 |

□【 ラスコーの壁画 】…旧石器時代の遺跡。クロマニョン人が描いた。

### ●社会のおこり

□前7000年頃，西アジアで農耕・牧畜が始まる。生産経済の開始。

□西アジアや地中海東岸(オリエント)にて，最初の文明がおこる。

□【 肥沃な三日月地帯 】…ナイル川流域，パレスチナ・シリア，ティグリス・ユーフラテス川流域の地域。水資源が豊富で農耕が発達。

## 2 エジプト

### ●王国

□前3000年頃，ナイル川の河口に統一国家が成立(首都はメンフィス)。王はファラオと呼ばれ，専制的な神権政治を行った。

□エジプトはナイルのたまもの(ヘロドトスの名言)。

□新王国時代，アメンホテプ4世がアトンを国家神とする。

### ●文化

□ピラミッド(王の墓)やスフィンクスなど，巨大な石造建築。

□【 死者の書 】…ミイラとともに埋葬された絵文書(神聖文字)。

□【 太陽暦 】…太陽年を基準とした暦。1年を365日，12カ月とする。

□【 象形文字 】…ものの形をかたどった文字。絵文字が発達したもの。

## 3 メソポタミアと地中海東岸の民族

メソポタミアは，ティグリス川・ユーフラテス川の流域で栄えた。

●王国

□前2700年頃，シュメール人が都市国家を形成(神権政治)。

□前1800年頃，遊牧民のアムル人が古バビロニア王国を樹立。ハンムラビ法典(目には目を，歯には歯を)を編纂する。

●文化

| 宗教 | 多くの神を崇拝する多神教，未来を予知する占星術。 |
|---|---|
| 天文学 | 月の満ち欠けの周期に基づく太陰暦，60進法の発明。 |
| 文字 | 象形・表音文字が粘土板に刻まれる。楔形文字という。 |

●ヒッタイト人

□前1400年頃，最初に鉄器を使用。古バビロニア王国を滅ぼす。

●フェニキア人

□シドンやティルスなどの都市国家を建設し，地中海貿易を行う。

□22字からなる表音文字をつくる。⇒アルファベットの基礎となる。

●イスラエル人

□唯一の神ヤハウェを拝するユダヤ教を信仰。教典は『旧約聖書』。

□排他的な選民思想。メシア(救世主)の出現を待望。戒律主義。

## 4 オリエントの統一

●アッシリア

□前671年，アッシリアがオリエントを統一(首都はニネヴェ)。アッシリアの滅亡後，新バビロニア，メディア，リディア，エジプトの４国に分立。メディアはイラン高原，リディアはエーゲ海沿岸に位置した。

●アケメネス朝

□【　アケメネス朝　】…前550年，ペルシア人が樹立した王朝。

□ダレイオス１世による中央集権政治。各州にサトラップ(知事・総督)を置き，王直属の監察官(王の目，王の耳と呼ばれる)を派遣。

□【　王の道　】…ダレイオス１世が建設した，スサからサルデスに至る交通路。約2500km。111の宿駅がある(駅伝制)。

□アケメネス朝は，アレクサンドロス大王の遠征で滅びた。以後，プトレマイオス朝滅亡までの300年間がヘレニズム時代。

テーマ 51 ● 世界史(諸地域の形成)

# 古代ギリシア・ローマの世界

**ここが出る!** ▶▶

- 成立と発展，その変質までの歩みを押さえておこう。ペルシア戦争やペロポネソス戦争などの出来事に注意のこと。
- 古代ギリシアの文化や哲学はよく出題される。テーマ87の倫理の内容と絡めて，著名な思想家や作品をしっかり覚えよう。

## 1 ギリシア世界の形成

エーゲ海域で，最初の青銅器文明が形成される。

### ●エーゲ文明

| | 時期 | 中心地 | 発掘者 |
|---|---|---|---|
| クレタ文明 | 前2000～1400年頃 | クレタ島 | エヴァンズ |
| ミケーネ文明 | 前1600～1200年頃 | ギリシア本土 | シュリーマン |
| トロイア文明 | 前2600～1250年頃 | 小アジア | |

### ●ポリスの形成

□多くのポリス(都市国家)が分立。オリンピアの祭典(4年に1度)で，共通のギリシア人意識を育んでいた。

□【 アクロポリス 】…市の中心部の小高い丘。守護神が祀られた。

□【 アゴラ 】…公共の広場。交易，集会，裁判などが行われた。

## 2 アテネとスパルタ

### ●平民の台頭と奴隷制

□植民活動や貿易の活発化。⇒商工業者(平民)から富裕層が出現。

□ポリスの市民は，家事や生産労働を奴隷に任せた。

### ●アテネ

□アテネは，イオニア人のポリス。政治形態は以下のように変化。

| | |
|---|---|
| 貴族政治 | 貴族から選ばれた9人の執政官アルコンが政治を掌握。 |
| 僭主政治 | ペイシストラトスが僭主となり，平民層の力を高める。 |
| 民主政治 | クレイステネスの改革。民会などの組織を整える。オストラコン(陶片)に危険人物の名を記録し，僭主の出現を防止。 |

### ●スパルタ

□スパルタはドーリア人のポリス。厳しい身分制度，軍国主義。

□【　ヘイロータイ　】…農業に従事する奴隷身分の被征服民。

□【　ペリオイコイ　】…不完全市民。主に商工業に従事。参政権なし。

●**ポリスの盛衰**

□【　ペルシア戦争　】…前５世紀，アテネを中心とするギリシアが，アケメネス朝ペルシアの侵入を撃退する❶。ポリスの栄華の時代へ。

□【　デロス同盟　】…アテネを盟主とした軍事同盟。アテネは，ペリクレス将軍の時代に，民衆を指導し，民主政治を完成させる。

□【　ペロポネソス戦争　】…スパルタを盟主とするペロポネソス同盟とデロス同盟の戦争。前431年勃発。スパルタ勝利。ポリスの衰退へ。

## 3　古代ギリシアの文化

| | |
|---|---|
| 宗教 | 多神教，オリンポスの12神などを信仰，ギリシア神話。 |
| 文学 | ホメロスの２大叙事詩『イリアス』『オデュッセイア』。ヘシオドス『神統記』『労働と日々』。 |
| 演劇 | ３大悲劇詩人→アイスキュロス，ソフォクレス，エウリピデス。 |
| 美術 | フェイディアスらの「アテナ女神像」（パルテノン神殿の本尊）。荘重な感じのドーリア建築。 |
| 歴史 | ヘロドトスは歴史の父，ヒポクラテスは医学の父。 |
| 哲学 | ソクラテス（無知の知），プラトン（イデア），アリストテレス。 |

## 4　ヘレニズム時代

アレクサンドロスの東征から約300年間は，**ヘレニズム時代**である。

●**アレクサンドロス大王の支配**

□ドーリア人がマケドニア王国を建国。フィリッポス２世がテーベとアテネの連合軍を破り，全ギリシアを制圧する。

□同国のアレクサンドロス大王が，前331年，ペルシア軍を破り，翌年，アケメネス朝ペルシアを滅ぼす。東方のインダス川流域までを支配。

□コイネーと呼ばれるギリシア語が共通語。

●**ヘレニズム文化**

□【　ヘレニズム文化　】…ギリシア文化と東方文化が融合した世界的な文化。実践哲学（ストア派，エピクロス派），世界市民主義の傾向。

□【　エラトステネス　】…地球の子午線の長さを測定。

□【　アリスタルコス　】…太陽中心説を説く。

❶きっかけは，アケメネス朝の植民市イオニアでギリシア人が反乱を起こしたことによる。

□【　ムセイオン　】…アレクサンドリアに建てられた研究機関。
□【　ミロのヴィーナス　】…女神アフロディテを表現。

## 5 ローマの成立と地中海統一

### ●共和政ローマの成立

□前８世紀頃，ラテン人がティベル河畔に都市国家ローマを建国する。
□そこでは，貴族による共和政が行われる。パトリキ(貴族)が政権を掌握し，中小農民などのプレブス(平民)には，参政権がなかった。

### ●平民の権利拡大

□平民は，重装歩兵として，ローマの軍事力の中心となる。やがて身分闘争により権利を拡大。護民官の選任，平民会の設置など。
□【　十二表法　】…ローマ最古の成文法。貴族による法の独占を打破。
□【　リキニウス・セクスティウス法　】…コンスル(統領)１名は平民から選ぶことを規定。
□【　ホルテンシウス法　】…平民会の決議で国法をつくれる。
□貴族からなる元老院が絶大な権力を持つ。民会の影響力は限定的。

### ●地中海の統一

□前３世紀に，都市国家ローマがイタリア半島を統一する。
□【　分割統治　】…植民市を設けるが，待遇に差を設け，団結を防ぐ。
□【　ポエニ戦争　】…植民市**カルタゴ**にローマが勝ち，西地中海を制覇。ローマ最初の属州とされたのはシチリア島。
□【　アクティウムの海戦　】…ローマの**オクタヴィアヌス**が，エジプトのクレオパトラとアントニウスの連合軍を破り，地中海の統一を完成。
□オクタヴィアヌスは，元老院からアウグストゥスの称号を与えられる。

## 6 ローマ社会の変質と盛衰過程

### ●変質

□【　ラティフンディア　】…貴族や上層平民による大土地経営。**奴隷**を酷使して，果樹などの商品作物を栽培。市民の貧富の差が拡大。
□政治は，第１回三頭政治(カエサル他２名)，第２回三頭政治(オクタヴィアヌス他２名)を経て，プリンキパトゥス(元首政)に至る。

### ●栄華

□前27年のプリンキパトゥス開始以降，ローマは帝政の時代に入る。

□【　五賢帝時代　】…ローマ帝国の最盛期(96〜180年)。ネルヴァからマルクス・アウレリウス・アントニヌスに至る5人の皇帝の治世。

□2世紀初めのトラヤヌス帝の時代，帝国の領土が最大となる。

□カラカラ帝は，帝国内の全自由人にローマ市民権を与える。

●解体

□ディオクレティアヌス帝が，帝国を4分して統治する。

□2世紀後半になると，異民族の侵入や内乱の時代となる。コンスタンティヌス帝がこれを平定し，官僚制度や専制君主政を確立する。

□330年，都を東方のコンスタンティノープルに移す(東方遷都)。

□395年，ローマ帝国は，西ローマ帝国と東ローマ帝国に分裂する。

□属州の自立化が進み，帝国は衰退。コロヌス制(小作人制)の普及。

## 7 ローマ文化とキリスト教

●ローマ文化

| 文学 | ラテン文学，雄弁家キケロ，ヴェルギリウス『アエネイス』。 |
|---|---|
| 哲学 | ストア派哲学，セネカ『幸福論』，エピクテトス『語録』。 |
| 歴史 | リヴィウス『ローマ建国史』，タキトゥス『ゲルマニア』。 |
| 地理 | プルタルコス『英雄伝』，ストラボン『地理誌』。 |
| 自然科学 | プトレマイオスの天動説，カエサルがユリウス暦を実施。 |
| 法律 | 万民法，ビザンツ皇帝ユスティニアヌス『ローマ法大全』。 |
| 建築 | パンテオン，コロッセウム，公共浴場，凱旋門。 |

●キリスト教

□イエスがキリスト教を創始し，弟子のペテロやパウロが布教する。

□【　カタコンベ　】…迫害された信徒が集った集会場。

□313年，コンスタンティヌス帝のミラノ勅令により，公認される。

□325年のニケーア公会議で，三位一体説(アタナシウス派)が正統教義となる。アリウス派は異端。

□392年，テオドシウス帝がキリスト教を国教とする。

●イラン民族国家

□【　パルティア王国　】…前3世紀半ば，アルサケスが建国。中国名は安息。ローマと抗争し衰退。

□【　ササン朝　】…イラン系農耕民が建国。国教はゾロアスター教。

□ゾロアスター教は火を神聖視し，拝火教ともいう。シャープール1世が経典『アヴェスター』を編集。

テーマ 52 ● 世界史（諸地域の形成）

# アジア・アメリカ・オセアニアの古代文明

頻出度 C

**ここが出る！** ▶▶
- インドのカースト制の源となったヴァルナの４階層について知っておこう。４つの階層の名称を書けるようにすること。
- インド仏教の起源と発展過程を押さえよう。著名な仏教遺跡・学院の名称なども覚えること。

## 1 インド

四大文明の一つのインダス文明は，インドの西部でおこった。

**●文明のおこり**

□【　インダス文明　】…前2300～1700年頃，インダス川流域で成立した都市文明。

□下流域のモエンジョ・ダーロや，上流域のハラッパーの遺跡が有名。

□前1500年頃より，アーリヤ人が進入し，バラモン教を布教。

□【　ヴェーダ　】…神々への賛歌集。最古のものは『リグ・ヴェーダ』。

□【　ヴァルナ　】…厳格な身分制度。後世のカースト制度の原初形態。

・バラモン…司祭階級にして，最上位の指導者。

・クシャトリヤ…第２位に位置する武士・貴族階層。政治・軍事担当。

・ヴァイシャ…第３位の一般庶民階層。農民や商工業者。

・シュードラ…最下位の奴隷階層。征服された先住民が主。

**●統一国家**

| | |
|---|---|
| マガダ国 | ○前６世紀頃，ガンジス川の中流域にマガダ国が成立。<br>○ヴァルダマーナがジャイナ教を創始し，ガウタマ・シッダールタ（釈迦）が仏教を創始する。 |
| マウリヤ朝 | ○前４世紀末，マウリヤ朝が成立（都はパータリプトラ）。<br>○３代目のアショーカ王が仏教を保護，仏典結集を行う。上座部仏教をセイロン島に布教。<br>○ダルマ（法）による徳治政治。 |
| クシャーナ朝 | ○紀元１世紀，クシャーナ族がクシャーナ朝を樹立。<br>○カニシカ王の時，都プルシャプラが東西交路の要衝に。<br>○ガンダーラ美術が発達し，大乗仏教が広まる。 |

**●文明の完成**

□４世紀前半，グプタ朝が成立。北インドの大半を支配する大王国へ。

□【　ヒンドゥー教　】…バラモン教と民間宗教が融合して成立した民族宗教。シヴァ神やヴィシュヌ神を中心とする多神教。

□【　マヌ法典　】…各ヴァルナの生活規範を定めた法典。

□カーリダーサが戯曲『シャクンタラー』を著す（サンスクリット文学）。

□『マハーバーラタ』と『ラーマーヤナ』は，サンスクリットの二大叙事詩。

□【　アジャンター石窟寺院　】…仏教遺跡。グプタ式仏教美術の代表作。

□【　ナーランダー僧院　】…５世紀にグプタ朝が建てた仏教の学院。

●衰退

□７世紀に，ハルシャ王がヴァルダナ朝を立てて北インドを統一。唐の玄奘はこの時期のインドで仏教を研究し，『大唐西域記』を著す。

## 2 東南アジア・アメリカ・オセアニア

●東南アジア

□南インドのデカン高原を中心に，サータヴァーハナ朝が栄える。

□ヴェトナム北部において，ドンソン文化が栄える（前４世紀頃）。

□インドシナ半島では，扶南が栄えた後，クメール人が建てた真臘（しんろう）が中心的国家となる。12世紀，石造寺院アンコール・ワットが建立される。

□スマトラ島の東部で，シュリーヴィジャヤ王国が繁栄。

●メソアメリカ文明（中央アメリカ）

□【　オルメカ文明　】…メキシコ湾岸の文明。巨大な人頭像。

□【　テオティワカン文明　】…現在のメキシコシティ北東の都市文明。

□【　マヤ文明　】…ユカタン半島中心の文明。20進法，絵文字など。

□【　アステカ文明　】…12〜16世紀のメキシコ高原における文明。アステカ王国は，1521年にスペインのコルテスに滅ぼされた。

●アンデス文明（南米）

□【　チャビン文明　】…前1000年頃のペルー北部に形成された文明。

□【　インカ文明　】…13世紀以降に成立。キープと呼ばれる記録手段。マチュピチュ遺跡は有名。1533年，インカ帝国はスペインのピサロに滅ぼされた。

●オセアニア

□【　アボリジニー　】…オーストラリアの先住民。約４万年前に東南アジアから渡来したといわれる。

□10世紀頃，トンガ王国ができる。

テーマ 53 ● 世界史(諸地域の形成)

# 中国の古代史

**ここが出る！ ▶▶**

- 戦国の七雄や諸子百家についてよく問われる。7つの強国の名称や，老荘思想など，著名な思想を即答できるようにしよう。
- 古代中国では，王朝が入れ替わり立ち替わりおこっている。各王朝の説明文を提示し，王朝の名前を答えさせる問題がよく出る。

## 1 古代文明と初期の王朝

中国でも，水資源が豊かな大河(黄河)の流域に文明がおこる。

**●黄河文明**

□【 黄河文明 】…黄河の中下流域の黄土地帯に生まれた農耕文明。

| | | |
|---|---|---|
| 仰韶文化 | 前5000～4000年頃 | 中国最古の新石器文化。彩文土器。 |
| 竜山文化 | 前2000～1500年頃 | 灰陶と黒陶の土器，三本足の三足土器。 |

**●殷・周王朝**

| | |
|---|---|
| 殷王朝 | ○前16世紀頃，小規模な都市国家が集まって殷王朝が成立。<br>○王族や貴族の氏族が支配する氏族制社会，神権政治。<br>○甲骨文字(後の漢字の原型)の使用，青銅器文化。 |
| 周王朝 | ○前11世紀頃，周王朝が成立。前770年以前は西周(都は鎬京)，それ以後は東周(都は洛邑)というように区分。<br>○封建制度。周王は一族や功臣に封土を与え，世襲の諸侯とし，貢納や軍役の義務を課す。宗族という同姓の父系親族集団。 |

## 2 春秋・戦国時代と諸子百家

戦国の七雄と諸子百家については，しっかり覚えよう。7つの強国の位置を示した，古代中国の地図も見ておきたい。

**●春秋・戦国時代**

□【 春秋時代 】…前770～403年の時期。有力諸侯が勢力拡大を図る。

□【 戦国時代 】…前403～221年の時期。周の弱体化，諸侯の争い。

⏱□【 戦国の七雄 】…戦国時代の7つの強国(韓，魏，趙，秦，斉，燕，楚)のこと。後に，有力化した秦と他の6国という対立図式となる。

□鉄製農具が普及し，青銅貨幣の布銭も流通する。

**●諸子百家**

⏱□【 諸子百家 】…春秋時代末から戦国時代の思想家や諸学派の総称。

| 儒家 | 中国の正統思想。孔子『論語』，孟子の性善説，荀子の性悪説。 |
|---|---|
| 墨家 | 墨子を祖とする。無差別愛（兼愛）を説き，戦争を否定（非攻）。 |
| 道家 | 無為自然を説く。老子と荘子の名に因み，老荘思想ともいう。 |
| 法家 | 君主権と官僚制を重視。韓非の著書『韓非子』で大成される。 |

## 3 統一国家

秦→前漢→新→後漢という，中国の統一国家の変遷を押さえよう。

**●秦**

□前221年，秦は，対立する6国を滅ぼし，全国統一を完成する。秦王の政は，自らが**始皇帝**（初代皇帝）となり，中央集権支配を目指す。

□【　郡県制　】…全国を36郡（後に48郡）に分け，その下に県を置く。

□始皇帝は法家の思想を尊重した。

□万里の長城を修築し，北方の民族の侵入を防ぐ。

□陳勝・呉広の乱などの反乱により，前206年，秦は滅亡する。

**●前漢**

□前202年，項羽を破った劉邦が漢王朝を樹立。高祖（初代皇帝）となる。都は長安。

□【　郡国制　】…中央直轄地では郡県制，地方では封建制を採用。

□前154年の呉楚七国の乱を鎮圧し，漢の中央集権体制を固める。

□7代皇帝の武帝の時代，前漢は最盛期。董仲舒（とうちゅうじょ）の意見で儒学を官学化し，郷挙里選によって官吏を広く求める。

□武帝は匈奴に対抗すべく，張騫（ちょうけん）を大月氏に派遣。

□紀元8年，外戚の王莽（おうもう）が幼少の皇帝を排斥し，国号を新とする。

**●後漢**

□紀元25年に漢王朝が再興。都は洛陽。劉秀（光武帝）が初代皇帝。

□【　漢委奴国王印　】…光武帝が倭の使者に授けた金印。

□班超が後漢の勢力を西域に伸ばす。部下の甘英をローマ帝国に派遣。

□【　黄巾の乱　】…184年の大規模な民衆反乱。後漢は衰退，滅亡へ。

**●漢代の文化**

□儒学⇒中国の学問の主流。後漢では，古典の解釈を行う訓詁学が発達。

□歴史学⇒前漢の司馬遷『史記』，後漢の班固『漢書』などの歴史書。

□美術・宗教⇒後漢の蔡倫が紙を発明。西域より仏教が伝わる。

●内陸アジア

□南ロシアのスキタイ人の金属器文化。馬具など，遊牧民らしい文化。

□中央アジアのオアシスでの中継貿易。ソグド人や月氏が利益を得る。

□【　匈奴　】…モンゴル系の遊牧民。冒頓単于（ぼくとつぜんう）の下で遊牧国家を形成。

□【　突厥（とっけつ）　】…騎馬遊牧民として，はじめて文字をつくる。

## 4 三国時代と晋

●三国時代

□【　三国時代　】…220～280年，魏・蜀・呉に分立していた時代。

| 魏 | 曹丕が建国 | 都は洛陽 | 華北を支配。最も有力。 |
|---|---|---|---|
| 蜀 | 劉備が建国 | 都は成都 | 四川省を中心とする領域を支配。 |
| 呉 | 孫権が建国 | 都は建業 | 長江中下流域の江南を中心に支配。 |

●晋の統一

□司馬炎が晋を建国(都は洛陽)。280年，呉を滅ぼして中国統一。

□江南の司馬睿は，東晋を建国し，都を建康に定める。江南の発展へ。

□華北では，4世紀の初めから，16国が争う五胡十六国時代に入る。

●九品中正

□【　九品中正　】…有能な官吏を選ぶための制度。中央から派遣された中正官が人材を推薦。しかし中正官とつながった有力豪族の子弟が有利になる。

□「上品に寒門なく，下品に勢族なし」（高い地位に貧民はおらず，低い地位に貴族はいない）。

## 5 南北朝時代と隋

南北朝時代を経て，隋という統一王朝が完成するに至る。

●南北朝時代

□【　南北朝時代　】…439～589年，華北の5王朝(北魏，東魏，西魏，北斉，北周)と江南の4王朝(宋，斉，梁，陳)が興亡した時代。

□北魏の孝文帝は均田制を実施。国有の土地を支給して耕作させ，税収を得る。

●六朝文化と仏教

□【　六朝文化　】…呉，東晋，宋，斉，梁，陳の六朝時代の文化。

□文学では東晋の陶潜，書道では同じく東晋の王羲之らが活躍。

□仏教文化は，甘粛省の敦煌，山西省の雲崗，洛陽付近の竜門で開花。

**●隋の統一**

□581年，楊堅が隋を建国。都は長安。589年，陳を滅ぼして全国統一。

□科挙(試験での官吏登用)，均田制，府兵制(全戸から徴兵)を実施。

□煬帝が大規模運河を建設。⇒高句麗遠征の失敗。⇒618年，隋は滅亡。

## 6 唐と隣接諸国

唐の律令制度は，わが国の統治制度の参考にされたものである。

**●唐の政治と外交**

□618年，李淵が唐を建国。都は長安。三省・六部の中央官制を樹立。六部は，吏部・戸部・礼部・兵部・刑部・工部を指す。

□【　貞観の治　】…2代皇帝の太宗による政治。

□均田制(成年男子に口分田，永業田を支給)，租庸調制(租＝穀物税，庸＝労役，調＝布税)，府兵制(農民の徴兵)に基づく律令政治。

□北西方の突厥，西南方の吐蕃，東方の百済・高句麗を征服。

**●唐の産業・仏教**

| 農業 | 稲の品種改良による生産力向上。茶や綿花の栽培。 |
|---|---|
| 手工業 | 織物，紙，漆器，陶器などの特産物。陶器の唐三彩は有名。 |
| 商業 | 都市の市，農村の草子(商業地域)。行(同業者区域)。銅銭，飛銭(送金手形)。広州の市舶司が海外貿易を統括。 |

□仏教が流行。玄奘(げんじょう)『大唐西域記』，義浄『南海寄帰内法伝』が有名。

**●唐の衰亡**

□均田農民の没落→貴族らが荘園(私有地)を拡大→大土地所有制へ。

□兵を募る募兵制を採用。辺境の防衛のため，節度使を置く。

□【　両税法　】…収入激減を補うため，地税と戸税を銭納させる。

□755年，ソグド系の節度使の安禄山が安史の乱を起こす(ウイグルの援軍で鎮圧)。以後，節度使が各地に割拠し，藩鎮を形成する。

□黄巣の乱(875年)→唐の衰弱→朱全忠が唐を滅ぼす(907年)。

**●隣接諸国の動向**

□676年，新羅が朝鮮半島を統一。以後，中国東北部に渤海国ができる。

□7世紀以降，日本は遣隋使や遣唐使を派遣し，大陸文化を摂取する。

□11世紀初頭，ヴェトナムに李朝大越国ができ，13世紀，陳朝となる。

テーマ 54

● 世界史(諸地域の交流と再編)

# イスラーム世界の形成と発展

頻出度 C

**ここが出る!** ▶▶

- 世界3大宗教の一つであるイスラーム教の基礎事項を押さえよう。開祖名，神の名前，聖典名，聖地名をしっかり記憶のこと。
- 7世紀以降，西アジア地域にイスラーム王朝がひしめくことになる。成立年の順の並べ替えや，地図上の位置を問う問題がよく出る。

## 1 アラブ帝国とイスラーム帝国

ムハンマドは，イスラーム教の創始者。詳細は276ページを参照。

**●イスラーム教の成立**

□【 ヒジュラ 】…622年，ムハンマドがメディナに移住したこと。聖遷ともいう。この地で，ウンマという信徒の共同体を建設した。

□630年，メッカをイスラーム教の聖地とし，アラビア半島を統一。

**●アラブ帝国**

□ムハンマドの死後，以下の時代からなるアラブ帝国が形成される。

| 正統カリフ時代 | 632～661年 | 都はメディナ。4代カリフまでの時代。 |
|---|---|---|
| ウマイヤ朝時代 | 661～750年 | 都はダマスクス。ムアーウィヤが開く。 |

□【 カリフ 】…ムハンマドの後継者。4代までを正統カリフという。

□異民族との戦い(ジハード)により，支配地を拡大。

□ウマイヤ朝はイベリア半島を支配するが，トゥール・ポワティエの戦いでフランク王国に敗れる(732年)。

□異教徒には，ハラージュ(地租)とジズヤ(人頭税)の貢納を要求。

**●イスラーム帝国**

□【 イスラーム帝国 】…アッバース朝の時代の呼称。

□750年，アッバース朝ができる(首都はバグダード)。翌年，タラス河畔の戦いで唐軍を破る。唐軍の捕虜によって製紙法が伝わる。

□5代カリフのハールーン・アッラシードの頃，バグダードは東西交易の中心として発展する。

□【 マムルーク 】…アッバース朝で用いられた軍人奴隷。

□909年，シーア派の王朝ファーティマ朝もできる(首都はカイロ)。

□サラディンは，ファーティマ朝を倒し，スンナ派のアイユーブ朝をたてる。

**●ウマイヤ朝とアッバース朝の体制の違い**

□ウマイヤ朝ではアラブ人が優遇され，アラブ帝国と言われる。アッバース朝では，イラン人が登用されるなど，ムスリムであれば平等に扱われ，イスラーム帝国と言われる。

## 2 イスラーム世界の発展

| | |
|---|---|
| ブワイフ朝 | 946年，アッバース朝を支配。軍人に給与ではなく徴税権を与えるイクター制。 |
| カラ・ハン朝 | 初のトルコ系イスラーム王朝。 |
| セルジューク朝 | 1055年，トゥグリル・ベクがバグダードに入城し，ブワイフ朝を滅ぼす。アッバース朝のカリフからスルタンの称号を授けられる。 |
| イル・ハン国 | 1258年にアッバース朝を滅ぼした，モンゴル人のフラグが建国。 |
| マムルーク朝 | 軍人奴隷のマムルークが建国。首都カイロは，バグダードに代わってイスラームの中心になる。 |

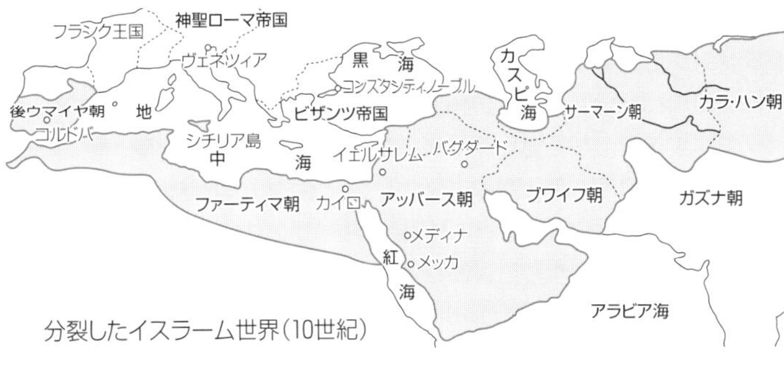

分裂したイスラーム世界（10世紀）

**●イスラーム世界の拡大**

| | |
|---|---|
| アフリカ | ムラービト朝（1056年成立），ムワッヒド朝（1130年）。 |
| インド | ガズナ朝，ゴール朝，デリー・スルタン朝（1206年）。 |
| 東南アジア | マラッカ王国（15世紀），マタラム王国（16世紀末）。 |

**●イスラーム文明**

| | |
|---|---|
| 学問 | イブン・バットゥータ『三大陸周遊記』，錬金術の導入。 |
| 文学 | アラビア文学の代表『千夜一夜物語（アラビアン・ナイト）』。 |
| 美術 | イスラーム教の礼拝堂モスク，スペインのアルハンブラ宮殿，装飾文様アラベスク，細密画ミニアチュール。 |
| 文化交流 | 中央アジアと中国を結ぶ絹の道（シルク・ロード）。 |

テーマ 55

● 世界史(諸地域の交流と再編)

# ヨーロッパ世界の形成と変動

**ここが出る!** ▶▶

・現在の小国ひしめくヨーロッパ世界の原型は，8 世紀頃からできてきた。フランク王国やビザンツ帝国など，主な国を押さえよう。

・十字軍はよく出る。その目的，経過，影響について論述させる問題もみられる。

## 1 ゲルマン人の大移動とフランク王国

北方のゲルマンと南方のローマが合流し，西欧世界の礎ができた。

**●ゲルマン人の大移動**

□【 ゲルマン人 】…インド・ヨーロッパ語系民族。紀元前後の頃，ライン川・ドナウ川の北側に勢力を広げ，ローマ帝国とも接触した。

□375年，フン人の圧迫により，西ゴート族が西南部へ大移動を開始。

□大移動は約 2 世紀続き，ローマ帝国内に，ゲルマン人の部族国家ができる。⇒476年，ゲルマン人のオドアケルが西ローマ帝国を滅ぼす。

**●フランク王国の成立**

□【 フランク王国 】… 5 世紀末，クローヴィスが，西ゲルマンのフランク諸族を統一して建てた王国。最初の王朝はメロヴィング朝。

□クローヴィスは，正統派のアタナシウス派キリスト教に改宗する。

□751年，ピピンがメロヴィング朝を廃し，カロリング朝をたてる。ラヴェンナの土地を教皇に寄進し，これがローマ教皇領の起源となる。

□800年，フランク国王のカール大帝がローマ皇帝となる。ローマ，ゲルマン，キリスト教の 3 要素が融合し，西欧世界の基礎ができる。

□カール大帝は，古代文化の復興を奨励(カロリング・ルネサンス)。

## 2 ヨーロッパ諸国の誕生

フランク王国の分裂，ノルマン人の建国により，諸国の原型ができる。

**●フランク王国の分裂**

□843年のヴェルダン条約により，フランク王国は，東・西フランクとイタリアに 3 分裂。870年のメルセン条約で再分割される。

□【 東フランク王国 】…後のドイツ。ザクセン朝が成立。

□【 西フランク王国 】…後のフランス。カペー朝が成立。

●ノルマン人による建国

□フランスに侵入し，首領のロロがノルマンディー公国を建てる。

□ノルマンディー公ウィリアムが，イングランドでノルマン朝を建国。

□地中海に進出し，両シチリア王国を建国。初代国王はルッジェーロ2世。

●西ヨーロッパの封建社会

□封建社会は，封建制度と荘園制度を支柱とする。分けてみてみよう。

| | |
|---|---|
| 封建制度 | ○封建制度＝封土(土地)の授受を介して形成された主従関係。<br>○国王，諸侯(領主)，騎士(戦士)，聖職者，農奴からなる階層構造。<br>○ローマの恩貸地制とゲルマンの従士制が結びついて成立。 |
| 荘園制度 | ○荘園＝領主の所有地。農奴を酷使して運営。重要な生産の場。<br>○領主は，官吏の領内への出入りを拒否する不輸不入権を持つ。<br>○荘園は，領主を支配者とする自給自足・現物経済の小世界。<br>○農民は保有地の代償として，賦役，貢納，死亡税などを負担。 |

□【　三圃農法　】…耕地を春耕地・秋耕地・休耕地に分けて順次利用。

## 3 ローマ・カトリック教会

教会では，聖職の腐敗や堕落を戒めようという運動が起きていた。

●教会の変化

□ローマ教会は，フランク王国との提携により発展。1054年，ヨーロッパの教会は，ローマ・カトリック教会とギリシア正教会に分裂。

□ローマ・カトリック教会では，教皇を頂とした聖職階層制をつくり，権威を確立。一方，聖職売買など，教会の世俗化・堕落も進んだ。

●改革運動

□ベネディクトゥスがモンテ·カシノに修道院を開き，厳しい戒律を課す。

□11世紀，フランスのクリュニー修道院が教会刷新運動の中心となる。

□【　叙任権闘争　】…聖職者の叙任権(任命権)をめぐる，教皇(グレゴリウス7世)と皇帝(ハインリヒ4世)の争い。

□破門されたハインリヒ4世は，カノッサで教皇に謝罪する。

## 4 東ヨーロッパ世界の動向

●ビザンツ帝国

□【　ビザンツ帝国　】…東ローマ帝国の別称。皇帝がギリシア正教会の首長を兼ねる皇帝教皇主義。軍管区制による中央集権と軍事力の強化。

皇帝のユスティニアヌスが，旧地中海領土をほぼ回復する。

□【　軍管区制　】…全国をいくつかの軍管区(テマ)に分け，治めさせること。

□各区では，農民に土地を与える代わりに兵役義務を課した。

□十字軍の圧迫，オスマン帝国の侵入を受け，1453年に滅亡する。

●**諸民族と建国**

□マジャール人のハンガリー王国，ポーランド人のポーランド王国，チェック人のボヘミア王国，東スラヴ族のキエフ公国など。

## 5 十字軍

**十字軍**とは，11～13世紀の間に活動した，キリスト教徒の軍隊である。この十字軍について，3つの側面から整理してみよう。

| | |
|---|---|
| 目的 | ○聖地イェルサレムをイスラーム教徒から奪還するため。<br>○東西教会の統合，領土と戦利品の獲得，東方貿易の拡大。 |
| 経過 | ○1096年から1270年にかけて，7回の十字軍派遣が行われた。<br>○聖地を奪還したのは第1回と第5回のみ。最終的には失敗。 |
| 影響 | ○教皇の権威失墜，諸侯や騎士の没落，国王の権威の高まり。<br>○遠隔地商業の発達，貨幣経済の浸透→荘園制，封建社会の崩壊。 |

□教皇ウルバヌス2世が，1095年のクレルモン公会議にて，聖地回復のため，十字軍の派遣を提唱した。

## 6 西ヨーロッパ封建社会の動揺

先の十字軍遠征により，中世の封建社会は動揺をきたすようになる。

●**商業の発展**

□イタリアのヴェネツィア，ジェノヴァなどの海港都市で東方貿易。

□ミラノやフィレンツェなどの内陸都市で手工業(毛織物業など)。

□【　ハンザ同盟　】…リューベックを盟主とした商業上の都市同盟。

□フランスのシャンパーニュ地方における定期市の開催。産物の交換。

●**都市の発展**

□商業の発展⇒市民は，領主から自治権を買い取り，自治都市を形成。

□都市内部では，商人の同業組合(ギルド)や，同一業種の手工業者の組合(ツンフト)が生まれる。後者では，厳格な徒弟制度を採用。

●**農民の地位の向上**

□貨幣経済が農村に浸透。賦役から，生産物や貨幣による地代納入へ。

□領主に対する農民の一揆も頻発。北フランスのジャックリーの乱(1358年)，イギリスのワット・タイラーの乱(1381年)など。

●**教会の没落**

□14世紀以降，カトリック教会が崩壊し始める。1378年から，ローマとアヴィニョンの教皇が対立(教会の大分裂)。教会の腐敗へ。

□ウィクリフとフスは，聖書に基づく信仰を主張。後の宗教改革の先駆。

## 7 ヨーロッパ諸国の動き

中央集権化を進めた英仏，分裂状態の独伊など，様相は多様である。

| | |
|---|---|
| イギリス | ○1215年，貴族が大憲章(マグナ・カルタ)をジョン王に認めさせる。法の支配の明文化。<br>○貴族院と庶民院からなる二院制。下からの王権抑制。<br>○ランカスター家とヨーク家の争い(バラ戦争)。<br>○1485年，ヘンリ７世がテューダ朝を開く。中央集権化。 |
| フランス | ○シャルル８世が全土を統一。中央集権国家を確立。<br>○王位継承をめぐる百年戦争(1339～1453年)でイギリスを撃退。少女ジャンヌ・ダルクの活躍。 |
| スペイン | ○11世紀以降，キリスト教徒による国土回復運動(レコンキスタ)が起こる。1479年，スペイン王国が成立。 |
| ポルトガル | ○12世紀，ポルトガル王国成立。ジョアン２世による中央集権化。インド航路開拓→大航海時代へ。 |
| ドイツ | ○オーストリア，ブランデンブルクなどの領邦が分立。<br>○カール４世が金印勅書を発布し，皇帝選挙制度を確立。 |
| イタリア | ○都市共和国フィレンツェでは，メディチ家が専制君主。 |
| 北欧・東欧 | ○1397年のカルマル同盟により，デンマーク・スウェーデン，ノルウェーの同君連合王国が成立。<br>○15世紀のロシアでは，モスクワ大公国が有力化。<br>○ポーランド人のヤゲウォ朝は15世紀東欧の最大勢力。 |

## 8 西ヨーロッパの中世文化

| | |
|---|---|
| 学問 | アウグスティヌスの思想を基礎としたスコラ哲学，トマス・アクィナス『神学大全』，ロジャー・ベーコンの経験主義。 |
| 大学 | 学者の同業組合→大学へ。伊のボローニャ大学，サレルノ大学。 |
| 文学 | 民族の俗語(国語)が発達。独の民族叙事詩『ニーベルンゲンの歌』，仏の武勲詩『ローランの歌』，英の『アーサー王物語』。 |
| 美術 | ロマネスク様式(伊のピサ大聖堂)，ゴシック様式(仏のノートルダム大聖堂，アミアン大聖堂，独のケルン大聖堂)。 |

テーマ 56

● 世界史（諸地域の交流と再編）

# 東アジア・内陸アジアの変遷と諸地域の交流

**ここが出る!** ▶▶

・ヨーロッパと同様，アジアでも建国が相次ぐようになる。宋→モンゴル帝国→元という流れと，周辺の諸民族国家の名称を押さえよう。

・この時代，東西交通路の整備により，文化交流が進展する。マルコ・ポーロなど，西洋からの主な訪問者について知っておこう。

## 1 宋

中国では，唐に続いて，宋という巨大王朝ができる。

### ●五代十国の時代

□唐の滅亡（907年）から約70年間，五代十国が争う時代が続く。

□五代とは，後梁，後唐，後晋，後漢，および後周の５王朝のこと。

### ●宋の成立

□【　宋　】…960年，後周の趙匡胤（ちょうきょういん）が建国した王朝。都は開封。

□節度使を廃止し，学識のある文人官僚による文治主義を採用。正規の国軍（禁軍）の強化，科挙による官吏登用→中央集権化を実現。

□【　殿試　】…科挙の最終段階で皇帝自らが面接。皇帝権力の強化。

### ●盛衰の過程

□北方の遼・西夏に送る金品（歳幣）や軍事費による財政危機。

□宰相の王安石が富国強兵策による改革（新法）を行う。物価安定策の均輸法，農民救済の青苗法など，中商商人保護の市易法。

□1126年，金の攻撃により宋は滅ぶ。⇒翌年，江南に逃れた高宗が都を臨安に定め，南宋を建国。歴史上，以前の宋（北宋）とは区別される。

### ●社会・経済

□新興地主層が佃戸（小作人）を使用し，荘園を経営。

□江南の広州，泉州，臨安が貿易港として栄え，貿易を統括する市舶司が置かれる。交子や会子などの手形も流通。前者は，世界初の紙幣。

### ●文化

□【　士大夫　】…新興地主層の知識人。宋の時代の文化を担った。

| 学問 | 朱熹が宋学（朱子学）を大成。歴史書として司馬光の『資治通鑑』。 |
|---|---|
| 芸術 | 宮廷の院体画。知識人の文人画。青磁・白磁などの陶芸。 |
| 発明 | 木版印刷，火薬，羅針盤の３大発明。製紙法を加えた４大発明。 |

## 2 北・東アジアの諸民族の建国

●諸民族の建国

□【　遼　】…916年，契丹族が建国。初代皇帝は耶律阿保機。

□【　西夏　】…1038年，タングート族が建国。

□【　金　】…1115年，女真族が建国。北宋を倒す。部族制による猛安・謀克で統治。

□【　高麗　】…10世紀初頭，王建が建国。

□【　大越国　】…11世紀初頭，李氏が建国(ヴェトナムの独立国)。

●モンゴル帝国

□【　モンゴル帝国　】…13世紀初頭，チンギス・ハンが建国。13世紀後半には，中国東北部からロシアにまたがる大帝国になる。

□その後，広大な領土は４つのハンに分裂。オゴタイ・ハン(ジュンガル盆地)，チャガタイ・ハン(中央アジア)，キプチャク・ハン(南ロシア)，イル・ハン(イラン中心)，である。

## 3 元

●国家体制

□1271年，フビライ・ハンが国号を元と改める。都は大都に移転。

□モンゴル人第一主義を採用。モンゴル人と色目人(中央アジア・西アジア出身者)が支配階級。漢人と南人は被支配階級。

●文化

| | |
|---|---|
| 宗教 | チベット仏教(ラマ教)を崇拝。仏教僧パスパが文化を指導。 |
| 言語 | 公用語はモンゴル語。公文書には，パスパ文字などが使われる。 |
| 文芸 | 戯曲(元曲)や小説。『西遊記』，『三国志演義』，『水滸伝』など。 |

●東西交易

□駅伝制の実施や運河整備により，交通網が発達。東西交易の活発化。

□【　マルコ・ポーロ　】…イタリアの商人。『東方見聞録』を口述。

□【　イブン・バットゥータ　】…イスラーム教徒。『三大陸周遊記』。

□キリスト教使節として，プラノ・カルピニ，モンテ・コルヴィノなど。後者は，中国で初めてカトリックの布教を行った。

□【　授時暦　】…元の郭守敬が作成した暦。イスラーム科学の影響。

□東西を結ぶ道⇒草原の道，絹の道(シルク・ロード)，海の道。

テーマ57

● 世界史(諸地域の結合と変容)

# 明・清時代の中国

頻出度 A

**ここが出る!** ▶▶

- **14世紀半ばに明，17世紀半ばに清が成立する。これらの王朝が広大な領土を支配するためにとった政策の中身を押さえよう。**
- **この時代，朱子学などの学問が発達し，西方から宣教師らが渡来し，測量地図の作成を手掛けるようになる。主な作品を知っておこう。**

## 1 明

**●建国**

□【 紅巾の乱 】…1351年に勃発した農民の反乱。元朝を衰退させる。

□1368年，朱元璋が都を南京に定め，明を建国し，洪武帝となる。元はモンゴル高原に退き，明による中国統一が完成する。

**●政治**

□【 六部 】…吏部，戸部などの6つの行政機関。皇帝に直属させる。

□【 衛所制 】…兵農一致の兵制。軍戸1戸から兵士1人を出す。

□【 里甲制 】…農民統制のための，納税や治安維持の連帯責任制。

□【 海禁政策 】…民間人の交易を禁止。

□【 六諭 】…民衆教化のための儒教道徳の生活規範。

□1421年，永楽帝が都を北京に移し，積極的な外交政策を展開する。宦官の鄭和を南海に遠征させ，多くの国々に朝貢させる。

**●衰退と滅亡**

□【 北虜南倭 】…北方からモンゴル人，南方から倭寇が明に侵入。

□豊臣秀吉の朝鮮出兵❶や満州の女真族への対策で，財政難に陥る。

□張居正による財政改革も頓挫。1644年，李自成が明を滅ぼす。

**●文化**

| | |
|---|---|
| 学問 | ①朱子学が官学となる，②儒教解釈の基準として『四書大全』『五経大全』を編纂，③王陽明が陽明学を樹立，④薬学書『本草綱目』 |
| 芸術 | 口語小説・戯曲が発達。玄奘のインド旅行記『西遊記』，風俗小説『金瓶梅』，長編歴史小説『三国志演義』，武勇伝『水滸伝』。 |

□16世紀の末頃より，イエズス会の宣教師が中国に渡来。ヨーロッパの科学を紹介。マテオ・リッチは世界地図『坤輿万国全図』を作成。

❶朝鮮では，壬辰・丁酉倭乱という。李舜臣が率いた水軍が日本に大勝。

## 2 清

**清**は，17世紀前半から1912年の近代まで続いた王朝である。

●**建国**

□【 清 】…女真族の王朝。1636年，後金の第２代太宗が国号を清とする。明滅亡に乗じて中国に入り，明に代わって中国を統一。

□ロシアと**ネルチンスク**条約，**キャフタ**条約を結び，国境を画定。以後，領土を拡大し，18世紀頃には，今日の中国領土の原型ができる。

●**領土の支配**

□広大な領土は，直轄地，**藩部**，および**属国**に分けて統治する。

□【 藩部 】…モンゴル高原，**青海**，チベット，東トルキスタンの総称。**理藩院**から派遣される大臣の監督に服すが，自治も認められた。

□雍正帝は**軍機処**を設置し，外交の指揮にあたる。

□**康熙帝**は三藩の乱を平定し，台湾を領土とする。

●**中国統治**

□【 満漢併用制 】…官吏に満州人と漢人の双方を登用。科挙の実施。

□【 辮髪(べんぱつ) 】…頭髪を剃り，残した一部をたらす。漢人男性に強制。

□【 文字の獄 】…排満・反清的な文章の作者を弾圧。思想統制。

●**文化**

| | |
|---|---|
| 編纂 | 漢字字書『**康熙字典**』，百科事典『**古今図書集成**』が完成。 |
| 学問 | 顧炎武らが**考証学**を確立。清末に，実践重視の**公羊学**が発達。 |
| 芸術 | 小説『**紅楼夢**』，『**儒林外史**』，戯曲『**長生殿伝奇**』，**南宗画**。 |

□イエズス会宣教師のブーヴェらが実測地図『**皇輿全覧図**』を作成。

□布教方法をめぐる論争(**典礼問題**)を機に，キリスト教の布教を禁止。

## 3 明・清時代の経済

| | |
|---|---|
| 産業 | ○江南で米作。**商品作物**の栽培。**茶**は18世紀の最大の輸出品。<br>○地主が小作人を使用する**佃戸制**。佃戸の地位は若干向上。<br>○同郷者・同業者は，**会館**・**公所**というギルドを形成。 |
| 税制 | ○税を地税と丁税(人頭税)にまとめ，銀で納付させる**一条鞭法**。<br>○丁税を地税に組み入れて，土地所有者のみに課税(**地丁銀**)。<br>税を逃れていた人の戸籍登録が増える(人口増加)。 |
| 貿易 | ○陶器や**茶**を輸出し，**銀**を輸入。貿易港は**広州**１港に限定。<br>○18世紀後半には，**イギリス人**が広州での貿易を独占。 |

テーマ 58

● 世界史（諸地域の結合と変容）

# アジア諸地域の繁栄

ここが出る！ ▶▶

- 中国に明や清があった頃，隣接地域や西方のトルコ・イラン地域では，どういう国がおこっていたか。
- それぞれの国に関する文章を提示し，どの国のものかを答えさせる問題が出る。建国者の名，全盛期の帝王の名などを覚えること。

## 1 東南アジアと東アジアの諸国

●東南アジアの諸国

| | |
|---|---|
| ヴェトナム | 1428年，黎利が黎朝を建国。ハノイを都にする。 |
| タイ | 1257年にスコータイ朝，1351年にアユタヤ朝ができる。 |
| ビルマ | 11世紀，上座部仏教を受容したパガン朝が成立。 |
| マレー半島 | 1400年頃，イスラーム王国のマラッカ王国ができる。貿易拠点として栄えるが，ポルトガルの武力征服で滅びる。 |
| ジャワ島 | ヒンドゥー教のシンガサリ朝，マジャパヒト王国 |

●東アジアの諸国

| | |
|---|---|
| 朝鮮 | 1392年，李成桂が李氏朝鮮を建て，漢陽に都を置く。訓民正音(ハングル)を制定。 |
| 琉球 | 1429年，中山王の尚巴志が琉球王国を建国。中継貿易。 |
| チベット | ダライ・ラマが最高権力者。ラサにポタラ宮殿を建てる。 |

## 2 ティムール朝とサファヴィー朝

西方のトルコ・イラン地域の王朝である。

●ティムール朝

□【　ティムール朝　】…1370年，チャガタイ・ハン国の有力者ティムールが建国。都はサマルカンド。イスラーム文化が発達。

□1402年，アンカラの戦いでオスマン帝国を破る。中央アジアを支配。

□東西交易で繁栄するが，1507年，ウズベク族によって滅ぼされる。

●サファヴィー朝

□【　サファヴィー朝　】…ティムール朝の解体後，1501年，イラン民族国家として建国された王朝。シーア派を国教とする。

□アッバース１世の時代に全盛期。新首都のイスファハーンでイラン・イスラーム文化が栄える。18世紀の前半，アフガン人に滅ぼされる。

## 3 オスマン帝国

**オスマン帝国**は，13世紀末から20世紀まで存続した大帝国である。

●**成立**

□【 オスマン帝国 】…1299年，トルコ人のオスマン1世が建国したイスラームの大帝国。20世紀まで続く。親衛隊イェニチェリを編成。

□【 ミッレト 】…国内の非ムスリムの自治的共同体。

□【 カピチュレーション 】…非ムスリムに与えた恩恵的な特権。

●**盛衰**

□1453年，コンスタンティノープルを占領し，ビザンツ帝国を滅ぼす。1517年，マムルーク朝を滅ぼし，シリアやエジプトを領有。

□スレイマン1世の時代が最盛期。1529年にウィーンを包囲。1538年のプレヴェザの海戦で勝利し，地中海の制海権獲得。

□1571年のレパントの海戦でスペインに敗北。

## 4 ムガル帝国

●**成立**

□パーニーパットの戦いで，バーブルがロディー朝を滅ぼす。

□【 ムガル帝国 】…1526年，バーブルが建国。インド史上最大のイスラーム国家。勢力の強いヒンドゥー教とイスラーム教の対立。

□アクバル帝がアグラを都とする。ジズヤ(人頭税)を廃止。

●**盛衰**

□アウラングゼーブ帝の時代，デカン地方を征服。領土が最大化する。しかし，異教徒を抑圧したので，ヒンドゥー教徒の反抗を招く。

□ヒンドゥー教徒のほか，シク教徒，マラーター族などが反乱を起こす。その後，英仏の侵略もあり，領土が縮小する。

●**文化**

□シク教やウルドゥー語が生まれる。

□【 ムガル絵画 】…イランのミニアチュール(細密画)から発展した宮廷絵画。花鳥や動物などを写実的に描く。

□タージ・マハル(右)は，当時の建築の最高峰。第5代皇帝シャー・ジャハーンが建立。

(写真：PANA)

テーマ 59 ● 世界史(諸地域の結合と変容)

# 近代ヨーロッパの成立

**ここが出る!**

- ルネサンスの発祥の地イタリアにおける，著名な文芸や美術の作品を覚えよう。作者名と作品を対応させる問題が頻出である。
- 大航海時代を経て，ヨーロッパ社会は大きく拡大する。航路を開拓した功労者の名前や，彼らがたどった軌跡を地図で確認しておこう。

## 1 ルネサンス

**●概念**

□【 ルネサンス 】…14世紀，**イタリア**のフィレンツェから始まった芸術・思想上の新しい動き。「文芸復興」と訳される。

**●イタリア**

| | |
|---|---|
| 文芸 | ダンテ『神曲』，ペトラルカの叙情詩，ボッカチオ『デカメロン』，マキャヴェリ『君主論』→マキャヴェリズムとして近代政治学に寄与。 |
| 建築 | ルネサンス様式建築，ローマのサン・ピエトロ大聖堂。 |
| 彫刻 | ギベルティ，ドナテルロらが活躍。ミケランジェロのダヴィデ像。 |
| 絵画 | レオナルド・ダ・ヴィンチ「最後の晩餐」「モナ・リザ」，ミケランジェロ「天地創造」，ラファエロ「美しき女庭師」，ボッティチェリ「ヴィーナスの誕生」。 |

**●西欧諸国**

| | |
|---|---|
| ネーデルラント | ブリューゲル「農民の踊り」。エラスムス『痴愚神礼讃』。 |
| フランス | モンテーニュ『随想録』やラブレーの作品が著名。 |
| スペイン | セルバンテス『ドン・キホーテ』，エル・グレコ。 |
| イギリス | トマス・モア『ユートピア』，文豪シェークスピア。 |

□火薬，羅針盤，活版印刷術という三大発明。コペルニクスの地動説(後にガリレオやケプラーが実証)。トスカネリが世界地図を作成。

□グーテンベルクが発明した活版印刷術は，書物の複製を容易にし，聖書を普及させ，宗教改革に影響を与えた。

## 2 ヨーロッパ世界の拡大

**●航路の開拓**

□1488年，バルトロメウ・ディアスがアフリカ南端の喜望峰に到達。

□ヴァスコ・ダ・ガマが喜望峰経由でインド西岸のカリカットに到達。

□1492年，コロンブスがサンサルバドル島に到着(スペイン女王イサベルが援助)。1519年，マゼランがスペインを出発し，世界周航に挑む。

●ポルトガル・スペインの活動

| | |
|---|---|
| ポルトガル | ○インドのゴアを占領。マカオを中国貿易の拠点にする。<br>○アジア貿易を独占。リスボンは世界商業の中心に。 |
| スペイン | ○アメリカ大陸を征服。マヤ文明，インカ文明を破壊。<br>○鉱山開発や大農場を経営。インディオを酷使する(エンコミエンダ制)。ポトシ銀山の発見。神父のラス・カサスは，インディオへの非人間的な仕打ちを批判。<br>○銀の流入で，ヨーロッパの物価が上昇(価格革命)。固定の貨幣地代で暮らしていた封建領主に打撃。 |

□両国は，モルッカ諸島の香辛料の独占を図って競合。

## 3 宗教改革

16世紀以降，世俗化した教会への批判が出てくる。

●ルター

□【 贖宥状 】…罪のゆるしが得られる印として，教会が販売したもの。

□【 ルター 】…ドイツの宗教改革家。1517年に「九十五カ条の論題」を発表し，贖宥状の害悪を糾弾。聖書を至上とし，教皇の権威を否定。

□黒死病(ペスト)による人口減少を受け，労働力確保のため，農奴制の廃止を求める農民の反乱が勃発(ドイツ農民戦争)。

□【 アウクスブルクの和義 】…カトリック派とルター派の和平協定。領主に両派のいずれかの選択権を認める(カルヴァン派は除外)。

●カルヴァン

□【 カルヴァン 】…フランス出身の宗教改革家。著書『キリスト教綱要』にて，人間の救済は神が予定したものという予定説を説く。

□職業や蓄財を重視するカルヴァン主義は，資本主義精神の支柱になる。

●イギリスの改革

□ヘンリ8世が首長法を発布し，イギリス国教会を創立。教皇と絶縁。

●旧教の巻き返し

□トリエント公会議にて，教皇至上主義，宗教裁判の強化を決定。

□【 イエズス会 】…1534年，ロヨラを中心として設立された旧教側の新教団。厳格な軍隊的組織。新教への**対抗宗教改革**の中心となる。

テーマ 60

● 世界史(諸地域の結合と変容)

# 主権国家体制の形成

**ここが出る!** ▶▶

- **絶対王政は，近代世界史の最重要用語の一つである。それを下支えする思想的根拠，政治・経済制度について知っておこう。**
- **新旧両派の宗教戦争の三十年戦争はよく出る。これを終結させたウェストファリア条約の内容も知っておこう。**

## 1 絶対王政

**●思想と政治・経済**

□【 絶対王政 】…16〜18世紀のヨーロッパ諸国の政治体制。王が絶対的権限を持つ。君主権は神からの授け物とみなす王権神授説が根拠。

□各国の国王は，官僚制度や常備軍を整え，絶対王政の支配を確立。

□【 重商主義 】…国家が積極的に経済政策に介入するやり方。

□①重金主義，②貿易差額主義，③植民地の獲得，を重視。

□生産様式としては，マニュファクチュア(工場制手工業)が普及。生産手段を持つ資本家VSそれを持たない労働者。⇒資本主義社会へ。

**●スペイン**

□大航海時代の後，新大陸の金・銀を独占。国内では毛織物産業が発達。

□フェリペ2世の時代，カトリック中心の絶対王政を推し進める。最盛期で，「太陽の沈まぬ国」といわれた。

□1571年，レパントの海戦でオスマン帝国を破り，地中海の覇権を獲得。しかし，1588年に無敵艦隊がイギリスに敗れ，国際的な優位を失う。

**●オランダ**

□【 ネーデルラント 】…現在のオランダとベルギーを中心とした地域。

□1579年，北部7州がユトレヒト同盟によって結束。1581年に，ネーデルラント連邦共和国として，スペインの支配から独立。

□国の初代総督は，オラニエ公ウィレム。

**●イギリス**

絶対王政の確立のため，女王エリザベス1世が敏腕を振るう。

| | |
|---|---|
| 統治 | ○1559年，統一法を発布し，イギリス国教会を確立。 |
| 経済 | ○救貧法を発布し，多数の没落農民を労働力として取り込む。 |
| 海外 | ○1600年，東インド会社を設立。アジア全域での貿易を独占。 |

●フランス

| | |
|---|---|
| アンリ4世<br>＊在位1589～1610年 | ○新教徒ユグノーの指導者として，ブルボン朝を開く。<br>　ナントの勅令により，ユグノーに信教の自由を認める。<br>○ユグノー戦争(旧教VS新教)を鎮静。絶対王政へ。 |
| ルイ14世<br>＊在位1643～1715年 | ○財務総監コルベールを登用し，重商主義を進める。<br>○ヴェルサイユ宮殿を造営。宮廷文化が栄える。<br>○ナント勅令の廃止。→有能な業者が国外に逃亡。 |

## 2 プロイセン・オーストリア・ロシア

三十年戦争は，最大の宗教戦争として知られる。

●三十年戦争

□【 三十年戦争 】…ドイツを中心とした旧教VS新教の宗教戦争。1618年から1648年までの30年間継続。

□新教側のブルボン家(フランス)VS旧教側のハプスブルク家(スペイン・オーストリア)という国際戦争に発展。

●ウェストファリア条約

□1648年のウェストファリア条約で戦争が終結。①ドイツ国内での新教の公認，②スイス・オランダの独立，③ドイツの諸領邦の主権確立，④フランスはアルザスの大部分を獲得❶。

□ドイツの諸連邦の主権確立により，神聖ローマ帝国は有名無実となった。

●オーストリアの2つの戦争

| | |
|---|---|
| オーストリア継承戦争 | オーストリア＆イギリス VS バイエルン・ザクセン選帝侯＆フランス＆スペイン＆プロイセン |
| 七年戦争 | オーストリア＆フランス＆ロシア＆スペイン＆スウェーデン VS イギリス＆プロイセン |

□オーストリア継承戦争後，マリア・テレジアの継承権が認められたが，プロイセンがシュレジエンを領有した。

●ロシア

| | |
|---|---|
| ピョートル1世 | ○西欧化のため，西方に不凍港ペテルブルクを建設。<br>○清とネルチンスク条約を結び，東方へ進出する。 |
| エカチェリーナ2世 | ○オスマン帝国と戦い，クリミア半島を奪う。<br>○ポーランドの領土を，プロイセン・オーストリアと分割。<br>○農奴制廃止を求め，プガチョフの反乱が起きる。 |

❶デンマークとスウェーデンは新教側に立って参戦した。

テーマ 61

● 世界史(諸地域の結合と変容)

# 市民革命と列強の植民活動

**ここが出る!** ▶▶

- 商工業者などの市民階級の台頭により，絶対王政が足かせとなってくる。イギリスで起きた市民革命について知っておこう。
- 17～18世紀のヨーロッパ文化はよく出る。人物名と著作などの事項を対応させる問題が多い。各人物のキーワードを押さえること。

## 1 イギリスにおける市民階級の形成

□毛織物工業が飛躍的に発展。⇒**ヨーマン**(独立自営農民)や**ジェントリ**(下級貴族出身の農業経営者)が多数出現する。

□【 囲い込み 】…ジェントリらが小作人から農地を取り上げ，柵で囲い，牧羊地としたこと。**エンクロージャー**ともいう。

## 2 ピューリタン革命

**ピューリタン**(清教徒)とは，イギリスのカルヴァン派を指す。

**●ピューリタン革命**

□スチュアート朝のジェームズ１世は，商工業者や**ピューリタン**を抑圧。議会とも対立。

□【 権利の請願 】…1628年に議会が出した要望。議会の機能を要求。

⏱□【 ピューリタン革命 】…1648年，王とつながる長老派を議会から排除。翌年，国王チャールズ１世を処刑。その後，**共和政**を実現。

□しかし，**クロムウェル**の独裁体制となる。**アイルランド**征服，**航海法**によるオランダ排除(**英蘭戦争**に発展)を断行。共和政の崩壊へ。

**●王政復古**

□チャールズ２世の復帰で王政が復活。議会側は，以下の手段で対抗。

□【 審査法 】…公職就任者は国教徒に限定。カトリック保護策に対抗。

□【 人身保護法 】…不当な逮捕や裁判を禁止。法によって人権を保護。

## 3 名誉革命

**名誉革命**は，争いや混乱もなく行われたので，無血革命ともいわれる。

**●名誉革命**

⏱□【 名誉革命 】…1688年，ジェームズ２世を退位に追い込んだ革命。

翌年，ウィリアム３世とメアリ２世が即位する。

□【　**権利の章典**　】…1689年，議会が出した権利の宣言を法文化したもの。**議会主権**を強調し，イギリス**立憲政治**の原点となる。

●**議会政治の成立**

□保守層が支持する**トーリー党**と，商工業者らが支持する**ホイッグ党**の２大政党ができる。後に，前者は保守党，後者は自由党に発展する。

□ステュアート朝の断絶後，ジョージ１世が**ハノーヴァー朝**を開く。

□【　**責任内閣制**　】…内閣は議会に対して責任を負う制度。**ウォルポール**が内閣を行政の執行者に格上げ。「国王は**君臨**すれども**統治**せず」。

## 4　列強の植民活動

| | |
|---|---|
| オランダ | ○ジャワ島の**バタヴィア**が拠点。**香辛料**の産地を独占支配。 |
| フランス | ○17世紀以降，**カナダ**に進出。**ルイジアナ**植民地を建設。 |
| イギリス | ○インド支配。東岸の**カルカッタ**，西岸の**ボンベイ**が拠点。<br>○1757年，**プラッシー**の戦いに勝利し，インド支配を確立。 |

□**武器**・日用品(ヨーロッパ→アフリカ)，**奴隷**(アフリカ→アメリカ大陸)，**砂糖**・綿花・コーヒーなど(アメリカ大陸→ヨーロッパ)，という**三角貿易**。⇒ヨーロッパは巨利を得て，**産業革命**の資金源となる。

## 5　17～18世紀のヨーロッパ文化

●**芸術・科学**

| | |
|---|---|
| 美術・文学 | 17世紀の**バロック**美術(ヴェルサイユ宮殿)，18世紀の**ロココ**美術(サンスーシ宮殿)。**ミルトン**『**失楽園**』，パスカル『**パンセ**』，**デフォー**『ロビンソン・クルーソー』，**スウィフト**『**ガリヴァー旅行記**』。 |
| 科学 | ニュートンの**万有引力**の法則，『**プリンキピア**』は科学の古典。**ハーヴェー**の血液循環説，**ジェンナー**の種痘法。 |
| 哲学 | イギリス**経験論**(ベーコン)，大陸**合理論**(デカルト)。 |

●**思想**

| | |
|---|---|
| 社会思想 | **社会契約説**(**ホッブズ**『リヴァイアサン』，**ロック**『統治二論』)。**ケネー**の重農主義，**アダム・スミス**『**国富論**』。 |
| 啓蒙思想 | ①**ヴォルテール**『哲学書簡』，②**モンテスキュー**『法の精神』(三権分立思想)，③ルソー『**社会契約論**』(主権在民思想)，④ディドロ・ダランベールらが『**百科全書**』を編纂。 |

テーマ 62

● 世界史(諸地域の結合と変容)

# 産業革命とアメリカ独立革命

**ここが出る!** ▶▶

- **産業革命は，近代世界史上の最重要事項の一つである。正確な概念を押さえよう。また，主な機械類の発明者の名を知っておこう。**
- **18世紀の後半，アメリカがイギリスから独立を果たす。独立宣言の起草者や，初代大統領の名前など，重要事項を覚えよう。**

## 1 産業革命と資本主義の確立

18世紀の後半になると，イギリスで**産業革命**が勃興する。

**●概念**

⏱□【 産業革命 】…生産技術の変化(機械化)と，それに起因する社会の変化をも包摂する概念。具体的にいうと，以下の2点を意味する。

**●イギリス産業革命の背景要因**

□重商主義やマニュファクチュアにより，資本が蓄積されていた。

□植民地戦争の勝利により，広大な市場を確保していた。

□囲い込みにより，多くの没落農民が安価な工場労働者に転じた。

□科学や技術の水準が高かった。

□鉄や石炭など，豊富な鉱山資源に恵まれていた。

□市民革命によって，経済活動(商工業)の自由が大幅に保障された。

**●展開**

| 分野 | 発明品(発明者) |
|---|---|
| 木綿工業 | 飛び杼(ジョン・ケイ)，ジェニー紡績機(ハーグリーヴズ)，力織機(カートライト)。 |
| 動力革命 | 蒸気機関(ニューコメン)→後にワットが改良を加える。 |
| 交通革命 | 蒸気船(フルトン)，蒸気機関車(スティーヴンソン)。 |

□マンチェスターやバーミンガムなどの工業都市が発展。イギリスは「世界の工場」となる。しかし，スラムなどの都市問題も生じる。

□農村で第2次囲い込みが進み，仕事を失った小農が都市に移住し，工業化を支える。

**●資本主義の確立**

⏱□【 資本主義 】…生産手段を有する資本家が，それを持たない労働者を雇って生産活動を行う仕組み。3つの側面からみてみよう。

| 生産手段 | 大規模な機械制工場ができ，手工業や家内工業が廃される。 |
|---|---|
| 生産様式 | 生産手段を有する産業資本家が，労働者を雇って生産する。 |
| 階級分裂 | 生産手段を持つ資本家階級と，それがない労働者階級の対立。前者をブルジョワジー，後者をプロレタリアートという。 |

**●労働問題と労働者保護**

□利潤を増すため，賃金の安い女性や年少者を雇用。劣悪な労働条件。

□イギリスでは，1824年に団結禁止法が廃止され，組合の組織化が進む。

□【　工場法　】…労働者保護を規定した法律。1833年制定。

## 2 アメリカ独立革命

18世紀の後半，アメリカがイギリスと争い，独立を成し遂げる。

**●植民地政策と対立激化**

□イギリスは，18世紀前半までに，北アメリカの東岸に13の植民地を擁していた。一定の自治は認めていたが，抵抗が起きてくる。

□本国は，砂糖法や印紙法などの制定で徴税強化。代表を議会に送り込んでいない植民地側は，「代表なくして課税なし」を掲げて抵抗。

□【　ボストン茶会事件　】…1773年，茶の独占販売権を得た東インド会社を襲撃。

**●独立戦争**

□1775年，本国と植民地との間で独立戦争が始まる。

□トマス・ペインは『コモン・センス』で，独立の必要を力説。

□【　独立宣言　】…1776年，大陸会議が発表。起草者はトマス・ジェファソン。13の州の独立を宣言。以下は宣言の一部。

□「すべての人間は神によって平等に造られ，一定の譲り渡すことのできない権利をあたえられており，その権利のなかには生命，自由，幸福の追求が含まれている」。

□【　パリ条約　】…1783年に締結された独立戦争の講和条約。イギリスはアメリカの独立を認め，ミシシッピ川以東のルイジアナを割譲。

**●アメリカ合衆国の成立**

□【　アメリカ合衆国憲法　】…1787年に制定された世界初の民主的な成文憲法。人民主権，連邦制，三権分立を盛り込む。共和制の採用。

□1789年，ワシントンが初代大統領に就任。初代財務長官はハミルトン。

テーマ 63

● 世界史(諸地域の結合と変容)

# フランス革命とナポレオン

**ここが出る!** ▶▶

- フランス革命はよく出題される。中学レベルの内容だけでなく，急進派のジャコバン派，革命の歴史的意義など，知識を深めよう。
- 革命終結後,英雄ナポレオンが大陸で大暴れする。第一帝政の樹立,ナポレオン法典の発布など,この人物の主な業績を押さえよう。

## 1 アンシャン・レジームとフランス革命の勃発

イギリス，アメリカに続いて，フランスでも革命が起きる。

**●アンシャン・レジームの矛盾**

□【　アンシャン・レジーム　】…革命前の旧制度のこと(ancien＝旧)。

□聖職者(第一身分)と貴族(第二身分)が，農民と市民からなる第三身分を支配。前二者は，人口全体の２％ほどしか占めない特権身分。

□ルイ14世以来，国家財政が悪化。戦争や豪奢な宮廷生活による。

□民衆は，サンキュロット(半ズボンをはかぬ者)と侮られた。

**●フランス革命の勃発**

□1789年，旧制度の矛盾に耐えかねた民衆による革命が勃発する。

| | |
|---|---|
| 7月14日 | 専制政治の象徴のバスティーユ牢獄を襲撃・占領。 |
| 8月4日 | 聖職者・貴族が，封建的特権の廃止を宣言。 |
| 8月26日 | 国民議会が人権宣言を採択。起草者はラ・ファイエットら。人間の自由·平等，主権在民，私有財産の不可侵などを主張。 |

□1791年には，国民議会が1791年憲法を採択。フランス初の憲法。

## 2 フランス革命の展開

**●進展**

□【　立法議会　】…1791年に招集。国王に妥協的なフイヤン派に代わり，商工業ブルジョワジーが支持するジロンド派が有力となる。

□【　国民公会　】…1792年，初の男子普通選挙によって招集。急進的なジャコバン派が主導権を握る。翌年１月，国王ルイ16世を処刑。

□1792年９月，王政の廃止と共和政(第一共和政)の成立が宣言される。

□ヨーロッパ各国は，革命の波及を恐れた。1793年，イギリスの首相ピットの提唱で，フランスを包囲する第１回対仏大同盟を結成。

●過激化を経て終結へ

□【　恐怖政治　】…ロベスピエールを中心とする**ジャコバン派**は，公安委員会や**革命裁判所**を設けて，政敵や反革命分子を容赦なく処刑。

□断頭台（**ギロチン**）は，恐怖政治の象徴。

↓　しかし，こうした独裁には不満が高まる。

□【　テルミドールの反動　】…1794年，ロベスピエールらが処刑される。

□1795年憲法に基づいて，**総裁政府**（ブルジョワ共和政府）が成立。

●フランス革命の歴史的意義

□①市民が絶対王政を倒し，政権を樹立した典型的な**市民革命**，②人権宣言に盛られた**自由・平等**思想の普及，③諸国の**民族意識**の高揚に寄与，④**無産市民**（下層市民や農民）の力の顕示。

## 3 ナポレオンの帝政

英雄**ナポレオン**の登場である。エジプト文字が記された**ロゼッタ石**を発見したのもこの人物である。

●台頭

□1796年，イタリア遠征軍総司令官の**ナポレオン**が，オーストリアを屈服させる。⇒**第１回対仏大同盟**が解体。ナポレオンの名声が高まる。

□1799年，ブルジョワ共和政の総裁政府を倒し，**統領政府**を樹立。

●第一帝政

□1802年，**アミアンの和約**により，第２回対仏大同盟を解体させる。

□1804年，**ナポレオン法典**を発布。近代民法の模範となる。

□1804年，国民投票の結果により，**ナポレオン１世**（終身皇帝）として君臨。共和政が帝政（**第一帝政**）に変わり，軍部の独裁が強まる。

●大陸支配

□1805年，**アウステルリッツの戦い**でロシア・オーストリア連合軍を破る。

□1806年，西南ドイツ諸邦と**ライン同盟**を結成し，親仏勢力を束ねる。これにより，**神聖ローマ帝国**が滅亡する。

□【　ティルジット条約　】…1807年に締結。**プロイセン**の領土を削減。

□【　大陸封鎖令　】…1806年に発布。大陸と**イギリス**の通商を禁じる。

●没落

□1812年，大陸封鎖令を無視した**ロシア**に遠征するが大敗を喫す。

□ライプチヒの戦い，ワーテルローの戦いで諸国の連合軍に敗れる。

テーマ 64

● 世界史(諸地域の結合と変容)

# 欧米における近代国民国家の形成

**ここが出る!** ▶▶

- **19世紀の前半に打ち立てられたウィーン体制について理解しよう。また，こうした反動政策に対する抵抗の動きなども押さえよう。**
- **各国では，反動的な動きに対し，自由主義的な改革が行われる。その中身を押さえよう。七月革命と二月革命を混同しないこと。**

## 1 ウィーン体制

ナポレオン体制が倒れると，革命前の状態の復活が目指される。

**●成立**

□1815年，ウィーン議定書が調印され，保守的・反動的な国際政治体制のウィーン体制が成立。以下の組織を中心に，自由主義運動を抑圧。

□【 神聖同盟 】…**アレクサンドル1世**の提唱で成立。イギリス，ローマ教皇，オスマン帝国以外の全ヨーロッパの君主が参加。

□【 五国同盟 】…イギリス，プロイセン，ロシア，オーストリア，フランスが加盟。ウィーン体制を擁護。メッテルニヒが提唱。

**●反抗**

□【 ブルシェンシャフトの運動 】…大学生の政治的な学生運動(独)。

□【 カルボナリの運動 】…秘密結社カルボナリが革命を企てる(伊)。

□【 デカブリストの乱 】…自由主義的な貴族や士官の反乱(露)。ニコライ1世が鎮圧する。

**●動揺（ラテンアメリカ，ギリシアの独立）**

□トゥサン・ルーヴェルチュールの指導でハイチが独立(初の黒人共和国)。

□1810～20年代，シモン・ボリバルの指導で，ベネズエラ，コロンビア，ボリビアが独立。その後，ブラジルもポルトガルから独立。

□南米諸国の独立を容認するイギリスは，五国同盟を脱退。アメリカは，ヨーロッパ諸国とアメリカ大陸の相互不干渉を主張(モンロー教書)。

□1829年，オスマン帝国からギリシアが独立。⇒ウィーン体制の動揺！

## 2 フランスの反動政策と民衆の抵抗

**●勃発**

□1830年7月，議会解散，選挙資格制限など，露骨な反動専制政治が行われる。⇒パリ民衆は武装蜂起し，政府軍を破る(七月革命)。

□【　七月王政　】…自由主義者の**ルイ・フィリップ**を国王として迎える。

**●各国への影響**

□ベルギー⇒1830年に独立を宣言し，1839年に永世中立国となる。

□ドイツ⇒1834年にドイツ関税同盟が結成され，統一の気運が高まる。

□イタリア⇒マッツィーニが青年イタリア党を組織し，統一運動を実施。

## 3 イギリスの自由主義改革

**●政治面**

□1828年，審査法を廃止。非国教徒の公職就任を可能にする。翌年のカトリック教徒解放法の制定で，カトリック教徒の公職就任も可となる。

□【　第１回選挙法改正　】…**腐敗選挙区**を廃止。有権者の著しい増加。

**●経済面**

□【　チャーティスト運動　】…労働者の地位向上を求める政治運動。1839年に，改革要求を人民憲章(ピープルズ･チャーター)として掲げる。

□東インド会社の貿易独占権が廃止され，1846年には穀物法が廃止される。1849年には航海法も廃止。自由放任の経済政策に転換。

## 4 1848年の諸改革（諸国民の春）

| | |
|---|---|
| フランス | ○改革宴会と呼ばれる集会を弾圧した政府に対し，パリの民衆が暴動を起こし，共和政の臨時政府を樹立(二月革命)。<br>○臨時政府には，ルイ・ブランらの社会主義者も参加。 |
| ドイツ | ○ウィーンやベルリンで暴動が起こる(三月革命)。<br>○フランクフルト国民議会が開催され，統一の動きが進む。 |
| その他 | ○ハンガリーで，オーストリアからの独立運動が起きる。<br>○スイスで，ドイツ語・フランス語・イタリア語が国語に。 |

## 5 社会主義思想

□【　オーウェン　】…英の空想的社会主義者。私有財産を批判。

□【　サン･シモン　】…仏の空想的社会主義者。隣人愛による社会変革。

□【　フーリエ　】…資本主義を批判。協同組合的理想社会を構想。

□【　プルードン　】…自治を重視し，無政府主義を定式化。

□【　マルクス　】…独の社会主義者。著書に『共産党宣言』（エンゲルスとの共著)，『資本論』。

テーマ 65

● 世界史(諸地域の結合と変容)

# 欧米における近代国民国家の発展

ここが出る! ▶▶

・19世紀，イタリアとドイツは統一され，フランスでは第三共和政が成立し，イギリスは絶頂期を迎え，ロシアは南下政策を企てるようになる。こうしたヨーロッパ諸国の動向の大枠を押さえよう。

・ビスマルク，パリ・コミューンなど，重要用語を覚えること。

## 1 イタリアの統一

●統一の萌芽

□1830年代，マッツィーニ率いる青年イタリア党が統一運動を推進。

□【 サルデーニャ王国 】…1720年，サヴォイア家が建国。1849年，ヴィットーリオ・エマヌエーレ２世が王に即位。首相はカヴール。

□サルデーニャは，イタリア統一戦争を経て，ロンバルディアを獲得。

●イタリア王国の成立

□1860年，千人隊(赤シャツ隊)を率いたガリバルディがシチリアとナポリを占領し，サルデーニャ王に献上。

□1861年，エマヌエーレ２世を国王とするイタリア王国が成立。トリエステと南チロルはオーストリア領のままであった(未回収のイタリア)。

## 2 ドイツの統一

●統一の萌芽

□【 ドイツ関税同盟 】…1834年に成立。ドイツ諸邦の経済的統一。

□【 フランクフルト国民議会 】…プロイセンを中心とした統一方針。

●武力統一

□【 ビスマルク 】…1862年，プロイセンの首相に就任。鉄血政策。

□【 普墺戦争 】…1866年に勃発。プロイセンがオーストリアに勝利。ドイツは，オーストリアを排して統一(小ドイツ主義)。

□オーストリアはハンガリー王国建設を認め，同君連合国家を結成。

□【 普仏戦争 】…1870年に勃発。プロイセンがフランスに勝利。ドイツは，アルザスとロレーヌの２州と賠償金を得る。

□1871年，ドイツ帝国が成立(フランスのヴェルサイユ宮殿で成立を宣言)。初代皇帝は，ヴィルヘルム１世。

●ドイツ帝国の政策

□保護関税政策による，大資本やユンカー(貴族階層)の保護。

□五月法などを制定し，カトリック教徒を抑圧(文化闘争)。

□1878年の社会主義者鎮圧法により，労働運動や社会主義運動を弾圧。一方，社会保険諸法を制定し，労働者を保護する(アメとムチ)。

□フランスの国際的孤立を図る外交姿勢(ビスマルク体制)。

## 3 フランスの自治政府と第三共和政

□普仏戦争の敗北で，ナポレオン３世の独裁(第二帝政)が倒れる。

□【 パリ・コミューン 】…1871年，パリ市民が組織した自治政府。

□1875年，三権分立，普通選挙などを支柱とする共和国憲法が制定される。⇒第三共和政の誕生。フランスの政体は，以下のように推移。

□フランス革命(1789年)→第一共和政→第一帝政→ブルボン王朝→七月革命→七月王政→二月革命→第二共和政→第二帝政→パリ・コミューン(1871年)→第三共和政(1875～1940年)。＊下線は政体

## 4 イギリスのヴィクトリア時代

ヴィクトリア女王(在位1837～1901年)の時代，黄金時代を迎える。

| | |
|---|---|
| 自由主義 | ○1870年，教育法を制定。1880年，初等教育の義務化。<br>○1871年，労働組合法を制定。組合に法的な地位を付与。 |
| 議会政治 | ○自由党のグラッドストン，保守党のディズレーリが指導。<br>○二大政党制。労働者に選挙権を拡大。下院の優位が確立。 |
| 植民地 | ○1877年，インドを直轄領としてインド帝国を樹立。<br>○カナダなどの５地域には自治権を付与(五大自治植民地)。 |

## 5 ロシアの改革と東方問題

ロシアは南方への進出を企てるが，結局は失敗に終わる。

●内政改革

□1861年，アレクサンドル２世が農奴解放令を発布。しかし不十分。

□ナロードニキと呼ばれる人民主義者が，急進的な社会改革運動を展開。国家権力を否定するアナーキズム(無政府主義)も広がる。

●南下政策の失敗

□【 クリミア戦争 】…1853年に勃発。ロシアは，オスマン帝国に敗れる。パリ条約で黒海の中立化が約束され，南下が阻まれる。

□バルカン半島でパン・スラヴ主義(スラヴ人の統一運動)が起き，ロシアはこれを利用して再び南下を企てる。

□【　露土戦争　】…1877年に勃発。ロシアはオスマン帝国に勝利し，サン・ステファノ条約を締結。バルカン半島で有利になる。

□しかし1878年のベルリン条約締結(ビスマルク主導)により，上記の条約を破棄させられ，再び南下を阻止される。

●**ベルリン会議の影響**

□ブルガリアは領土を大きく減らし，イギリスはキプロスの統治権を得る。ルーマニア・セルビア・モンテネグロの独立が認められる。

□オーストリアは，ボスニア・ヘルツェゴビナの統治権を獲得する。

## 6 アメリカ合衆国の発展と南北戦争

●**自立の進展**

□【　ジェファソン　】…アメリカの第3代大統領。1803年にルイジアナをフランスから買収し，西部発展への道を開く。

□【　米英戦争　】…通商を妨害したイギリスに対し，1812年にアメリカが宣戦。イギリスからの経済的な自立が促され，産業革命へと至る。

●**西部開拓**

□西部の開拓地と未開拓地の境界(フロンティア)が徐々に西に移動。

□西部開拓者には，進取性に富むフロンティア・スピリットが形成。

□【　ジャクソン　】…第7代大統領。西部から当選。資本家の勢力抑制，白人男子の普通選挙などを実行(ジャクソニアン・デモクラシー)。

□一方，先住民のインディアンは迫害される。1830年の強制移住法により，インディアンは，ミシシッピ川以西の保留地に追いやられる。

□1840年代，ジャガイモ飢饉が起きたアイルランドから，100万人以上の移民が流入する。

●**北部と南部の対立**

工業化が進んだ北部は，イギリスへの対抗上，保護貿易を望んだ。

| | 産業 | 貿易政策 | 奴隷制に… | 政党 | 政治体制 |
|---|---|---|---|---|---|
| 北部 | 商工業 | 保護貿易 | 反対 | 共和党 | 連法主義 |
| 南部 | 農業 | 自由貿易 | 賛成 | 民主党 | 反連邦主義 |

●**南北戦争**

□1861年，南部の武力攻撃により，南北戦争が勃発。

□【　ホームステッド法　】…1862年，リンカンが発布。自作農を促すもので，西部農民の支持をとりつける。

□ストウは『アンクル・トムの小屋』を著し，奴隷制を批判。

□【　奴隷解放宣言　】…1863年にリンカンが発表。北部の結束が高まる。

□1865年，リッチモンドが陥落し，南部が降伏。南部の黒人奴隷が解放される。また，国内産業の保護政策により，産業革命が進展する。重工業が発展し，西部と東部の間に大陸横断鉄道が開通する。

## 7 19世紀の欧米の文化

### ●文学

| | |
|---|---|
| ロマン主義（感情や個性を重視） | 独のノヴァーリス『青い花』／仏のスタール夫人『文学論』，シャトーブリアン『アタラ』，ユーゴー『レ・ミゼラブル』／英のバイロン『チャイルド・ハロルドの遍歴』／露のプーシキン『オネーギン』／米のホイットマン『草の葉』 |
| 写実主義・自然主義（社会や自然を生き生きと描く） | 仏のスタンダール『赤と黒』，バルザック『谷間の百合』，ゾラ『居酒屋』，モーパッサン『女の一生』／英のディケンズ『デヴィッド・カッパーフィールド』／露のゴーゴリ『死せる魂』，ドストエフスキー『罪と罰』，トルストイ『戦争と平和』／ノルウェーのイプセン『人形の家』 |

### ●芸術

□古典主義→ロマン主義（ドラクロワ）→写実主義・自然主義（ミレー，クールベ，ロダン）→印象派（マネ，モネ，セザンヌ，ルノワール，ゴッホ）というように展開。

### ●学問

| | |
|---|---|
| 哲学 | ドイツ観念論（カント，ヘーゲル），フランス実証主義（コント），イギリスの功利主義（ベンサム，J.S.ミル）。 |
| 歴史学 | ドイツで発展。ランケの近代歴史学は，厳密な史料批判を重視。 |
| 経済学 | 古典派経済学（マルサス『人口論』，リカード『経済学および課税の原理』），リストの保護貿易論，マルクス『資本論』。 |

### ●科学

□1847年，ドイツのヘルムホルツがエネルギー保存の法則を発見。

□その他⇒キュリー夫妻（ラジウム放射能），メンデル（遺伝の法則），モールス（電信機），ノーベル（ダイナマイト），ベル（電話機），パストゥール（乳酸菌），コッホ（結核菌・コレラ菌）など。

# アジア諸地域の動揺

**ここが出る!**

・19世紀半ば以降，イギリスはインドや中国に進出して，巨利を得る。インド帝国建国，アヘン戦争など，重要事項を押さえよう。
・アヘン戦争やアロー戦争の敗北により，清国が列強と締結した講和条約の内容を知っておこう(沿海州をロシアに割譲など)。

## 1 西アジアの動向

●オスマン帝国の改革と衰退

□【 タンジマート 】…西欧化を目指した，司法・行政・軍事等の改革。

□【 ミドハト憲法 】…1876年，宰相ミドハト・パシャが発布したアジアで最初の憲法。しかし，翌年の露土戦争の勃発を口実に停止。

□露土戦争でロシアに敗北したオスマン帝国は，広範囲の領土を失う。

●アラブ地域の動き

□エジプトでは，ムハンマド・アリーが西欧化政策を行う。

□【 ワッハーブ王国 】…18世紀の半ば，アラビア半島で建国された王国。文化的・政治的独立を志向したアラブ民族主義の萌芽。

□イランのカージャル朝は，1828年のトルコマンチャーイ条約で，アルメニアをロシアに割譲。

## 2 インドと東南アジアの植民地化

●イギリスのインド支配

□1757年，プラッシーの戦いでイギリスがフランスを破り，フランス勢力をインドから締め出す。⇒イギリスによるインド支配の本格化。

□ディズレーリがスエズ運河株を買収し，インドへ向かうルートを確保。

●インド社会の変化

□イギリスへの輸出用作物(綿花，アヘンなど)の栽培が主となる

□土地所有者に納税の義務を課すザミンダーリー制が実施される。

□【 シパーヒーの大反乱 】…1857～59年のインド人傭兵(シパーヒー)による反英反乱。反乱は鎮圧され，1858年，ムガル帝国は滅びる。

□【 インド帝国 】…1877年に成立したインド植民地の呼称。ヴィクトリア女王が皇帝を兼任。イギリスによるインドの植民地化が完成。

●列強の東南アジア進出

□オランダはジャワ島を支配し，価格を一方的に決める強制栽培制度を実施。19世紀以降，オランダ領東インドができる。

□イギリスはビルマ戦争で勝利し，ビルマをインド帝国に併合する。

□1887年，カンボジアなどからなるフランス領インドシナ連邦ができる。反仏勢力として，劉永福が農民を主力に黒旗軍を組織する。

□タイは唯一，独立を維持する。国王はラーマ5世。

## 3 列強の中国侵略と抵抗

列強の侵略は中国にも及ぶ。きっかけは，アヘンという麻薬であった。

●アヘン戦争

□イギリスは清から茶や絹などを輸入し，代価としてそれまでの銀に代わって，インド産のアヘンを清に密輸。三角貿易と呼ばれる。

□清の林則徐によるアヘン密輸取り締まりに対し，イギリスは武力で応じ，1840年にアヘン戦争が勃発。イギリスが勝利する。

□【　南京条約　】…1842年に調印されたアヘン戦争の講和条約。香港の割譲，広州や上海などの5港の開港，公行の廃止，などを盛り込む。

●アロー戦争

□1856年，清VS英仏連合軍の戦争(アロー戦争)が勃発。清の敗北。

□清は，①天津条約(1858年)と②北京条約(1860年)を列強諸国と締結。

| | |
|---|---|
| ① | キリスト教布教の自由，外国人の内地での旅行自由，10港の開港…。 |
| ② | 新たに天津の開港，英に九竜半島南部，露に沿海州を割譲。 |

□フランスも清を破り(清仏戦争)，ヴェトナムの保護権を認めさせる。

●太平天国の乱

□【　太平天国の乱　】…洪秀全が，農民や流民などを集めて太平天国を建て，1851年に挙兵。アヘン吸引や纏足などの悪習も排除。

□【　滅満興漢　】…太平天国の乱の合言葉。漢人による中国復興を志向。

□【　天朝田畝制　】…均等に土地を配分，相互扶助機能などを規定。

□淮軍を率いた李鴻章が，太平天国の鎮圧に活躍。

●洋務運動

□【　洋務運動　】…西洋の軍事技術などの導入により，富国強兵を図ろうとした近代化運動。曾国藩や李鴻章らが推進。

□【　中体西用　】…中国の伝統を基礎に，西洋の技術を使うという精神。

テーマ 67

● 世界史(諸地域の結合と変容)

# 欧米列強の帝国主義と世界分割

ここが出る! ▶▶

- 帝国主義の概念と，それが生じる背景要因について知っておこう。論述の問題もまれに出る。
- 列強は，アフリカや中国に侵攻し，領土を分割する。各国が押さえた領土がどこかを地図上で答えさせる問題も出る。

## 1 欧米列強の帝国主義

●概念

□【 帝国主義 】…19世紀末から第一次世界大戦までの間に，欧米列強が世界各地に植民地や勢力地を拡大していった動きのこと。

□資本の輸出先や低賃金労働力の確保のため，植民地の争奪競争(世界分割)が激化。⇔植民地や従属国の側では，民族運動が起こる。

●列強の国内事情と帝国主義

| | |
|---|---|
| イギリス | ○1884年，農村労働者に選挙権拡大(選挙法改正)<br>○1906年，労働党が成立(母体はフェビアン協会)。<br>○1914年，自由党内閣がアイルランド自治法を成立させる。<br>○植民相ジョゼフ・チェンバレンが帝国主義を強化。<br>○首相ディズレーリは，スエズ運河株を買収。 |
| フランス | ○1897年のドレフュス事件(一種の反ユダヤ主義)をめぐり，共和派と反共和派が対立。共和派の勝利。<br>○アフリカにて，イギリスに次ぐ広大な植民地を獲得。 |
| ドイツ | ○1890年，ヴィルヘルム２世と対立したビスマルクが辞職。<br>○同年，社会主義を掲げる社会民主党が成立。<br>○ヴィルヘルム２世による，新航路という名の世界政策。 |
| ロシア | ○1903年，レーニン率いるロシア社会民主労働党が成立。<br>○1905年，第１次ロシア革命が勃発。革命の気運が高まる。<br>○シベリア鉄道を建設。領土の獲得を志向する。 |
| アメリカ | ○セオドア・ローズヴェルト大統領とウィルソン大統領による革新政策。1886年，アメリカ労働総同盟の結成。<br>○1898年，米西戦争に勝利し，キューバを保護国とする。 |

## 2 列強の世界分割

●アフリカ分割

□1884～85年のベルリン会議で，分割の原則(先占権)を定める。

□イギリスは，アフリカ縦断政策をとる(セシル・ローズが植民地拡大を強行)。また，これをインド支配と結びつける３Ｃ政策を実施。

□フランスは，アフリカ横断政策をとる。

□1904年の英仏協商により，モロッコにおける仏の優越，エジプトにおける英の優越を確認。

□イギリスは，エジプトで起きたウラービーの反乱を鎮圧。

□【　マフディーの乱　】…スーダンに侵攻したイギリスに，イスラーム教徒が抵抗(1881～98年)。

**●アメリカの太平洋・南米進出**

□1898年，アメリカが米西戦争に勝利し，フィリピンとグアム島を獲得。

□【　棍棒外交　】…セオドア・ローズヴェルト大統領が進めた，武力による外交政策。カリブ海をアメリカの内海にしようともくろむ。

□コロンビアからパナマを独立させて，パナマ運河の建設に着手。

## 3 列強の中国分割と中国の排外運動

列強の侵攻は中国にも及び，それに対する抵抗もなされる。

**●中国分割**

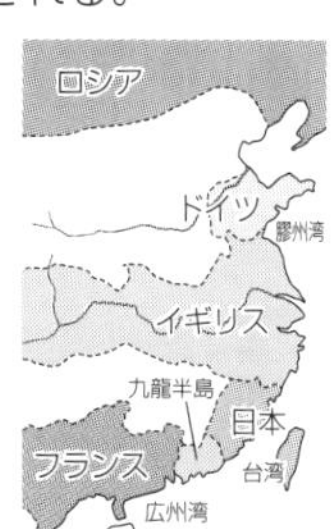


□列強が租借地(中国の主権の及ばない領土)や鉄道敷設権を得る形で，中国を分割。

□ロシアの租借地は旅順・大連，ドイツは膠州湾，イギリスは威海衛・九竜半島，フランスは広州湾，となった。

□日本は南満州鉄道の敷設権を得て，福建地方を勢力範囲とした。

□【　門戸開放宣言　】…アメリカの国務長官ジョン・ヘイが，中国の門戸開放・機会均等・領土保全を主張。以後，アメリカも中国へ進出。

**●中国の排外運動**

□【　変法運動　】…清朝の伝統的体制の変革運動。康有為が指導。

□【　戊戌の変法　】…清朝の官吏制度，軍隊などの改革。光緒帝が康有為らを登用して行う。

□【　戊戌の政変　】…**西太后**らが変法運動を弾圧。排外政治へ。

□【　義和団事件　】…排外感情を高めた宗教結社の義和団が蜂起。「扶清滅洋」を唱える。列強は**共同出兵**で対処。⇒清の敗北。

□1901年の北京議定書により，中国の半植民地化が決定的になる。

テーマ 68

● 世界史(諸地域の結合と変容)

# アジアの民族運動と列強の対立

**ここが出る!** ▶▶

- 列強の侵攻に抵抗した，アジアの民族主義の概要を押さえよう。中国，トルコ，インドなど，国別の動向を区別しよう。
- 列強同士でも対立が起きてくる。三国同盟・協商という2大陣営に加え，3B政策の3B都市の名称など，細かい部分も覚えること。

## 1 日露戦争

ロシアの東アジア進出は，日本にとって脅威となり，戦争が起きる。

●**勃発**

□ロシアの朝鮮への接近に日本が警戒。イギリスも，東アジアでのロシアの勢力増を恐れる。⇒1902年，日本とイギリスが日英同盟を結ぶ。

□1904年，日露戦争が勃発。日本海海戦で日本は勝利。日本優位の戦局。

●**終結**

□1905年，米のセオドア・ローズヴェルトの仲裁により，両国は講和。

□【　ポーツマス条約　】…1905年に結ばれた，日露戦争の講和条約。①韓国の保護権，②遼東半島南部の租借権，③南満州鉄道の利権，④樺太南部の割譲，⑤沿海州での漁業権，が日本に認められる。

## 2 辛亥革命

中国では，長らく続いた清朝が滅亡し，**中華民国**ができる。

●**清朝の諸改革**

□【　孫文　】…中国の革命指導者。1905年，中国同盟会を結成。

□【　三民主義　】…孫文の革命思想。民族**主義**(漢民族の独立)，民権**主義**(民主共和制)，民生**主義**(民衆の生活安定)，の3本柱からなる。

□【　光緒新政　】…立憲君主制国家に向けた清朝の諸改革。学校の設置，科挙の廃止，新軍の創設，憲法大綱の準備(1908年)など。

●**辛亥革命**

□1911年，清朝の鉄道国有化令に反対し，四川省で暴動が起きる。

□【　辛亥革命　】…1912年1月，中華民国が成立。臨時大総統は孫文。

□同年2月，最後の皇帝の宣統帝が退位し，清朝は滅亡。⇒以後，袁世凱が臨時大総統となり，独裁権力を強め，国民党を弾圧。

## 3 アジア諸国の民族運動

●インド

□1885年に結成されたインド国民会議が，次第に反英的性格を強める。

□イギリスは全インド・ムスリム連盟をつくらせ，国民会議と対立させる。

□1905年，イギリスが出したベンガル分割令に反対し，スワラージ(自治・独立)，スワデーシ(国産品愛用)などの4綱領を決議する。

●その他

| トルコ | オスマン帝国では，1908年，青年トルコが政権を握る。 |
|---|---|
| イラン | タバコ・ボイコット運動，イラン立憲革命。 |
| ヴェトナム | 仏からの独立運動。日本への留学(東遊運動)を推奨。 |
| フィリピン | ホセ・リサールが，アメリカからの独立運動を指導。 |
| インドネシア | サレカット・イスラームを結成し，オランダ支配に抵抗。 |

## 4 列強同士の対立

列強同士でも対立が生じ，**第一次世界大戦**が勃発する素地ができる。

●三国同盟

□【　三国同盟　】…1882年，独，墺，伊の3国で形成された軍事同盟。

□フランスの国際的孤立を図る外交姿勢(ビスマルク体制)の一環。

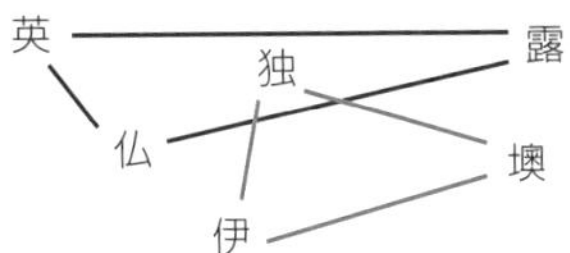


●三国協商

□【　三国協商　】…露仏同盟(1894年)，英仏協商(1904年)，英露協商(1907年)の結果として形成された，英仏露の提携関係。⇒ドイツを包囲する外交関係となり(上図)，三国同盟と対立。

●世界政策の対立

□【　3C政策　】…英の世界政策。3C都市(ケープタウン，カイロ，カルカッタ)を結ぶ地域に進出を企てる❶。3B政策と対立。

□【　3B政策　】…独の世界政策。3B都市(ベルリン，ビザンティウム，バグダード)を鉄道で結び，西アジア進出を目論む。3C政策と対立。

●バルカン危機

□露のパン・スラヴ**主義**が，独・墺のパン・ゲルマン**主義**と衝突。

□一触即発の状態のバルカン半島は，ヨーロッパの火薬庫と呼ばれる。

❶ケープ植民地首相のセシル・ローズの提唱による。

テーマ 69

● 世界史(地球社会の形成)

# 第一次世界大戦とその後

**ここが出る!** ▶▶

- **第一次世界大戦終了後,国際協調や軍縮が目指される。国際連盟の加盟国や,軍縮のために締結された諸々の条約の内容を押さえよう。**
- **アジア諸国では列強支配に対する民族運動が激化する。中国の五・四運動や,インドのガンディーの反英運動などが重要。**

## 1 第一次世界大戦

バルカン半島(ヨーロッパの火薬庫)で,ついに火薬が爆発する。

**●勃発**

□【 サライェヴォ事件 】…1914年,ボスニアのサライェヴォで,セルビア人の民族主義者が,オーストリアの皇太子夫妻を暗殺。

□オーストリアがセルビアに宣戦。⇒第一次世界大戦の勃発!

□**同盟国**(ドイツ,オーストリア,オスマン帝国,ブルガリア)VS**連合国**(イギリス,フランス,ロシア,セルビア,日本…)の争い。

□日本は,日英同盟を理由に連合国側に参戦。イタリアも,連合国側につく。

**●展開**

□全国民を動員する総力戦。毒ガス,戦車,飛行機などの新兵器の登場。

□1917年,ドイツの無制限潜水艦作戦に憤怒したアメリカが連合国側に参戦。国内で革命が起きたロシアは戦線から離脱。

□大戦中,ロマン・ロランはスイスで反戦・平和を訴える。

**●終結**

□【 平和に関する布告 】…1917年,ロシアのレーニンが交戦国に提示。無併合,無賠償,**民族自決**の原則に依拠した即時講和を訴える。

□【 十四カ条の平和原則 】…1918年,ウィルソン米大統領が発表した講和原則。**軍備縮小**,民族自決,**国際平和機構**の設立などを提唱。

□1918年11月11日,休戦条約の締結により,大戦が終結。

## 2 ロシア革命

1917年の**ロシア革命**は,三月革命と十一月革命からなる。

□【 三月革命 】…民衆や労働者の反乱により,ロマノフ朝が滅びる。

各地に，兵士や労働者からなるソヴィエト(評議会)が結成された。

□【　十一月革命　】…レーニンやトロツキーの指導により，ボルシェヴィキ(強硬な革命派)が武装蜂起し，ブルジョワ臨時政府を倒す。

□ボルシェヴィキ(1918年，ロシア共産党となる)によってプロレタリア独裁の社会主義政権(ソヴィエト政権)が樹立される。

□1918年３月，ドイツとブレスト・リトフスク条約を結ぶ(単独講和)。

□ロシア革命を世界革命につなげるべく，1919年にコミンテルンを設立。

## 3 ヴェルサイユ体制と国際協調

### ●十四カ条の平和原則

□大戦中の1918年１月，米のウィルソンは十四カ条の平和原則を発表。

□秘密外交の廃止，海洋の自由，関税障壁の撤廃，軍備縮小，民族自決，植民地問題の公平な解決，国際平和機構の設立，など。

### ●ヴェルサイユ体制

□1919年，第一次世界大戦の講和会議(パリ講和会議)が開かれる。

□【　ヴェルサイユ条約　】…連合国がドイツに結ばせた講和条約。ドイツへの懲罰的な内容。①アルザス・ロレーヌをフランスに返還，②ポーランド回廊の割譲，③海外領・植民地の放棄，④軍備制限，⑤ラインラントの非武装化，⑥巨額の賠償金，をドイツに要請。

□ドイツのザール地方は国際連盟の管理下におかれる。

### ●国際連盟

□【　国際連盟　】…1920年に発足した，世界初の国際平和機構。

□ドイツとソ連は除外され，孤立主義をとるアメリカは連盟に不参加。

□本部はスイスのジュネーヴ。当初の常任理事国は，英仏伊日の４国。

### ●軍縮に向けた動き

□【　海軍軍備制限条約　】…1922年のワシントン会議にて調印。海軍主力艦比＝米５：英５：日３：仏1.67：伊1.67とする。

□【　四カ国条約　】…米英仏日が調印。日英同盟の解消など。

□【　九カ国条約　】…**中国**の主権尊重，門戸開放。日本の進出を抑制。

□【　ロンドン軍縮会議　】…海軍補助艦比＝英10：米10：日７とする。

□【　ロカルノ条約　】…西欧の安全保障条約。独・仏・ベルギーの国境維持，ラインラントの非武装化を確認。独の国際連盟加盟を了承。

□【　不戦条約　】…米のケロッグと仏のブリアンが提唱。武力非行使。

●ドイツ以外の同盟国との講和条約

□連合国は，オーストリアとサン・ジェルマン条約，ブルガリアとヌイイ条約，ハンガリーとトリアノン条約，オスマン帝国とセーヴル条約を個別に結ぶ。

□フィンランド，バルト3国，ポーランド，ユーゴスラヴィア，チェコスロヴァキア，ハンガリーが独立。

## 4 第一次世界大戦後の米英

●アメリカ

□ヴェルサイユ条約の批准や国際連盟への加盟はせず(孤立外交)。

□世界の金融の中心が，ニューヨークのウォール街に移転。

●イギリス

□1924年，労働党党首のマクドナルドが，イギリス初の労働党内閣を組閣。以後，労働党と保守党が2大政党となる。

□1928年の第5回選挙法改正により，男女平等の普通選挙が実現。21歳以上の男女に選挙権が与えられる。

□【 ウェストミンスター憲章 】…1931年の法律。イギリス自治領に，本国と同等の地位を与える。以後，イギリス連邦と改称される。

□1937年，アイルランド自由国がエールとして英連邦からの独立を宣言。

## 5 第一次世界大戦後の仏独伊ソ

●フランス

□1923年，賠償金支払い遅延を口実に，独のルール工業地帯を占領。

□外相ブリアンが，1925年のロカルノ条約などでドイツとの協調を図る。

●ドイツ

⏱□【 ヴァイマル憲法 】…1919年に制定されたドイツ共和国の憲法。主権在民，男女平等の普通選挙などを掲げる，民主的な憲法の先駆。

□【 シュトレーゼマン 】…1923年に首相となり，新紙幣の発行によりインフレを抑える。ロカルノ条約締結など，平和協調外交に努める。

⏱□【 ドーズ案 】…アメリカ資本導入による経済復興案。

●イタリア

□1919年，ムッソリーニがファシスト党を結成。革命を恐れる資本家層から支持される。1922年，ローマ進軍を組織し，政権を握る。

□1929年のラテラノ条約で，ローマ教皇庁と和解。

□以後，ファシスト党による一党独裁体制が成立。反対派を厳しく弾圧。

**●ソヴィエト連邦**

□1922年，ソヴィエト社会主義共和国連邦(ソ連)が発足。

□【　一国社会主義論　】…スターリンの理論。ソ連一国だけの社会主義建設を重視。トロツキーの世界革命論と争い，勝利する。

## 6 アジアの民族運動

**ガンディー**やネルーといった，反英運動の英雄が出てくる。

**●朝鮮**

□1910年の韓国併合により，朝鮮半島は日本の支配下にあった。

□【　三・一運動　】…朝鮮の民衆による，日本からの独立運動。1919年に勃発。３月１日に独立宣言を出すが，日本軍に鎮圧される。

**●中国**

□1915年の二十一カ条の要求により，中国の反日感情は高まっていた。

□【　五・四運動　】…1919年５月４日に勃発した民族運動。パリ講和会議で，山東省のドイツ利権返還，日本の二十一カ条の要求廃棄が拒否されたことによる。

□【　五・三〇運動　】…1925年５月30日に勃発した反帝国主義運動。

**●トルコ**

□1922年，オスマン帝国が滅亡。翌年，トルコ共和国が成立。

□初代大統領のケマルは，文字改革(ローマ字採用)などの改革を実施。

**●イスラーム諸国**

□1917年のバルフォア宣言により，ユダヤ人国家建設の支持を英が表明。

□1932年，イブン・サウードがサウジアラビア王国を建国。

**●インド・その他**

□1919年，ガンディーが，非暴力・非服従の反英運動を開始する。

□1929年の国民会議派大会で，ネルーらがプールナ・スワラージ(完全な独立)の方針を決議。

□ガンディーは塩の専売に反対し「塩の行進」を実施。

□1935年の新インド統治法で，ある程度の自治が認められる。

□インドシナでは，ホー・チ・ミンがヴェトナム青年革命同志会を結成。インドネシアではスカルノがインドネシア国民党を結成。

テーマ 70 ● 世界史（地球社会の形成）

# ファシズムの台頭と第二次世界大戦

**ここが出る!** ▶▶

- 1929年の世界恐慌に対し，主要国はどのような対処をとったか。国別の動向を知っておこう。米のニューディール，英仏のブロック経済，独日のファシズム，という点がポイントである。
- 枢軸国対連合国という大枠のもと，第二次大戦の経緯を押さえよう。

## 1 世界恐慌

●おこり

⏱□【 世界恐慌 】…1929年，アメリカのニューヨーク株式市場（ウォール街）での株価大暴落をきっかけとした，世界規模の大不況。

□社会主義の計画経済をとるソ連への影響は小さく，２つの五カ年計画により世界２位の工業国となる。

●アメリカの恐慌対策

□フランクリン・ローズヴェルト大統領がニューディール政策を実施。

□全国産業復興法と農業調整法による生産調整，TVAなどの公共事業による失業者救済，ワグナー法による労働者の地位向上，など。

□中南米諸国には，善隣外交を実施。キューバの保護国状態を解消。

●英仏の恐慌対策

⏱□【 ブロック経済 】…本国と海外領土（植民地など）からなる排他的な経済圏をつくり，高関税などによって他国を締め出すこと。

□英はスターリング・ブロック，仏はフラン・ブロックを形成。

□【 人民戦線内閣 】…1936年，フランスで成立した反ファシズムをかかげる社会党・急進社会党の連立内閣（共産党は閣外協力）。

## 2 ドイツにおけるファシズムの台頭

●一党独裁へ

□ヒトラーの率いるナチ党が台頭する。

□【 全権委任法 】…立法権を政府に委ねることを規定した法律。ナチ党の一党独裁を合法化。ヴァイマル憲法は事実上空文化。

●再軍備へ

□1935年，人民投票によってザール地方を奪還。ヴェルサイユ条約を破棄。翌年，ロカルノ条約を破棄し，ラインラントに進駐。⇒再軍備へ。

□スペイン内戦において，フランコ側を支援。ピカソの「ゲルニカ」はドイツ軍の空爆への怒りから描かれた。

## 3 日本の大陸侵略

**●日本の大陸侵略**

□【　満州事変　】…1931年の南満州鉄道の爆破事件（柳条湖事件）を口実に，日本の関東軍が満州を占領。翌年，満州国を建国する。

□1933年，日本は国際連盟を脱退。海軍軍縮条約も破棄し，軍備拡張へ。

□1937年７月の盧溝橋事件をきっかけに，日中戦争が勃発する。

**●中国の抗日運動**

□1935年，共産党の毛沢東が，抗日のための共闘を国民党に提案（八・一宣言）。張学良らは，国民党の蒋介石を監禁・説得（西安事件）。

□1937年，国民党と共産党による抗日民族統一戦線が結成される。

## 4 第二次世界大戦

ファシズム（独伊日）VS民主主義（英仏米など）の戦争であった。

**●勃発**

□1939年のドイツのポーランド侵攻を機に，第二次世界大戦が勃発。枢軸国（独伊日など）VS連合国（英仏米ソなど）という戦局。

**●展開**

□1940年，フランスが降伏。南部にヴィシー政府が成立。アメリカは武器貸与法により，反ファシズム諸国を支援。

□1940年，日独伊三国軍事同盟を結成。米は，対日石油輸出を禁止。

□1941年，独ソ戦争勃発。アメリカは武器貸与法により，ソ連に加担。

□1943年7月，イタリアが降伏。テヘラン会談後，米のアイゼンハウアーを総司令官とする連合国軍がノルマンディーに上陸。

**●終結**

□1945年２月のヤルタ会談後，ドイツが連合国に無条件降伏。ソ連は日ソ中立条約を破って，日本に参戦。

□同年７月，トルーマン，チャーチル，スターリンがポツダムで会談。

□米英中の３国がポツダム宣言を出し，日本に無条件降伏を要求。米による２度の原子爆弾投下。⇒８月14日，日本は降伏。

テーマ **71**

● 世界史(地球社会の形成)

# 戦後の世界

**ここが出る!** ▶▶

- **第二次大戦後の世界は，アメリカ率いる西側陣営と，ソ連率いる東側陣営に分裂する。両陣営の協力組織の名称などを押さえよう。**
- **長らく列強に支配されてきた第三勢力が頭角を現してくる。ネルーの平和五原則，アフリカの年(1960年)など，重要事項を覚えよう。**

## 1 国際連合の成立と経済秩序

□1944年，4カ国が国連憲章の原案作成(ダンバートン・オークス会議)。

□1945年，国際連合憲章を採択。10月に国際連合が発足(原加盟国は51か国)。安保理の常任理事国は米・英・仏・ソ・中。

□【　ブレトン・ウッズ体制　】…米ドルを通貨とした**固定**為替相場制。

□国際通貨体制の安定を目指す国際通貨基金(IMF)と，発展途上国の開発援助を行う国際復興開発銀行(世界銀行，IBRD)が発足。

## 2 ヨーロッパの東西分断

**●西側陣営（資本主義）**

□【　トルーマン・ドクトリン　】…トルーマン米大統領が，ギリシア・トルコの共産主義化を阻止。共産勢力の封じ込め政策へ。

□【　マーシャル・プラン　】…アメリカの経済援助によるヨーロッパの経済復興計画。後にヨーロッパ経済協力機構(OEEC)が設立。

□【　北大西洋条約機構　】…アメリカや西欧諸国の集団安全保障機構。略称NATO。2022年5月には長く中立政策をとってきたフィンランドとスウェーデンがNATO加盟を申請した。

**●東側陣営（社会主義）**

□【　コミンフォルム　】…ソ連と東欧諸国の共産党による情報交換組織。

□【　コメコン　】…ソ連と東欧社会主義国による経済協力機構。

□【　ワルシャワ条約機構　】…ソ連と東欧8カ国で結成された軍事同盟。

## 3 第二次世界大戦後のアジア諸国

**●中国・朝鮮**

□1949年，中華人民共和国が成立。主席は毛沢東，首相は周恩来。

□1948年，朝鮮半島の南部に大韓民国(首相は李承晩)，北部に朝鮮民主主義人民共和国(首相は金日成)が成立。

□1950年，北朝鮮が侵攻して朝鮮戦争が勃発。53年に休戦。

●インド・東南アジア

□1945年，オランダからインドネシアが独立(初代大統領はスカルノ)。

□1947年にインドは，ヒンドゥー教徒のインド連邦と，イスラーム教徒のパキスタンに分離して，イギリスから独立。

□【　インドシナ戦争　】…独立をめぐる，ヴェトナム民主共和国(ホー・チ・ミンが主導)とフランスの争い。

□【　ヴェトナム戦争　】…ヴェトナム南部を支援したアメリカが北部を爆撃(ジョンソン大統領)。後に，南北を統一したヴェトナム社会主義共和国が成立。

●中東情勢

□1948年，イスラエル国の建国をめぐり，第１次中東戦争が起きる。国連の調停で停戦し，イスラエルは独立。

□1956年，エジプトのナセル大統領がスエズ運河の国有化を宣言。第２次中東戦争が勃発(エジプトVS英・仏・イスラエル)。

□イスラエルの占領下にあるパレスチナの解放を目指し，1964年にパレスチナ解放機構(PLO)が設立。議長はアラファト。

## 4　平和共存に向けて

ソ連のスターリンの死後，両陣営が歩み寄る動きが出てくる。

●第三勢力の台頭

□【　平和五原則　】…1954年，周恩来とネルーが発表。領土主権の尊重，不可侵，不干渉，平等互恵，平和共存の５つ。

□1955年，インドネシアのバンドンにて，アジア・アフリカ会議を開催。平和十原則を採択し，反植民地主義と民族自決を原則とする。

□1961年，ネルーらが非同盟諸国首脳会議を開催。発展途上国の結集へ。社会主義国で孤立していたユーゴスラビア(ティトー大統領)も参加。

●平和共存路線

□ソ連のスターリンの死後，東西の緊張緩和(雪どけ)が生じる。

□1956年，ソ連のフルシチョフ共産党第一書記は，スターリン体制下の反対派の大量処刑などを批判(スターリン批判)。

□【 ジュネーヴ4巨頭会談 】…米英ソ仏首脳が世界平和について協議。

●民族運動

□1960年，ナイジェリアなどのアフリカ17カ国が独立❶(アフリカの年)。1963年にアフリカ統一機構(OAU)を設立。現在はアフリカ連合(AU)。

□1959年，キューバではカストロが革命政府を樹立。

□【 キューバ危機 】…1962年，ソ連がキューバにミサイル基地の設置を試みるが，米の要求により撤退。人類は全面核戦争の危機に直面。

●東西(米ソ)両陣営の動き

□アメリカでは，ケネディ大統領のニューフロンティア政策，ジョンソン大統領の公民権法成立，ニクソン大統領のパリ和平協定締結。

□キング牧師が，黒人差別の撤廃を求める公民権運動を展開。

□【 プラハの春 】…1968年，チェコスロヴァキアのドプチェクが指導した民主化運動。ワルシャワ条約機構軍に弾圧される(チェコ事件)。

□ソ連のブレジネフ書記長は，国内外の民主化を抑圧。

## 5 冷戦の終結とヨーロッパの統合

●軍縮

□1954年，アメリカの水爆実験で第五福竜丸の船員が被爆。

□【 パグウォッシュ会議 】…1957年の科学者会議。核兵器廃絶を要求。

□【 部分的核実験停止条約(PTBT) 】…1963年，米英ソが調印。地下実験を除く核実験を禁止❷。仏・中は不参加。

□【 核拡散防止条約(NPT) 】…1968年に締結。米・英・ソ・仏・中以外の国の核保有を禁止。

●冷戦の終結

□【 中距離核戦力(INF)全廃条約 】…1987年，ソ連のゴルバチョフ書記長と米のレーガン大統領が調印。米ソが歴史上初めて核兵器の削減に合意。2019年，条約は失効。

□【 マルタ会談 】…1989年，ソ連のゴルバチョフ書記長と米のブッシュ大統領がマルタで会談し，冷戦の終結を宣言する。

□【 第1次戦略兵器削減条約(STARTⅠ) 】…1991年，米ソ両首脳が調印。なお，STARTⅡは，1993年に調印されたものの発効しなかった。

❶エジプト，リベリア，エチオピア，南アフリカ共和国は，第二次世界大戦前に独立していた。
❷1996年の包括的核実験禁止条約(CTBT)では，地下実験を含むすべての核実験を禁止。

**●ヨーロッパの統合**

□1967年にEEC，ECSC，EURATOMが統合されて，ヨーロッパ共同体(EC)が発足。

□【　マーストリヒト条約　】…1992年にEC首脳会議で調印，1993年に発効したEUを創設する基本条約。さらなる統合の方針を確認。

## 6 諸国の動き

**●アメリカ**

□1971年，ニクソン大統領は金とドルの交換停止を発表(ドル・ショック)。1980年代に双子の赤字(財政，貿易)を抱え，1985年に債務国に転落❹。

□チリでは，1973年にアジェンデ政権が倒れ，軍事政権となる。

**●ソ連**

□1986年，ゴルバチョフがペレストロイカ(改革)を掲げ，自由化・民主化を目指す。⇒市場経済への移行を実行。

□グラスノチ(情報公開)による言論の自由化，柔軟な新思考外交。

□1991年，ロシア連邦(大統領はエリツィン)を中心とする独立国家共同体(CIS)が成立。ソ連は解体する。

**●東欧**

□1980年，ポーランドで自主管理労組「連帯」が登場。指導者はワレサ。

□1989年，ルーマニアのチャウシェスクの独裁体制が倒れる。

□1989年，ベルリンの壁が開放され，東西ドイツ間の交通制限が解除。

□1990年，東西ドイツが統一された。

□1991年，コメコンやワルシャワ条約機構が解体＝東欧共産圏が消滅。

**●中東・アジア**

□1973年，エジプト・シリアがイスラエルを奇襲(第４次中東戦争)。OPECは，前者を支援する国に原油輸出停止。原油価格引き上げにより，先進工業国も打撃を受ける(オイル・ショック)。

□中国の新目標は，４つの現代化(農業・工業・国防・科学技術)。

□鄧小平が経済の開放政策を推進。1989年，さらなる民主化を求めて学生らが天安門でデモを行うが，保守派が弾圧(天安門事件)。

□カンボジアでは，ヘン・サムリン政権VSポル・ポト派の内戦が長期化するが，1993年にカンボジア王国が成立。

❹同じ時期，イギリスではサッチャー首相が新保守主義の立場から経済活性化を目指した。

# 世界史 試験直前ファイナルチェック

□1　古代ローマ帝国の最盛期（96～180年）は，五賢帝時代と呼ばれる。　→P.177

□2　12～16世紀のメキシコ高原でおこった文明を，マヤ文明という。　→P.179

□3　581年に，楊堅によって隋が建国され，都は洛陽に置かれた。　→P.183

□4　10世紀の中頃に成立した，初のトルコ系のイスラーム王朝は，セルジューク朝である。　→P.185

□5　1096年から1270年にかけて，7回の十字軍派遣が行われた。　→P.188

□6　13世紀初頭，フビライ・ハンがモンゴル帝国を建国した。　→P.191

□7　宋の洪武帝は，農民統制のための里甲制を実施した。　→P.192

□8　1648年，イギリスでピューリタン革命が起き，絶対王政が倒された。　→P.200

□9　フランスにおいて，1792年に招集された国民公会では，急進派のジロンド派が主導権を握った。　→P.204

□10　1862年，プロイセンの首相に就任し，鉄血政策を実施したのはビスマルクである。　→P.208

□11　1840年，清とイギリスのアロー戦争が勃発した。　→P.213

□12　1905年，日露戦争の講和条約のポーツマス条約が締結された。　→P.216

□13　1882年，ドイツ，ロシア，およびイタリアは，軍事同盟の三国同盟を結成した。　→P.217

□14　1990年，東西ドイツが統一された。　→P.227

**●Answer●**

1　○

2　×
アステカ文明である。

3　×
都は長安である。

4　×
セルジューク朝ではなく，カラ・ハン朝である。

5　○

6　×
チンギス・ハンである。

7　×
宋ではなく，明である。

8　○

9　×
ジロンド派ではなく，ジャコバン派である。

10　○
鉄血宰相といわれた人物である。

11　×
アヘン戦争である。

12　○

13　×
ロシアではなく，オーストリアである。

14　○

# 政治・経済

テーマ 72

● 政治・経済(現代政治と民主社会)

# 民主政治の基本原理

**ここが出る!**

- 人間が生まれながらにして持つ自然権として，歴史上の思想家たちは，どのようなものを想起しているか。
- 三権分立の「三権」とは何か。現代国家で採用されている議会制民主主義の基本原理はどのようなものか。

## 1 政治と支配の正統性

●政治の機能

□【 政治 】…人々の対立(利害)を**調整**し，社会の**秩序**を維持し，社会の**統合**を図る過程。「人間はポリス的動物である」(アリストテレス)。

●マックス・ウェーバーの支配の 3 類型

□【 伝統的支配 】…歴史的伝統による。

□【 カリスマ的支配 】…支配者のカリスマによる。

□【 合法的支配 】…議会の審議を経た法による。

## 2 国家と法

何気なく使っている言葉の正確な意味を知ろう。

●絶対王政から民主政治へ

□【 王権神授説 】…国王の権力は神が授けたので絶対服従。主権を最初に理論づけたジャン・ボーダンは，君主主権を主張した。

□【 社会契約説 】…国家権力は人々の合意に基づいて形成。

□国家の具体的な姿は，時代と共に，①→②→③と変化してきた。

| | |
|---|---|
| ①警察国家 | 警察の力で国民を圧迫。絶対主義時代の国家。 |
| ②夜警国家 | 最低限の治安維持や国防のみを行う。自由放任主義。ドイツのラッサールが名付けた。 |
| ③福祉国家 | 社会福祉の充実や公正の実現を重視。現代の国家。 |

●法

□【 法 】…社会の秩序を維持するためにつくられた規範(行動準則)。国家権力による強制力を伴う。

□道徳に強制力はないが，法にはそれがある。道徳は内面を規制するのに対し，法は行動を規制する。

●法の支配

□マグナ・カルタや権利章典によって，法の支配の原則が確立。

□【　法の支配　】…権力を人の恣意ではなく，法に基づいて行使。法は，人権を保障するものでなければならない。

□【　法治主義　】…法律にのっとった行政。

□法の支配は権力から国民の自由や権利を守り，法治主義は行政の形式や手続きの適法性を重視する。

□「国王といえども神と法の下にある」（ブラクトン）。イギリスの裁判官のコークは，この言葉を引いて法の支配を強調した。

□【　立憲主義　】…人権の保障のため，憲法によって権力は制限されるべきという考え方。

●実定法の分類

□不文法（慣習法，判例法）と成文法からなる。後者は，公法（憲法，刑法…），私法（民法，商法…），社会法（労働基準法…）に分かれる。

□日本の主要な6つの法律（六法）として，憲法，民法，商法，刑法，民事訴訟法，刑事訴訟法がある。

## 3 民主政治の原理

●思想

| | |
|---|---|
| 社会契約説 | ○国家は，「自然状態」にある諸個人の契約によって成立。<br>○イギリスのホッブズは，自然状態として，「万人の万人に対する闘争の状態」を想定。 |
| 自然権 | ○人間が生まれながらに有する不可侵の権利。自己保存（ホッブズ），生命・自由・所有（ロック），自由・平等（ルソー）。 |

□立法権は執行権より優位に立つ（ロック『市民政府二論』）。

□人民は自然権の一部を代表者に信託する。代表者が信託に反して自然権を侵害した場合，人民はそれに抵抗する権利を持つ（ロック）。

□全人民の一般意志による直接民主制を主張（ルソー）。

●権力の分立

□モンテスキューは著書『法の精神』において，権力の濫用を防ぐための三権分立を主張。

□【　三権分立　】…権力を立法権，行政権，司法権に分け，複数の機関に分散すること。それぞれの間に抑制と均衡の関係を持たせる。

テーマ 73

● 政治・経済(現代政治と民主社会)

# 基本的人権と各国の政治制度

**ここが出る!** ▶▶

- **人権を保障するための国際的な動向を押さえよう。著名な条約などを時代順に並べ替えさせる問題もよく出る。**
- **主要国の政治制度の大枠を知っておこう。英＝議院内閣制，米＝大統領制，中＝民主集中制，という枠組みが重要である。**

## 1 人権思想と基本的人権

**●人権思想の推移**

□18世紀までの市民革命により，まず，個人の自由を認める自由権が確立。以後，野放しの資本主義により，格差拡大などの社会問題が発生。

□20世紀初頭，人間らしい生活を個人が国家に要求できる社会権が確立。ドイツのヴァイマル憲法(1919年)がこの権利を初めて規定。

**●基本的人権**

□【 基本的人権 】…人間が a生まれながらに備えている，国家でさえ b侵すことのできない権利で，すべての人間が c平等に享有するもの。

□aは固有性，bは不可侵性，cは普遍性，という原則に該当する。

## 2 人権保障の動向

**●出発点**

□1941年，ローズヴェルト米大統領が４つの自由(言論と表現の自由，信教の自由，欠乏からの自由，恐怖からの自由)を提唱。

□【 世界人権宣言 】…人権保障の国際基準。1948年の国連総会で採択。

□「すべての人間は，生れながらにして自由であり，かつ，尊厳と権利とについて平等である。人間は，理性と良心とを授けられており，互いに同胞の精神をもって行動しなければならない」(世界人権宣言第１条)。

**●国際人権規約**

□【 国際人権規約 】…世界人権宣言を条約化。1966年の国連総会で採択。1976年に発効。A規約とB規約に分かれる。法的拘束力を持つ。

□日本は1979年に両規約を批准したが，A規約については一部保留している。批准当時，①公の休日に給与を支払うこと，②中等・高等教育の無償，③公務員のストライキ権保障，という3つは留保。

● 人権の国際的保障の流れ

□世界人権宣言(1948年)，教育差別禁止条約(1960年)，人種差別撤廃条約(1965年)，国際人権規約(1966年)，女子差別撤廃条約(1979年)，子どもの権利条約(1989年)，障害者の権利に関する条約(2006年)。

□【　国連人権理事会　】…2006年に設置された国連の機関。略称はUNHRC。加盟国に，人権保護のための勧告等を行う。

## 3 各国の政治制度

● イギリス

□議院内閣制を採用。内閣は議会から生まれ，議会の信任のもとに存立し，議会に対し連帯して責任を負う。

□「国王は君臨すれども統治せず」の立憲君主制。

□議会は上院と下院の二院制。上院が貴族院，下院が庶民院で，下院が優位に立つ。下院の信任を失うと，内閣は総辞職するか下院を解散する。

□労働党と保守党の二大政党制。

□野党は影の内閣を組織し，政権交代に備える。

● アメリカ

□大統領制を採用。大統領と議会は互いに独立。議会は大統領の不信任決議はできず，大統領も議会の解散はできない。

□大統領は法案の提出権はないが，議会からの法案の拒否権を有する。

□有権者が選挙人を選び，その選挙人が大統領を選出する間接選挙。大統領の任期は4年で3選は禁止。

□徹底した三権分立。連邦裁判所は違憲立法審査権を有する。

□上院と下院の二院制。共和党と民主党の二大政党制。

● 中国

□中国共産党に権力集中。共産党の総書記が国家主席に就任。

□国家権力の最高機関は一院制の全国人民代表大会。

● フランス

□大統領と首相の二元代表性。半大統領制とも呼ばれる。

□大統領は直接選挙で選ばれ，議会の信任を要さない。

□大統領の任期は5年で，強大な権力を持つ。

□大統領が任命した内閣に対し，議会は不信任決議を行うことはできる。

テーマ 74

● 政治・経済（現代政治と民主社会）

# 日本国憲法と基本的人権の保障

**ここが出る！** ▶▶

- 国の最高法規である日本国憲法はよく出題される。公布（施行）の年月日，3 原則，および大日本帝国憲法との相違などを押さえよう。
- 基本的人権の代表格である自由権と社会権について詳しく知ろう。法解釈や判例についても問われる。

## 1 日本国憲法の制定

### ●制定

□日本国憲法は大日本帝国憲法を改正する形式をとり，衆議院と貴族院で修正再可決された。

□日本国憲法は1946年11月 3 日に公布，1947年 5 月 3 日に施行（吉田茂内閣）。前文および11章103の条文から構成される。

### ●基本原則

□【　国民主権　】…政治のあり方を決定する権限は国民が有する。

□【　基本的人権の尊重　】…基本的人権を永久不可侵の権利として保障。

□【　平和主義　】…戦争放棄，戦力の不保持，交戦権の否認（第 9 条）。

### ●大日本帝国憲法との比較

| | 大日本帝国憲法（明治憲法） | 日本国憲法 |
|---|---|---|
| 性質 | 欽定憲法（君主の権限で制定） | 民定憲法（国民主権で制定） |
| 主権者 | 天皇 | 国民 |
| 天皇 | 国の元首，統治権の総攬者 | 日本国，国民統合の象徴 |
| 軍事 | 天皇に統帥権，国民に兵役義務 | 戦争放棄，戦力の不保持 |
| 国民 | 臣民の扱い，法による権利制限 | 基本的人権を尊重される |

### ●憲法改正の手続き

□憲法の改正には，衆参両院の総議員の 3 分の 2 以上の賛成で国会が改正案を発議し，国民投票で過半数の賛成を得なければならない。

□2007年，憲法改正の国民投票の手続きを定めた国民投票法が成立。

## 2 天皇

天皇の性格と仕事について憲法の条文を見てみよう。

●天皇の性格

□「天皇は，日本国の象徴であり日本国民統合の**象徴**であつて，この地位は，主権の存する日本国民の総意に基く。」(第1条)

□「皇位は，世襲のものであつて，国会の議決した皇室典範の定めるところにより，これを継承する。」(第2条)

●天皇の国事行為

□「天皇の国事に関するすべての行為には，内閣の助言と承認を必要とし，内閣が，その責任を負ふ。」(第3条)

□天皇の主な**国事行為**は以下(第7条)。

○憲法改正，法律，政令及び条約を公布すること。

○国会を召集すること。

○衆議院を解散すること。

○国会議員の総選挙の施行を公示すること

○大赦，特赦，減刑，刑の執行の免除及び復権を認証すること。

○栄典を授与すること。

○批准書及び法律の定めるその他の外交文書を認証すること。

○外国の大使及び公使を接受すること。

## 3 国民主権と基本的人権の尊重

●国民主権

□「日本国民は，正当に選挙された国会における代表者を通じて行動し，われらとわれらの子孫のために，諸国民との協和による成果と，わが国全土にわたつて自由のもたらす恵沢を確保し，…ここに主権が国民に存することを宣言し，この憲法を確定する。」(憲法前文)

●基本的人権の永久不可侵性

□「国民は，すべての基本的人権の享有を妨げられない。この憲法が国民に保障する基本的人権は，侵すことのできない永久の権利として，現在及び将来の国民に与へられる。」(第11条)

□「すべて国民は，個人として尊重される。生命，自由及び幸福追求に対する国民の権利については，公共の福祉に反しない限り，立法その他の国政の上で，最大の尊重を必要とする。」(第13条)

●平等権

□「すべて国民は，法の下に平等であつて，人種，信条，性別，社会的

身分又は門地により，政治的，経済的又は社会的関係において，差別されない。」（第14条）

□「婚姻は，両性の合意のみに基いて成立し，夫婦が同等の権利を有することを基本として，相互の協力により，維持されなければならない。」（第24条）

□「配偶者の選択，財産権，相続，住居の選定，離婚並びに婚姻及び家族に関するその他の事項に関しては，法律は，個人の尊厳と両性の本質的平等に立脚して，制定されなければならない。」（同第２項）

## 4 自由権

**自由権**の中身を吟味しよう。（　）内の数字は，関連する憲法の条文である。法解釈や有名な判例についても記しておく。

**●精神の自由**

□【　思想・良心の自由　】…個人の思想や信条に権力は介入不可(19)。
□【　信教の自由　】…信仰の自由，布教の自由，宗教的結社の自由(20)。
□【　集会・結社・表現の自由　】…「集会，結社及び言論，出版その他一切の表現の自由は，これを保障する」(21)。
□【　学問の自由　】…学問の研究・発表やそれを教える自由(23)。

□私企業は財産権の自由により雇用する自由を有するので，思想・信条を理由に雇い入れを拒んでも違憲ではない(三菱樹脂事件判決)。

□集会・結社・表現の自由は認められているが，道路でのデモなどの場合は，道路交通法や都道府県条例に基づき，警察に許可申請をしなければならない。

□東大ポポロ劇団の演劇活動は，学問的な研究発表ではなく，政治的社会的活動であり，学問の自由と大学の自治の保障を受けるものではない。

□北海道砂川市が市有地を神社に無償提供したことは，政教分離の原則に反すると違憲判決が下された。

□津地鎮祭訴訟における国家と宗教の関わりについては，政教分離違反ではないと判断。

□わいせつ文書の販売を規制することは，公共の福祉のための制限であり，違憲ではない(チャタレイ事件判決)。

●身体の自由

□【　奴隷的拘束・苦役からの自由　】…人格を無視するような身体の拘束を受けず，懲役の場合を除いては，意に反した苦役を免れる(18)。
□法定手続きによらなければ，刑罰を科せられない。たとえば…

| | |
|---|---|
| 罪刑法定主義 | 犯罪や科される刑罰が何かは，法定されるべし(31)。 |
| 令状主義 | 現行犯を除き，裁判官が発行する令状によらねば逮捕されない(33)。 |
| 拷問・残虐刑の禁止 | 公務員による拷問及び残虐な刑罰の禁止(36)。 |
| 黙秘権 | 取り調べにおいて，被疑者は供述を拒める(38)。 |

□ある時に適法であった行為を，事後に制定された法律で罰することはできない(**遡及処罰**の禁止)。
□被告人が有罪と確定されるまでは無罪と推定する(**無罪推定**の原則)。
□黙秘権保護のため，裁判員制度対象事件と検察官独自捜査事件については，取り調べの**録画・録音**が義務付けられている。

●経済の自由

□【　居住・移転・職業選択の自由　】…「何人も，**公共の福祉**に反しない限り，居住，移転及び職業選択の自由を有する」(22)。
□【　財産権の保障　】…「財産権は，これを侵してはならない」(29)。

□「私有財産は，正当な**補償**の下に，これを**公共**のために用ひることができる。」(29)
□薬局開設の距離制限は，**公共の利益**の目的に適った合理的な規制とはいえず，違憲である。

## 5 社会権

次に，人間らしい生活を営むための**社会権**である。

●社会権的基本権

□【　生存権　】…人間らしい生活を営む権利。「すべて国民は，**健康**で文化的な**最低限度**の生活を営む権利を有する」(25)。
□【　教育を受ける権利　】…「すべて国民は，…その能力に応じて，ひとしく教育を受ける権利を有する」。別名，**文化的生存権**(26)。

⏱ □【 労働基本権 】…勤労権と労働三権(団結権，団体交渉権，団体行動権)から構成される(27，28)。

□【 プログラム規定 】…憲法第25条第１項の規定は，生活に困っている国民が国に給付を請求できる権利を保障するものではなく，国家に対し，道義的・政治的な目標を定めたものにすぎない，という説。

□プログラム規定説は，朝日訴訟や堀木訴訟の判決の根拠となった。

### ●参政権・請求権

□【 参政権 】…公務員の選定・罷免権(15)，普通選挙の保障(15)，憲法改正の国民投票(96)，地方の特別法の住民投票(95)など。

□【 請求権 】…人権侵害の救済を求める権利。請願権(16)，裁判を受ける権利(32)，損害賠償請求権(17)，刑事補償請求権(40)など。

□【 国家賠償請求権 】…公務員の不正の損害賠償を請求する権利。

□【 刑事補償請求権 】…裁判で無罪判決を受けた人が，抑留・拘留されていた期間の補償を求める権利。

### ●新しい権利

個人の尊重について定めた憲法第13条(235ページ)を根拠とする。

□【 プライバシーの権利 】…私的な生活をみだりに公開されない権利，自己の情報をコントロールする権利。

□【 自己決定権 】…国家から干渉されず，自分で決める権利。

□【 肖像権 】…自分の容姿などを無断で撮影・公表されない権利。

□【 環境権 】…静けさなど，生存に必要な生活環境を享受する権利。

□【 知る権利 】…必要な情報を自由に知ることができる権利。1999年に情報公開法が制定されている。

□【 忘れられる権利 】…個人のデータは，当人の要求に応じて削除されなければならない。EUの司法裁判所で認められた。

⏱ □『石に泳ぐ魚』訴訟では，小説のモデルとなった女性のプライバシー侵害が認められ，出版差し止めが命じられた。『宴のあと』訴訟でも，プライバシーを認める判決が出された。

□メディアを開かれたものにするアクセス権に関連し，「サンケイ新聞」意見広告事件では，反論文の掲載請求権は認められなかった。

□大阪空港公害訴訟では，騒音は環境権ではなく人格権の侵害と認め，国に損害賠償が命じられた。

## 6 国民の義務

●基本的人権の保持と公共の福祉のための利用

□「…国民は，これ(憲法が国民に保障する自由及び権利)を濫用してはならないのであつて，常に公共の福祉のためにこれを利用する責任を負ふ」(12)。

●国民の3大義務

□国民は，①保護する子女に普通教育を受けさせる義務(26)，②勤労の義務(27)，③納税の義務(30)，を負う。

## 7 平和主義

争点の多い憲法第9条である。

●条文

□「日本国民は，…国際平和を誠実に希求し，国権の発動たる戦争と，武力による威嚇又は武力の行使は，国際紛争を解決する手段としては，永久にこれを放棄する」(第9条第1項)。

□「前項の目的を達するため，陸海空軍その他の戦力は，これを保持しない。国の交戦権は，これを認めない」(第2項)。

●見解

□「戦力とは，近代戦争遂行に役立つ程度の装備，編成を備えるものをいう」(吉田茂内閣)。

□「自衛のために必要な最小限度の自衛力は合憲であり，名前が核兵器とつけばすぐ違憲だとすることは正しい解釈ではない」(岸信介内閣)。

□「戦力は，自衛のための必要最小限度を超えるものである。それ以下の保持は，憲法によって禁じられていない」(田中角栄内閣)。

□「『要員の身体防衛のためのみの武器使用』『紛争当事者間の停戦合意が破られれば撤収する』という前提によって，国連のPKFにも参加できる」(海部俊樹内閣)。

□憲法第9条をめぐる裁判で最高裁は，きわめて高度の政治性のある問題は，裁判所の司法審査の対象外との判断を示した(砂川事件)。

テーマ 75

● 政治・経済(現代政治と民主社会)

# 国会・内閣・裁判所

**ここが出る!** ▶▶

- 立法機関の国会は,衆議院と参議院の二院からなる。両院の違いは何か。また,衆議院の優越が認められているのはなぜか。
- 裁判の三審制について知り,刑事裁判と民事裁判の区別をつけよう。2009年より,一般人が参加する裁判員制度も導入されている。

## 1 三権分立

わが国は三権分立制をとり,権力の抑制と均衡を図っている。

□立法権は**国会**(憲法第41条),行政権は**内閣**(第65条),司法権は**裁判所**(第76条)に属する。

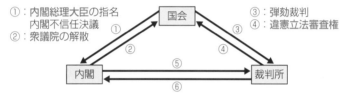

①:内閣総理大臣の指名
　　内閣不信任決議
②:衆議院の解散

国会

③:弾劾裁判
④:違憲立法審査権

内閣　⑤→　裁判所
内閣　←⑥　裁判所

⑤:最高裁長官指名,最高裁裁判官任命
⑥:行政処分の違憲・違法審査

□国民は,国会議員を**選挙**し,内閣に**世論**で働きかけ,最高裁判所の裁判官を10年おきに審査する(**国民審査**)。

## 2 国会の地位と機構

### ●国会の地位と機構

□国会は,国権の**最高機関**であって,国の唯一の**立法機関**。(第41条)

□【　二院制　】…国会は,**衆議院**及び**参議院**で構成する。(第42条)

□両院の議員には,以下のような違いがある。衆議院議員を選ぶ選挙を**総選挙**,参議院議員を選ぶ選挙を**通常選挙**という。

| | 衆議院 | 参議院 |
|---|---|---|
| 定数 | 465(比例176,小選挙区289) | 248(比例100,選挙区148) |
| 選挙権 | 満18歳以上 | |
| 被選挙権 | 満25歳以上 | 満30歳以上 |
| 任期 | 4年(解散の場合は終了) | 6年(3年ごとに半数改選) |

**●衆議院の優越**

□【　衆議院の優越　】…衆議院は**任期**が短く，**解散**もあるので，その時々の民意を忠実に反映する。よって，衆議院が参議院に優越する。

□法律の議決，予算の議決，条約の承認，内閣総理大臣の指名などにおいて，両院の議決が相違した場合，衆議院の議決が国会の議決となる。

□内閣不信任決議権と予算先議権は，衆議院にのみ与えられる。

## 3 国会の権限と運営

法律案や予算の議決についてよく問われる。

**●法律案の議決**

□法律の制定は，次のような過程をたどる。①議員ないしは内閣による法律案の提出⇒②衆議院（参議院）❶での審議⇒③参議院（衆議院）での審議⇒④成立⇒⑤天皇が公布。

□衆議院と参議院の審議結果が異なる場合，参議院が衆議院で可決された法律案を受け取ってから60日以内に議決しない場合，衆議院で出席議員の３分の２以上の賛成で再可決すれば，法律となる。

□意見調整のための両院協議会❷の開催は任意とされる。

**●予算の議決**

□内閣が作成した予算は，先に衆議院が審議する。参議院が異なる議決をし，両院協議会でも一致に至らない場合，衆議院の議決が国会の議決となる。

□衆議院が可決した予算を参議院が受け取ってから30日以内に議決がない場合，衆議院の議決が国会の議決となる。

**●内閣総理大臣の指名**

□衆議院と参議院の審議結果が異なり，両院協議会でも一致に至らない場合，衆議院の議決が国会の議決となる。

□衆議院の指名後，参議院が10日以内に議決しない場合，衆議院の議決が国会の議決となる。

**●国会の運営**

□国会には，①常会，②臨時会，③特別会，および参議院の④緊急集会の４種類がある。①は毎年１回，１月に召集され，予算などを審議。

❶一般の議案はどちらの院に先に出してもよい。ただし，予算は衆議院に先議権がある。
❷両院協議会は，予算の議決，内閣総理大臣の指名，条約の承認の際は必ず開かれる。

③は衆議院解散総選挙後30日以内に召集。

□両議院とも，定足数は，総議員数の3分の1以上。

● **国会議員の特権**

□【　不逮捕特権　】…会期中は逮捕されない。

□【　免責特権　】…議院での演説・評決・討論については院外で責任を問われない。

□【　歳費受領権　】…相当額の歳費が国から支給。

● **内閣や司法に対する監督権**

□内閣に対しては，国政調査権（第62条），内閣総理大臣の指名権（第67条），内閣不信任決議権（第69条）を有する。

□弾劾裁判所を設けて，義務違反のあった裁判官の裁定を下す。訴追委員会で，弾劾裁判にかけるか否かを決定する。

## 4 内閣

● **内閣の地位**

□【　議院内閣制　】…内閣は，国会に対して連帯して責任を負う制度。

□内閣総理大臣は国会議員の中から国会が指名し，天皇が任命する。内閣総理大臣は国務大臣を任命する。

□国務大臣の過半数は国会議員でなければならない。内閣総理大臣・国務大臣は全員，軍人ではない文民でなければならない。

□衆議院の内閣不信任決議⇒内閣は10日以内に総辞職 or 衆議院を解散。

● **内閣の職務**

□内閣の職務は，①法律の執行，②外交関係の処理，③条約の締結，④予算の作成，⑤政令の制定（委任がある場合以外，罰則は設けられない），などである。最高裁判所長官の指名権も有する。

## 5 裁判所の地位と裁判の仕組み

● **裁判所の地位**

□【　司法権の独立　】…裁判所は，諸勢力に干渉されず，公正と独立性を確保すべきという原則。憲法第76条で規定されている。

□裁判官は，その良心に従い独立して職権を行使する。憲法・法律にのみ拘束される。

□大津事件（1891年）の際，児島惟謙は司法権の独立を守った。

●裁判所の種類

□裁判には，民事裁判，刑事裁判，行政裁判という種類がある。

□民事裁判は市民間の争いを裁き，刑事裁判では国が犯罪の処罰を求める。後者では，検察官が原告となる。

□裁判所は，最高裁判所と下級裁判所からなる。後者は，高等裁判所，地方裁判所，家庭裁判所，簡易裁判所に分けられる。

□最高裁は，長官と14人の判事から構成される。うち10人以上は法律の専門家でなければならない。

●裁判の仕組み

□【　三審制　】…訴訟の当事者は，１つの事件について３回まで裁判を受ける権利を持つ。国民の権利保障を慎重にするため。

□一審の判決に不服な場合は控訴，二審の判決に不服な場合は上告する。

□裁判は公開が原則で誰でも傍聴できるが，裁判官の全員一致で公序良俗を害する恐れがあると決した場合，公開しないこともできる。

●裁判員制度

□司法制度改革の一環として裁判員制度を導入。重大な刑事事件の第一審に，くじで選ばれた６名の裁判員(20歳以上)が参加。

□有罪か無罪か，また量刑を決めるに際しては，裁判官と裁判員それぞれ１名以上の賛成が必要。

□裁判員裁判は，有罪か無罪かの判断と刑の量定を行う制度であり，有罪か無罪かのみを判断するアメリカの陪審員制度と異なる。

## 6 裁判官と違憲立法審査権

●裁判官の任命と身分

□最高裁判所の長官は，内閣の指名に基づいて天皇が任命する。

□裁判官が罷免されるのは，①心身の故障，②弾劾裁判所での罷免裁決，③国民審査での罷免票が過半数(最高裁の裁判官)，という場合のみ。

□【　国民審査　】…最高裁の裁判官を国民の直接投票で審査。罷免票が過半数の場合，罷免となる。任命後初の衆議院総選挙時に実施。

●違憲立法審査権

□「最高裁判所は，一切の法律，命令，規則又は処分が憲法に適合するかしないかを決定する権限を有する終審裁判所である」(第81条)。

□このことから，最高裁は「憲法の番人」といわれる。

テーマ 76

● 政治・経済(現代政治と民主社会)

# 選挙と地方自治

ここが出る! ▶▶

・選挙の方法にはいくつかあるが，それぞれの長所と短所を知っておこう。論述の問題も少なくない。

・地方自治も出題頻度が高い。地方公共団体の仕事，住民の直接請求の仕組みについて知ろう。

## 1 選挙の原則と仕組み

●選挙の原則

□①一定年齢のすべての成年者に選挙権を与える普通選挙❶，②一人一票の平等選挙，③直接に候補者を選ぶ直接選挙，④誰に投票したかを秘密にする秘密選挙，という原則による。

●選挙の仕組み

□【 小選挙区制 】…１つの選挙区から１名の代表者を選ぶ。

□【 大選挙区制 】…１つの選挙区から複数の代表者を選ぶ。

□【 比例代表制 】…各政党の得票数に応じて議席数を配分する。

| | メリット | デメリット |
|---|---|---|
| 小選挙区制 | 政局の安定，候補者をよく知れる，選挙費用の節約 | 死票が多い，不正選挙の多発，ゲリマンダー❷の危険性 |
| 大選挙区制 | 死票が少ない，選挙の公正さを保ちやすい | 政局の不安定，候補者をよく知れない，選挙費用がかさむ |
| 比例代表制 | 死票が少ない，選挙費用が節減される | 小党分立になりやすい(政局の不安定化) |

## 2 選挙制度

●衆議院議員の選挙制度

□小選挙区比例代表並立制は衆議院議員総選挙に導入された選挙制度で小選挙区制で289人，比例代表制で176人を選出。小選挙区では全国を289の選挙区に割り，比例代表では全国を11のブロックに分割。

□小選挙区の候補者は，比例代表の名簿登載者となる重複立候補もできる。よって，小選挙区で落選しても比例代表での復活はあり得る。

❶わが国で男女平等の普通選挙が実現したのは1945年である。

❷自分の政党に有利なように選挙区を定めること。

□比例名簿登載順に当選が決まる拘束名簿式比例代表制。

●**参議院議員の選挙制度**

□参議院の選挙では，都道府県(鳥取と島根，徳島と高知は合区)を単位とする選挙区選挙と，全国を単位とする非拘束名簿式比例代表制。

●**ドント式**

□比例代表の当選者数は，**ドント式**で計算される。A党の得票数が1800，B党が1500，C党が1200，D党が900で，定数が8の場合，ドント式による議席の配分数は？

| | A党 | B党 | C党 | D党 |
|---|---|---|---|---|
| 1で割った商 | **1800** | **1500** | **1200** | **900** |
| 2で割った商 | **900** | **750** | **600** | 450 |
| 3で割った商 | **600** | 500 | 400 | 300 |

□整数で各党の得票数を割っていき，得られた商の上位8位までをとる。上表の**太字**の数字がそれで，A党は3人，B党は2人，C党は2人，D党は1人となる。

●**政党制**

| | メリット | デメリット |
|---|---|---|
| 二大政党制(英米) | 政権が安定 | 少数意見が反映されない |
| 多党制(仏伊) | 少数意見も反映 | 政権の不安定化 |

## 3 公職選挙法と選挙の問題点

●**公職選挙法**

□満18歳未満の人は選挙運動禁止。

□事前運動や投票日の運動は禁止。買収や戸別訪問は禁止。

□【 連座制 】…選挙運動の中核人物や，候補者の親族や秘書が選挙違反を犯し，刑罰が確定した場合，候補者の当選は無効となる。

□2013年の法改正により，インターネットを使った選挙運動が解禁された。ただし有権者は，電子メールを利用した選挙運動はできない。

□企業・団体から政治家個人への献金は禁止(政治資金規正法)。

●**選挙の問題点**

□【 議員定数の不均衡 】…各選挙区間で，議員定数と有権者数の比率に不均衡があること。人口が少ない区ほど，1票の価値は大きくなる。

□【 アダムズ方式 】…人口比に応じて都道府県に議席を配分する方式。

□【　ポピュリズム　】…大衆受けする政策を掲げ，人気を得ようとする政治姿勢。

## 4 地方自治と地方公共団体

**●本旨**

□地方自治は民主主義の学校(イギリスのブライスの言葉)。

□地方自治は，住民自治(参加)と団体自治(自主決定)が本旨。

**●憲法の規定**

□地方公共団体の組織及び運営に関する事項は，地方自治の本旨に基いて，法律でこれを定める。(第92条)

□地方公共団体は，その財産を管理し，事務を処理し，及び行政を執行する権能を有し，法律の範囲内で条例を制定することができる。(第94条)

**●地方公共団体の組織と仕事**

□【　二元代表制　】…住民は首長と地方議員という 2 種類の代表を選ぶ。

□首長と議会議員の任期は 4 年。

□双方とも住民の直接選挙で選ばれるが，解散やリコール制度がある。

□自治事務と法定受託事務(国政選挙，旅券の交付など)を担う❸。国からは国税の一定割合が地方交付税交付金として配られる。

□自治体間の財政不均衡を抑制し，一定の行政サービスを維持するため。使途が指定された国庫支出金も支給される❹。

**●議会と首長の関係**

□首長は，議会による条例や予算の議決に対して，10日以内に拒否権を行使できる。ただし，議会が出席議員の 3 分の 2 以上の賛成で再議決すれば成立。

□議会は，3 分の 2 以上の出席，その 4 分の 3 以上の賛成で首長の不信任決議を行うことができる。⇒首長は10日以内に議会を解散するか，辞職する。

## 5 住民の権利

地方自治では，直接民主制がより多く取り入れられている。

---

❸1999年の地方分権一括法制定により，国からの機関委任事務は廃止された。

❹地方交付税は使途が指定されない一般財源，国庫支出金は使途が指定された特定財源である。

□選挙権は満18歳以上，議員と市町村長の被選挙権は満25歳以上，都道府県知事のそれは満30歳以上の者に与えられる。

□１つの地方公共団体にのみ適用される特別法は，その住民投票❺により過半数の賛成を得なければ，国会はこれを制定できない。

□地方自治では，署名による直接請求権が認められる。

| 種類 | 必要署名数 | 請求先 |
|---|---|---|
| 条例の制定・改廃請求 | $\frac{1}{50}$以上 | 首長 |
| 監査請求 | | 監査委員 |
| 議会の解散請求 | $\frac{1}{3}$以上 | 選挙管理委員会 |
| 議員，首長の解職請求 | | 選挙管理委員会 |
| 他の役職者の解職請求 | | 首長 |

□【　オンブズマン　】…行政への苦情や救済申し立てを処理したり，行政を監視したりする人。

## 6 国民の政治参加

**●世論の形成**

□マス・メディアを介したマスコミによる情報伝達は，送り手から受け手への一方通行。政治権力と結託した世論操作の恐れもある。

□【　メディア・リテラシー　】…各種情報媒体を使いこなす能力。

□【　ウォッチ・ドッグ　】…立法・行政・司法の三権を監視し，批判するマス・メディアの役割。「権力を監視する番犬」という意味。

**●団体**

□【　圧力団体　】…議会や行政官庁などに働きかけて，政策決定に実効的な影響を及ぼそうとする社会集団。

□【　非営利組織　】…公共の利益のために活動する団体。略称はNPO。

**●投票率を上げるために**

□【　政治的無関心　】…主権者たる国民が政治に関心を持たないこと。

□【　期日前投票　】…投票日に行けない人が，期日前投票期間に投票すること。

□【　不在者投票　】…滞在先などで投票すること。

□海外在住者も，在外選挙人名簿に登録されれば，衆議院議員と参議院議員の選挙に投票できる。

❺住民投票条例に基づく住民投票に，法的拘束力はない。

テーマ 77

● 政治・経済(現代政治と民主社会)

# 国際社会

**ここが出る!**

- 国際連合については，よく出題される。目的，原則，ならびに主要機構の大枠を知っておこう。
- 21世紀の今でも各地で紛争が起きている。それを解決する国際的な仕組みはどのようなものか。

## 1 国際社会

### ●国際社会の成立

□国際社会は，他国の干渉や支配を受けない主権国家から構成される。

□1648年のウェストファリア条約によって，ヨーロッパの各国が互いの主権を認め合う。＝国際社会のおこり。

### ●国際法

□グロティウスは『戦争と平和の法』の中で，国際法の基礎理念を提唱。

□国内法と違い，統一的な政治機構がないので，強制力に限界がある。

□国際法には，以下の2種類がある。

| 成文国際法 | 文書による合意。条約，協定，議定書，憲章など。 |
|---|---|
| 国際慣習法 | 暗黙の合意。公海の自由の原則，外交特権など。 |

## 2 国際連盟

集団安全保障の考え方に基づき，1920年に国際連盟が成立する。

□発案者は米のウィルソン大統領。主目的は，平和と安全の維持。

□総会，理事会(英仏伊日)，事務局，常設国際司法裁判所，からなる。

□欠陥として，①米の不参加，②発足当初はソ・独を排除，③全会一致の原則，④制裁力の欠如，という問題点を抱えていた。

## 3 国際連合

第二次世界大戦後，**国際連合**(United Nations)が成立する。

### ●成立

□1945年のサンフランシスコ会議で国際連合憲章を採択。同年の秋に，国際連合が成立し，翌年の1月に活動を開始。原加盟国は51カ国。2022年9月時点の加盟国は193カ国である。

### ●機構

6つの主要機関がある。**安全保障理事会**は，大きな権限を持つ。

| | |
|---|---|
| 総会 | ○全加盟国から構成。1国1票の多数決制。重要事項の決定は，3分の2以上の賛成を要する。 |
| 安全保障理事会 | ○常任理事国5カ国，非常任理事国10カ国(任期は2年，引き続いて再選はされない)で構成。<br>○常任理事国は，米・英・仏・ソ・中の5大国。<br>○手続き事項は9つの理事国の賛成で決定できる。実質事項は全ての常任理事国を含む9つの理事国の賛成が必要。<br>○実質事項は5大国の賛成で成立。5大国に拒否権❶。<br>○非軍事的制裁(経済封鎖)，軍事的制裁(国連軍)❷。 |
| 経済社会理事会 | ○諸分野の問題を研究。多くの専門機関を擁する。 |
| 信託統治理事会 | ○未開発地域の自治や独立を援助。事実上，任務終了。 |
| 事務局 | ○国連関係の事務を処理。事務総長は総会が任命。現在の総長はアントニオ・グテーレス。 |
| 国際司法裁判所 | ○主要な司法機関。15名の裁判官(任期は9年)。本部はハーグ。国家のみが当事者となれる。<br>○当事国間の合意の後，裁判が開始される。 |

### ●国連の主な機関

| 和文名称 | 欧文略記 | 本部の所在地 |
|---|---|---|
| 国連食糧農業機関 | FAO | イタリアのローマ |
| 国連教育科学文化機関 | UNESCO | フランスのパリ |
| 国連大学 | UNU | 日本の東京 |
| 世界保健機関 | WHO | スイスのジュネーブ |
| 国連児童基金 | UNICEF | アメリカのニューヨーク |
| 国連難民高等弁務官事務所 | UNHCR | スイスのジュネーブ |
| 世界知的所有権機関 | WIPO | スイスのジュネーブ |
| 国際労働機関 | ILO | スイスのジュネーブ |

### ●国連分担金比率

□2022～2024年の国連分担金比率の上位5位は，アメリカ(22.0%)，中国(15.3%)，日本(8.0%)，ドイツ(6.1%)，イギリス(4.4%)，である。

□分担金を滞納する国が多く，国連は財政難に直面。

❶拒否権の行使により安保理が機能できない場合，総会は集団安全保障装置を加盟国に勧告できる(1950年，平和のための結集決議)。

❷国際連盟は経済制裁などの非軍事的制裁しか実施できなかったが，国際連合には武力行使を伴う軍事的制裁を発動する権限が認められている。

## 4 核と国際紛争

21世紀の現在でも，世界の各地で脅威が生じている。

●冷戦の時代

□【　冷戦　】…米を中心とした資本主義陣営(西側)と，ソ連を中心とした社会主義陣営(東側)の対立。＊構図は224ページ。

□1989年のマルタ会談にて，米ソが冷戦終結を確認。

●核の問題

□【　核抑止論　】…核兵器の報復力を持つことで，対立国の核攻撃が抑止され，自国の安全が守られるという考え方。「核の傘」ともいう。

□【　非核三原則　】…核兵器をもたず，つくらず，もちこませず。＊核廃絶に向けた国際条約については226ページを参照。

□【　ユニラテラリズム　】…独断的な外交姿勢。多国間主義(マルチラテラリズム)の対語。

●国際紛争

| パレスチナ紛争 | 1948年～ | ユダヤ人とアラブ人の対立。4次に渡る中東戦争の引き金となる。 |
|---|---|---|
| ルワンダ内戦 | 1990～1994年 | フツ族がツチ族を大量虐殺。 |
| チェチェン紛争 | 1994年～ | 独立を求めるチェチェン共和国にロシアが攻撃。 |

## 5 平和のための国際協力

●国際協力の組織と規範

□【　平和維持活動　】…略称はPKO。紛争が起きている地域に，治安維持のための小部隊を派遣し，事態の悪化を食い止める活動。

□【　平和維持軍　】…略称はPKF。国連が指揮する武装部隊。兵は，加盟国が提供。紛争当事者の間に入って，争いの拡大を防ぐ。

□【　非政府組織　】…略称はNGO。国境を越えて活動する非営利民間組織。アムネスティ・インターナショナルなど。

⏱□【　人間の安全保障　】…国家の防衛よりも，紛争で被害を受けている人間を保護しようという考え方。

□【　ノン・ルフールマンの原則　】…迫害を受けかねない地域に難民を送り返すことを禁ずる国際法規範。

●日本とPKO

□1992年にPKO協力法を制定。同年，PKOの一環として自衛隊がカンボジアに派遣される。現在，南スーダンでの活動を継続中。

□日本のPKO参加の5原則は以下。憲法第9条との兼ね合いもある。

①紛争当事国の間で停戦の合意が成立していること。

②紛争当事者が当該平和維持隊の活動及び当該平和維持隊への我が国の参加に同意していること。

③当該平和維持隊が特定の紛争当事者に偏ることなく，中立的な立場を厳守すること。

④上記の原則のいずれかが満たされない状況が生じた場合には，我が国から参加した部隊は撤収することができること。

⑤武器の使用は，要員の生命等の防護のために必要な最小限のものに限られること。

●集団安全保障と集団的自衛権

□【　集団安全保障　】…違法な戦争を仕掛けた国に，集団的に制裁を加えることで，平和の維持・回復をはかること。

□【　集団的自衛権　】…自国が攻撃を受けずとも，同盟関係にある国が攻撃を受けた場合，共同して反撃を行う権利。2014年，条件が整えば集団的自衛権の行使も可能とする閣議決定(日本)。

●安全保障に関連する国内の法律

| 法律名 | 制定年 | 主な規定事項 |
|---|---|---|
| PKO協力法 | 1992年 | 国連の要請に応じて自衛隊を派遣。 |
| 周辺事態法 | 1999年 | 周辺事態(放置すれば武力攻撃に至る恐れのある事態)に対して実施する措置。 |
| 国民保護法 | 2004年 | 武力攻撃から国民を守る対処等。 |
| 国際平和支援法 | 2015年 | 国際平和共同対処事態への協力支援等。 |

## 6 日本の領土問題

●北方領土問題

□日本の領土である国後島，択捉島，歯舞群島，色丹島(北方四島)がロシアに占拠されていること。

●竹島問題

⏱□韓国が，島根県隠岐諸島の竹島をウルルン島に属する島として領有権を主張。韓国は竹島に監視所を設置し，占拠を続けている。

テーマ 78

● 政治・経済(現代の経済)

# 経済社会の変容と現代企業

**ここが出る!** ▶▶

- 家計，企業，および政府の相互作用によって循環する国民経済の図は頻出。空欄補充問題が多いので，しっかりみておこう。
- 企業の巨大化(集中)の形態として，どのようなものがあるか。説明文を提示して，名称を答えさせる問題が多い。

## 1 経済主体と経済循環

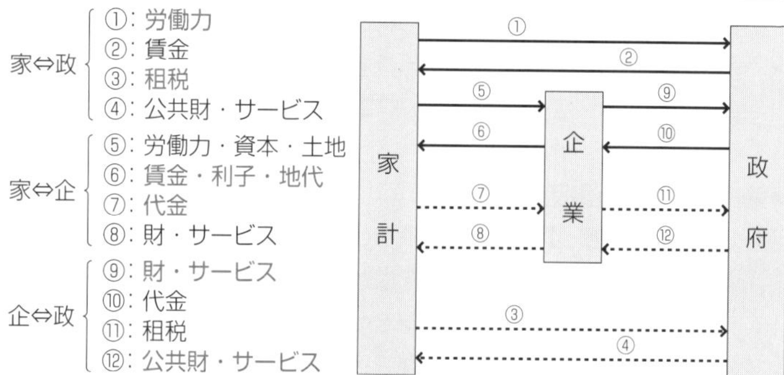


## 2 資本主義

野放しではなく，「公」の役割も重要となる。

**●発展**

□生産活動の四要素は，自然，資本財，労働力，知的資源。

□生産手段を私有する資本家らによる，飽くなき利潤追求。

□イギリスのアダム・スミスは，自由経済を擁護(神の見えざる手)。

□自由競争の段階から，大企業による独占資本主義の段階に移行。シュンペーターは技術革新が経済発展の原動力と主張。

**●変容**

□1929年の世界恐慌後，政府が経済に介入し始める。米のニューディール政策は，政府による大規模な公共事業により，失業者を救済。

□民間と並んで，公社などの公共部門が拡大。⇒混合経済へ。

□イギリスのケインズは，政府の介入により，有効需要を増やし完全雇用を実現すべきと主張。

## 3 現代の企業

**●分類**

□企業は，公共の目的のために活動する公企業と，利潤を目的とする私企業に分かれる。私企業は，個人企業と法人企業からなる。

□会社法に基づく会社には以下の種類がある。

| | 出資者 | 特徴 |
|---|---|---|
| 株式会社 | 有限責任の株主 | 株式発行で資金を集めやすい。 |
| 合名会社 | 無限責任社員 | 家族等の小規模会社が多い。 |
| 合資会社 | 無限責任・有限責任社員 | 小規模会社が多い。 |
| 合同会社 | 有限責任社員 | ベンチャー企業等に適する。 |

□【　経済の二重構造　】…大企業と中小企業の賃金等の格差。

**●企業の社会的責任(CSR)と統治**

□【　コンプライアンス　】…法令順守。

□【　メセナ　】…自社商品とは関係ない文化的活動。

□【　フィランソロピー　】…寄付・奉仕などの慈善活動。

□【　ディスクロージャー　】…出資者や取引先への情報開示。

□【　コーポレート・ガバナンス　】…企業の経営を監督すること。最近では，社外取締役の選任も多くなっている。

**●株式会社**

□株式会社は，株式の発行で得られた資金をもとに設立される。

□利潤は株主に配当として分配され，内部留保として蓄積される。

□株主は，株主総会に出席し，経営方針などについて議決できる。

**●企業の集中**

□【　カルテル　】…同一産業の企業同士が，生産量や価格などについて協定を結び，高利潤を得ること。日本では独占禁止法で禁止❶。

□【　トラスト　】…同一産業の企業が合併して巨大化すること。

□【　コンツェルン　】…親会社が各分野の子会社を傘下に置くこと。戦前日本の財閥がこれに当たる。

□【　コングロマリット　】…異業種の会社を次々に買収・合併(M＆A)して巨大化。

❶公正取引委員会が監視や取り締まりに当たっている。

テーマ 79

● 政治・経済(現代の経済)

# 市場経済と金融

**ここが出る!**

- **需要曲線と供給曲線の図は頻出。あるケースの図を提示して，超過需要(供給)の量や，均衡価格を答えさせる問題が出る。**
- **中央銀行である日本銀行の役割は何か。日銀が景気対策として行う金融政策はどのようなものか。**

## 1 市場と価格

価格は，需要と供給の相互作用で決まる。

### ●価格の決定

□縦軸は価格(円)，横軸は取引数量(個)。

□Dは需要曲線，Sは供給曲線を示す。

□5000円の場合，需要量は10個で供給量は50個。40個の超過供給。高すぎる，負けろ！

□1000円の場合，需要量は50個で供給量は10個。40個の超過需要。もっと高く売れる！

□やがて価格3000円に落ち着く(均衡価格)。

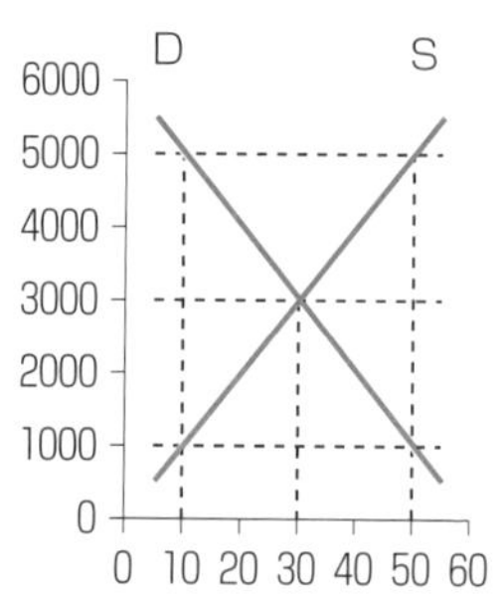


### ●市場の失敗

□【 市場の失敗 】…市場のメカニズムがうまく作動しないこと。

□寡占市場では，供給側の競争の欠如により，高価格が維持される。企業による環境破壊など(外部不経済)の問題に，市場では対応不可。

□【 価格の下方硬直性 】…寡占市場では，需要が減っても価格が下がりにくくなる。企業側は超過利潤を得，消費者は不利益を被る。

□【 独占禁止法 】…市場の独占(カルテルなど)を禁止。公正取引委員会が監視機関。1997年に，条件つきで持株会社を解禁。

### ●管理価格と非価格競争

□寡占市場では，プライス・リーダーが高めの管理価格を設定。他社は同調。競争は，デザインや広告などの分野に移行(非価格競争)。

## 2 貨幣と通貨制度

### ●貨幣の機能

□貨幣は，①商品の価値尺度手段，②商品の交換手段，③支払い手段，

④富の貯蔵手段，という4つの機能を有する。

□通貨は現金通貨(流動性が高い)と預金通貨に分けられる。後者のうち，手形や小切手などの支払いに充てられるのは当座預金である。

●**通貨制度**

| | 金本位制度 | 管理通貨制度 |
|---|---|---|
| 紙幣 | 金と交換できる兌換紙幣 | 金と関係ない不換紙幣 |
| 長所 | 貨幣価値が安定 | 通貨量を柔軟に調整可 |
| 短所 | 通貨量を増やしにくい | インフレが起きやすい |

□金本位制では，通貨量が金の保有量に制限され，通貨量を増やして景気を回復できない。世界恐慌後，多くの国が管理通貨制に移行。

## 3 金融

●**金融の形態**

□【　直接金融　】…家計が株式の購入などの形で，企業に**直接**融資。

□【　間接金融　】…家計が銀行を介して**間接**的に企業に融資。

●**銀行の金融業務**

□銀行は，①預金業務，②貸付業務，および③為替業務を行う。

□【　信用創造　】…最初の預金額の数倍もの現金を創出すること。

□信用創造額は，(最初の貯金額÷支払準備率)から，最初の貯金額を引いて求められる。

●**日本銀行の金融政策**

日本の中央銀行は，1882年に設立された日本銀行である。

□【　発券銀行　】…独占的に銀行券を発行。限度額は財務大臣が決定。

□【　銀行の銀行　】…市中銀行を相手に，預金の受け入れや貸し出し。

□【　政府の銀行　】…国庫金の出納，短期資金の貸し出し，国債の発行。

□不況の時は金融緩和，好況の時は金融引き締めを行う。

| | 不況対策 | 景気の過熱対策 |
|---|---|---|
| 政策金利操作 | 引き下げ | 引き上げ |
| 公開市場操作 | 買いオペ(資金放出) | 売りオペ(資金吸い上げ) |
| 預金準備率操作 | 引き下げ | 引き上げ |

□政策金利(公定歩合)とは，日銀が市中銀行に融資する時の利子率。預金準備率とは，市中銀行が日銀に再預金すべき額の比率。

□【　短期金融市場　】…期間1年未満の金融取引の市場。

テーマ 80

● 政治・経済(現代の経済)

# 経済の指標と経済成長

**ここが出る!** ▶▶

- NNPなどの経済指標を押さえよう。統計表からNIを計算させる問題も出る。
- 景気循環の原理について知っておこう。循環の周期に関する著名な学説や，わが国の経済成長率のグラフなども要注意である。

## 1 経済と国富の指標

豊かさは経済面だけでは測れない。

**●国内総生産と国民総生産**

□【 国内総生産 】…略称はGDP。国内で1年間に生産された付加価値の合計。自国の国民が外国で得た所得などは含まれない。

□【 国民総所得 】…略称はGNI。居住者が国内外で1年間に得た所得の合計。GDPに，海外からの純要素所得(海外からの所得－海外に対する所得)を足して算出。

□【 国民純生産 】…略称はNNP。GNIから固定資本の減耗分(**減価償却費**)を差し引いたもの。

**●国民所得**

□国民所得(NI)＝NNP－間接税＋**補助金**

□NNPから政府に払う**間接税**を除き，政府からの**補助金**を加算。

□【 三面等価の原則 】…生産，分配，および支出の3面から捉えた国民所得は等しくなる(**生産**国民所得＝**分配**国民所得＝**支出**国民所得)。

**●フローとストック**

□【 フロー 】…一定期間における経済の流れ。年間のGDPなど。

□【 ストック 】…ある時点における蓄え。建物などの有形資産に，対外純資産(＝対外資産－対外負債)を加えたものが**国富**に相当。

**●豊かさの指標**

□【 国民純福祉 】…略称はNNW。一国の福祉の水準を示す指標。

□【 グリーンGDP 】…GDPから，環境破壊のマイナス要素を除外。

## 2 経済成長

**経済成長率**という用語の正確な意味を押さえよう。

●成長の指標

□【　経済成長率　】…一定期間におけるGDPの増加割合(%)。

□【　実質経済成長率　】…物価の変動を調整した実質GDPの伸び率。

□実質GDP＝(名目GDP／GDPデフレーター)×100

●日本の経済成長

□1950年代半ば以降の高度経済成長。公害や貿易摩擦が激化。

□1973年と79年の石油危機。74年に初のマイナス成長(右図)。

□1980年代の円高不況，バブル経済。90年代以降の平成不況。

実質経済成長率の推移（%）

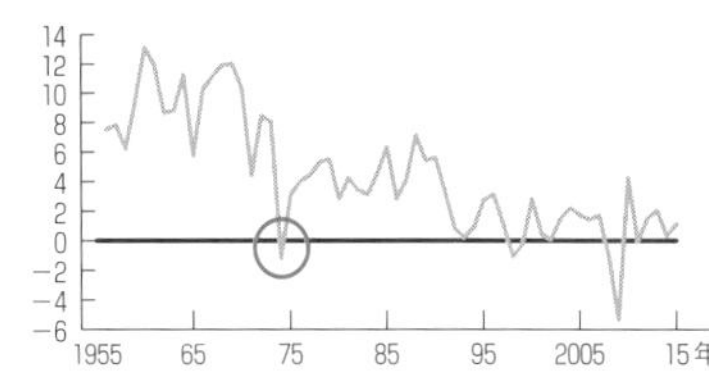


## 3 景気

●景気の変動

□【　景気循環　】…好況→後退→不況→回復→好況…という局面を反復。

| 景気循環の波の名称 | 原因 | 周期 |
|---|---|---|
| キチンの波 | 在庫調整 | 約40カ月 |
| ジュグラーの波 | 設備投資 | 約10年 |
| クズネッツの波 | 建設投資 | 約20年 |
| コンドラチェフの波 | 技術革新 | 約50年 |

●戦後日本の景気変動

□高度経済成長期は，神武景気(1955〜57年)，岩戸景気(59〜61年)，オリンピック景気(62〜64年)，いざなぎ景気(65〜70年)などの好況が続く。

□1980年代以後，円高不況，バブル景気，平成不況を経験。

□1990年代に入ると，バブル経済が崩壊し，不良債権処理が進まず，銀行は企業に対して貸し渋りや貸しはがしを行った。この時期の日本経済は「失われた10年」と言われる。

●景気対策

□不況時は，金融面で金利を引き下げ，財政面で減税，社会保障拡充，公共事業拡大などを行う。⇒有効需要拡大。⇒景気回復へ。

□反対の景気抑制策としては，増税や金利引き上げなどを実施。

□【　ビルトイン・スタビライザー　】…累進課税や社会保障による景気の自動調節機能。

テーマ 81 ● 政治・経済(現代の経済)

# 財政

ここが出る! ▶▶

・歳入と歳出の統計(円グラフ)は頻出。歳入で租税・印紙収入がおよそ6割，歳出では社会保障費が3割など，内訳を知っておこう。

・租税にはどのようなものがあるか。直接税が所得の再分配を促すとは，具体的にどういうことか。

## 1 財政の機能と仕組み

●機能

□【 公共財の供給 】…民間企業では供給しにくい，公共財を供給。

□【 所得の再分配 】…累進課税や社会保障による所得の平等化。

□【 景気の調整 】…経済の安定化。不況や失業を防ぐ景気対策。

●重要用語

□【 予算 】…年度(4月1日から翌年の3月31日まで)の歳入と歳出の計画。内閣が作成し，国会の議決を受けて執行。

□【 補正予算 】…新たな財政需要に対し編成される予算。

□【 決算 】…一会計年度の収支結果の報告。会計検査院が検査する。

□【 一般会計 】…政府の通常の活動のための予算。予算の中心。

□【 特別会計 】…特定の事業のための予算。年金特別会計など。

●歳入と歳出

□2023年度の歳入・歳出内訳の上位3位は以下(『日本国勢図会2023/24』による)。2023年度の一般会計の歳出額は114兆3812億円である。

| | | |
|---|---|---|
| 国の一般会計 | 歳入 | ①租税・印紙収入(61%)，②公債金(31%) |
| | 歳出 | ①社会保障関係費(32%)，②国債費(22%)，③地方交付税交付金(14%) |
| 地方財政 | 歳入 | ①地方税(47%)，②地方交付税(20%)，③国庫支出金(16%) |
| | 歳出 | ①一般行政経費(46%)，②給与関係経費(22%)，③投資的経費(13%) |

□地方財政の予算の規模は国家財政に匹敵する。

⏱□地方財政の財源には，独自に集める自主財源と，国などから支払われる依存財源がある(地方債は依存財源)。地方税が，地方財政の財源の3～4割しか占めないことを三割自治という。

## 2 租税

税収は増えているが，逆累進の消費税の比重が高まっている。

**●直接税と間接税**

□【　直接税　】…税負担者と納税者が同じ。所得税など。累進課税により，高額所得者の税率を高く設定。→所得の再分配へ。

□【　間接税　】…税負担者と納税者が異なる。消費税など。税率は一律であるから，低所得者ほど負担が大きい(＝逆進課税)。

□直接税と間接税の比(直間比率，国税＋地方税の場合)は，6：4である。

**●税の体系**

| | | |
|---|---|---|
| 国税 | 直接税 | 所得税，法人税，相続税，贈与税など。 |
| | 間接税 | 消費税，酒税，印紙税，関税など。 |
| 地方税 | 直接税 | 住民税，事業税，固定資産税，自動車税など。 |
| | 間接税 | たばこ税，ゴルフ場利用税，入湯税など。 |

□戦前は間接税の比重が高かったが，戦後は直接税中心となっている。

□所得の捕捉率は，サラリーマンが10割，自営業は5割，農家は3割(トーゴーサン)。

## 3 公債と財政政策

国債依存度の高まりは，財政の健全さを損なうといわれている。

**●公債**

□2023年度の一般会計歳入総額に占める国債の比率(国債依存度)は31%。この率が高まると，公債返済で自由に予算を組めない(財政の硬直化)。

□【　プライマリー・バランス　】…国債等の借金を除く歳入と，国債費を除く歳出の比較。後者のほうが大きい場合は赤字となる。

□【　建設国債　】…公共事業費などの資金を得るための国債。

□【　赤字国債　】…歳入の不足を補うための国債。別名は特例公債。

□公債は，民間が購入(市中消化の原則)。日銀の買い取りは原則禁止。

**●財政政策**

□【　フィスカル・ポリシー　】…裁量的財政政策。不況時には支出拡大・減税，好況時には支出抑制・増税を行う。

□【　財政投融資　】…**財投債**の発行などによって得た資金を元手に，国が金融活動を行うこと。「第二の予算」ともいわれる。

テーマ 82

● 政治・経済（現代の経済）

# 日本経済の諸相

頻出度 C

**ここが出る!** ▶▶

- **インフレーション，デフレーションというような，物価の動向を表す重要概念について，正確な理解を図っておこう。**
- **成年年齢が18歳に下げられたことに伴い，消費者被害の増加が懸念される。消費者保護の基本を知ろう。**

## 1 日本経済の発展

**●経済安定九原則**

□戦後直後にインフレが起きるが，ドッジ・ラインにより収束。

□1948年に経済安定九原則が出される。

GHQは，①均衡予算，②課税強化・脱税防止，③融資規制，④賃金安定，⑤物価統制，⑥貿易統制・為替管理，⑦配給制度改善，⑧鉱工業増強，⑨食糧供給能率化，の９つの実行を指令。

**●復興と高度経済成長**

□【　傾斜生産方式　】…石炭，電力，鉄鋼などの基幹産業に重点を置く。復興金融金庫の融資を受ける。

□【　朝鮮特需　】…1950年の朝鮮戦争勃発により，日本にもたらされた特別需要。武器などの大量生産→生産拡大→高度経済成長へ。

□高度経済成長期の前半では，国際収支の天井で成長が阻まれることもあった。

**●産業の変化**

□【　ペティ・クラークの法則　】…経済の発展につれ，産業の中心が第１次→第**2**次・第**3**次産業へと移行。

□1991年，牛肉とオレンジの輸入が自由化される。

□情報化が進み，2000年に高度情報通信ネットワーク社会形成基本法が制定される。創作活動の成果に対する知的財産権も重要。

## 2 物価・経済格差・消費者保護

消費者保護の出題頻度が増している。

**●物価**

□【　物価　】…モノの価格を全体的に捉えたもの。２種類ある。

卸売業者→〈卸売物価〉→小売業者→〈消費者物価〉→消費者

□【 インフレーション 】…物価が継続して上昇する現象。需要超過による需要インフレ，生産コスト高騰によるコストインフレがある。

□【 デフレーション 】…物価が継続して下落すること。生産活動低下→賃金減・失業→消費低迷→…の悪循環（デフレスパイラル）。

□【 スタグフレーション 】…景気停滞時のインフレーション。景気対策（需要拡大策）をすればインフレが起きるというジレンマ。

●経済格差

□【 新自由主義 】…経済活動への規制を小さくし，自由競争を促すこと。規制緩和，福祉の削減を伴う。

□1990年代末頃から，日本では経済格差が拡大している。

○非正規雇用の増加，正社員との所得格差が開く。

○年功賃金から成果主義賃金への移行で，正社員の間でも格差拡大。

□1980年代，イギリスのサッチャー，アメリカのレーガン政権では新自由主義がとられた。

□【 ジニ係数 】…社会の格差の指標，0は完全平等で，1に近づくほど格差が大きくなる。

□【 エンゲル係数 】…消費支出総額に占める飲食費の割合。高いほど生活水準が低い。

●消費者保護

□安全の権利，知らされる権利，選ぶ権利，意見を反映される権利（アメリカのケネディ大統領が提唱した，消費者の4つの権利）。

□【 クーリング・オフ 】…成立後に契約を解除できること。特定商取引法の規定による。

□消費者保護の制度は以下。数字は古い順である。

| | | |
|---|---|---|
| 法 | 消費者基本法① | 消費者の自立支援に重点を置く。 |
| | 消費者契約法④ | 事実誤認や困惑による契約を取り消せる。 |
| | 製造物責任法③ | 企業が欠陥商品の被害を弁済。略称PL法。 |
| 行政 | 消費者庁⑤ | 消費者行政を一元的に担う。 |
| | 国民生活センター② | 国の機関。独立行政法人。 |
| | 消費生活センター | 各都道府県，市町村の行政機関。 |

□悪質商法として，キャッチセールス（呼び止め・連行），アポイントメントセールス（呼び出し），マルチ商法（知人を紹介させる），ネガティブ・オプション（商品送り付け）などがある。

テーマ 83 ● 政治・経済(現代の経済)

# 労働問題

**ここが出る!**
- **労働三権と労働三法を押さえよう。文章を提示して，どの法律の規定かを答えさせる問題が多い。**
- **労働基準法は，賃金，労働時間などについてどのように規定しているか。近い将来，学校で働く自分の姿を想定しながら学習しよう。**

## 1 労働三権と労働三法

最も重要な事項だ。**三権・三法**を暗唱できるようにすること。

**●労働三権**

□「勤労者の団結する権利及び団体交渉その他の団体行動をする権利は，これを保障する」(日本国憲法第28条)。労働三権という。

**●労働三法と重要法規**

| 名称 | 制定年 | 内容 |
|---|---|---|
| 労働組合法 | 1945年 | 労働者の団結権と，付随する諸権利について規定。 |
| 労働関係調整法 | 1946年 | 労使間の対立を，第三者が調整。**労働委員会**による斡旋・仲裁・調停。 |
| 労働基準法 | 1947年 | 労働時間，賃金，休日などの最低基準について規定。 |

□【 男女雇用機会均等法 】…募集・採用・配置・定年・解雇などにおける男女差別を禁止。企業名公表という罰則もあり。

□【 障害者雇用促進法 】…民間企業の障害者法定雇用率を最低**2.3%**と定めているが，納付金でかえられるため，未達成の企業が多い。

## 2 現代の労働条件

**●労働基本法の規定**

| | |
|---|---|
| 契約 | ○労働条件の明示，解雇は最低30日前に予告。 |
| 賃金 | ○男女同一，毎月1回以上の支払い。<br>○時間外・休日・深夜時の割り増し。 |
| 労働時間・休日 | ○1日8時間，1週40時間以内，毎週1日以上の休日。<br>○6か月以上勤務の労働者に有給休暇(年間10～20日)。 |
| 最低年齢 | ○満15歳に達した後の最初の3月31日までは使用禁止。 |
| 女性 | ○産前6週間，産後8週間の休業を保障。 |

□労働基準監督署が法の遵守を監督。

●重要事項

□【 36協定 】…法定労働時間を超えて労働者を働かせる場合，使用者が労働組合ないしは労働者の代表と結ぶ協定。

□【 ワーク・ライフ・バランス 】…仕事と生活の調和。

□【 ワーク・シェアリング 】…労働者１人あたりの労働時間を減らし，雇用の維持や創出を図ること。

□【 フレックスタイム制 】…労働者が出勤・退勤の時間を決める。

□【 テレワーク 】…自宅などでパソコンやインターネットを活用して仕事をする労働形態。

□2018年のパートタイム労働法改正により，同一労働同一賃金を導入。正社員と派遣社員の不合理な待遇差を設けることも禁止。

□外国人労働者に対しても，労働基準法や最低賃金法，各種保険の規定が適用される。

## 3 現代の労使関係

●労働組合

□①組合活動を理由とした不利益な扱い，②組合との団体交渉拒否，③組合への介入，などの不当労働行為は禁止(労働組合法第７条)。

□欧米では産業別組合が主だが，日本では企業別組合が主流。

●争議行為

□【 ストライキ 】…労働者が団結して就業を拒否(同盟罷業)。

□【 サボタージュ 】…就業するが，意図的に作業能率を下げる(怠業)。

□【 ロックアウト 】…使用者側を労働者が締め出す(作業所閉鎖)。

□労働委員会による調整手段として，斡旋，調停，および仲裁がある。仲裁の裁定には，労使双方とも拘束される。

●公務員の労働基本権の制限

□民間労働者と違い，公務員の労働基本権は制限されている。労働条件の勧告は人事院が行う。

| | 団結権 | 団体交渉権 | 団体行動権 |
|---|---|---|---|
| 国営企業など | あり | あり | なし |
| 公務員一般職 | あり | 制限 | なし |
| 警察・消防・刑務所・防衛省など | なし | なし | なし |

テーマ 84 ● 政治・経済(現代の経済)

# 社会保障

**ここが出る!** ▶▶

- **社会保障の起源について知っておこう。イギリスのエリザベス救貧法，ドイツの疾病保険法，わが国の恤救規則などが重要である。**
- **わが国の社会保障の主要部分をなすのは社会保険である。社会保険の 5 つの種類を押さえよう。内容を混同しないよう注意のこと。**

## 1 社会保障のおこり

●おこり

□【 エリザベス救貧法 】…1601年にイギリスで制定。労働能力のない者を国家が救済。公的扶助の起源。国王の恩恵による慈善事業。

□【 疾病保険法 】…1883年にドイツで成立。世界初の社会保険法。ビスマルクは，本法で労働者階級を手なずけようとした。

□【 ベバリッジ報告 】…1942年にイギリスで公表。全国民の最低限の生活を保障。「ゆりかごから墓場まで」。

●国際比較

⏱□社会保障の財源からすると，北欧型(租税中心)と大陸型(保険料中心)に大別される。日本は混合型。

## 2 社会保障の歴史

| 年 | 国 | 事項 |
|---|---|---|
| 1601 | 英 | エリザベス救貧法制定。公的扶助の起源。 |
| 1874 | 日 | 恤救規則制定。日本で初めて公的救貧について規定。 |
| 1883 | 独 | 疾病保険法制定。世界初の社会保険法。労働者保護。 |
| 1911 | 英 | 国民保険法制定。健康保険と失業保険の創設。 |
| 1922 | 日 | 健康保険法制定。日本初の医療保険制度を創設。 |
| 1935 | 米 | 社会保障法制定。ニューディール政策の一環として制定。 |
| 1942 | 英 | ベバリッジ報告公表。全国民の最低限の生活を保障。 |
| 1958 | 日 | 国民健康保険法改正。国民皆保険を実現。 |
| 1959 | 日 | 国民年金法制定。国民皆年金を実現。 |
| 1963 | 日 | 老人福祉法制定。高齢者の健康保持と生活安定へ。 |
| 1971 | 日 | 児童手当法制定。所得制限の上で手当を支給。 |
| 1974 | 日 | 雇用保険法制定。従来の失業保険を発展させる。 |
| 1997 | 日 | 介護保険法制定。40歳以上の国民から介護保険料を徴収。 |

## 3 現代日本の社会保障制度

少子高齢化[❶]が進行するなか，**社会保障**制度の充実が急務である。

**●基本事項**

□「すべて国民は，健康で文化的な最低限度の生活を営む権利を有する」(日本国憲法第25条)。＝生存権の保障！

□日本の社会保障＝公的扶助＋社会保険＋社会福祉＋公衆衛生。

**●公的扶助**

□公的扶助は，生活保護を主体とする。被保護世帯数は増加傾向。

□生活保護は，生活，教育，住宅，医療，出産，生業，葬祭，および介護の８種の扶助からなる。

**●社会保険**

労災を除いて，費用は被保険者が負担する。

□【　医療保険　】…疾病やけがなどの際，医療サービスや費用を給付。

□【　年金保険　】…働けるうちに保険料を払い，老後に保険金を受領[❷]。下の世代が上の世代を支える賦課方式。1959年に国民皆年金が実現。国民年金(保険料は一律)が共通の基礎年金で，民間企業の雇用者には厚生年金，公務員には共済年金が上乗せされる。

□【　雇用保険　】…失業給付，高年齢雇用継続給付，育児休業給付[❸]。

□【　労働者災害補償保険　】…労働災害を補償。保険料は使用者が全額負担。

□【　介護保険　】…要介護状態になった時，介護サービスを受けられる(費用負担は原則１割)。40歳以上の国民が加入する。

**●社会福祉**

社会福祉とは，ハンディキャップがある人に援助を行うことである。

□社会福祉行政は，福祉六法(生活保護法，児童福祉法，身体障害者福祉法，知的障害者福祉法，老人福祉法，および母子福祉法)に依拠。

□【　ノーマライゼーション　】…障害のある者も障害のない者も同じように社会の一員として社会活動に参加し，自立して生活することのできる社会をめざすという理念(文部科学省)。

---

❶日本は，65歳以上人口率が29%の超高齢社会である。

❷支給額を，その時々の社会情勢に合わせて変更する「マクロ経済スライド」がとられる。

❸年金収入や雇用保険収入は移転所得といわれる。

テーマ 85

● 政治・経済(現代の経済)

# 国際経済

**ここが出る!** ▶▶

・外国との取引の収支決算である国際収支は，どのような要素からなるか。先進国に多くみられる国際収支の型は，どのようなものか。
・現在，世界の各地で地域的な経済統合が進んでいる。その主なものを知っておこう。アルファベットの略称に要注意である。

## 1 国際経済原論

**●国際分業論**

□【 比較生産費説 】…英のリカードの学説。各国は安くつく財の生産·輸出に特化し，他の財は他国から輸入すべし！＝**自由貿易**を支持。

□これに対し，独の**リスト**は保護貿易を支持し，保護関税を主張。

□イギリスのトマス・マンは，貿易黒字を重視する**重商主義**を説く。

**●決済の手段**

□【 為替レート 】…自国通貨と他国通貨との交換比率。現在は，その時点での為替の需給関係でレートが決まる**変動為替相場制**を採用。

□日本の金利がアメリカよりも**低い**場合，日本からアメリカへの投資が増大し，**円安**が進むと考えられる。

**●円安の影響**

□「1ドル＝80円」が「1ドル＝100円」になった場合，円の価値が下がったことになる。これは**円安**(ドル高)である。

□円安になると海外での**現地価格**が下がるため，輸出品は売れやすくなる(輸出有利)。ただし，海外からの輸入品の**国内価格**は上がるので，輸入品は売れにくくなる(輸入不利)。

□円安になると，海外からの旅行者が**増加**し，景気の下支えになる。

**●国際収支**

□【 国際収支 】…外国との取引の収支決算(**経常収支**＋**資本移転等収支**－**金融収支**＋**誤差脱漏**＝0)。

イ) 経常収支＝**貿易・サービス**収支＋**第一次所得**収支＋**第二次所得**収支
ロ) 資本移転等収支＝債務免除や政府が相手国に行うインフラ等の支援。
ハ) 金融収支＝直接投資＋証券投資＋金融派生商品＋その他投資＋**外貨準備**

## 2 国際経済の歴史

### ●戦後初期

□1944年のブレトン・ウッズ協定により，国際通貨基金（IMF）と世界銀行（IBRD）の設立に合意。貿易拡大を目指す国際通貨体制の成立。

□1948年の関税及び貿易に関する一般協定（GATT）により，①同等の条件での貿易（無差別原則），②**輸入制限**の撤廃，③**多角主義**（関税の引き下げを多国間で交渉），などを確認。

### ●地域的な経済統合

□ヨーロッパでは1952年に欧州石炭鉄鋼共同体（ECSC），1958年に欧州経済共同体（EEC）と欧州原子力共同体（EURATOM）ができ，1967年にはこれら３つの共同体が合併して欧州共同体（EC）となった。

□1993年にヨーロッパでは，マーストリヒト条約により欧州連合（EU）が発足した。2023年９月時点の加盟国は27カ国。

| | 名称（略称） | 設立年 | 加盟国数 |
|---|---|---|---|
| 先進国 | 欧州自由貿易連合（EFTA） | 1960年 | ４カ国 |
| | 米国・メキシコ・カナダ協定（USMCA） | 2020年 | ３カ国 |
| | アジア太平洋経済協力会議（APEC） | 1989年 | 21カ国・地域 |
| | 環太平洋パートナーシップ（TPP） | 2016年 | 11カ国 |
| 途上国 | アフリカ連合（AU） | 2002年 | 55カ国・地域 |
| | ラテンアメリカ統合連合（ALADI） | 1981年 | 13カ国 |
| | ASEAN自由貿易地域（AFTA） | 1993年 | 10カ国 |
| | 南米南部共同市場（MERCOSUR（メルコスール）） | 1995年 | ４カ国 |

□自由貿易協定（FTA）は貿易の自由化を目指すが，経済連携協定（EPA）は労働力の移動，知的財産権の保護など，幅広い分野での連携を目指す。

□日本では2002年，シンガポールと初めてEPAを結んだ。

## 3 国際経済の動揺と新展開

ドルを基軸通貨としたアメリカ主導の体制に揺らぎが起きる。

### ●国際通貨制度の変動

□1969年にIMFは，金・ドルに次ぐ「第三の通貨」のSDRを導入。

□【　ドル・ショック　】…1971年，ニクソン米大統領は，ドルと金の兌換を停止。同年のスミソニアン協定で，各国の平価調整を実施。

□1973年，外国為替市場は固定為替相場制から変動為替相場制に移行。

□1985年のG5で，各国が協力してドル高を是正するプラザ合意が成立。円高により，日本では生産拠点を海外に移す企業が増加❶。

□1987年のG7では，ドル安に歯止めをかけるルーブル合意が成立。

●ヘッジファンド

□【　ヘッジファンド　】…外国為替や株式などに投資し，利益を出資者に分配する投機的な投資信託。

□この影響で，1997年にアジア(タイなど)の通貨は暴落。

●新たな経済体制の構築

□毎年1回，先進国首脳会議(サミット)を開催。米，仏，英，独，伊，日，加の首脳会議はG7と呼ばれる。

□1993年のウルグアイ・ラウンドにて，農産物の貿易自由化が実現。GATTに代わり，世界貿易機関(WTO)が設立。

□WTOでは，全加盟国が反対しない限り，法定案は可決される(ネガティブ・コンセンサス方式)。

□2022年，日本や中国，韓国，東南アジア諸国連合(ASEAN)など15カ国が参加する地域的な包括的経済連携(RCEP)協定が発効し，域内人口とGDPがいずれも世界の約3割を占める巨大経済圏が誕生した。

## 4 南北問題

南北問題とは，北の先進国と，南の発展途上国の格差の問題である。

●現状

□欧米の植民地であった発展途上国には，特定の一次産品の輸出に依存するモノカルチャー経済が根づいてしまっている。

□1973年のオイルショック後，石油などの資源をもつ途上国と，そうでない途上国の経済格差が拡大(南南問題)。

□南米では外国からの融資で工業化が進んだが，1980年代以降，一次産品の価格下落や金利上昇で財政赤字が拡大し，累積債務に陥った。

●克服への動き

□BRICSやアジアNIEsは，工業化を進め経済を発展させる❷。

□1964年，発展途上国の団結組織77カ国グループ(G77)を形成。

❶生産拠点を国外に移すことで，国内の産業が衰退することを，産業の空洞化という。

❷具体的な国や地域については，67ページを参照。

□1974年，発展途上国を含めた新国際経済秩序（NIEO）の樹立を宣言。

□【 資源ナショナリズム 】…資源の恒久主権は産出国が有すべき。

□【 フェアトレード 】…発展途上国の原料や製品を適正価格で購入。

□【 セーフガード 】…緊急輸入制限措置。国内産業の保護のため。

**●先進国の経済協力**

□【 経済協力開発機構 】…略称OECD。発展途上国援助の促進が目的。

□【 開発援助委員会 】…略称DAC。OECDの下位機関。経済協力を調整。加盟国は，政府開発援助（ODA）を実施。贈与比率は25%以上。

□【 国連貿易開発会議 】…略称UNCTAD。1964年に創立。第1回総会のプレビッシュ報告に基づき，特恵関税制度の導入，一次産品の価格安定を目標に定めた。

□【 特恵関税 】…先進国が途上国から輸入する際，特別に低い関税率にするか無税にすること。

**●日本の経済援助**

□OECDの開発援助委員会（DAC）の加盟国中，日本のODA実績は贈与相当額では3位，支出総額では3位（2021年）。

□ODA対国民総所得（GNI）比は0.34%（DAC諸国中12位）。

## 5 日本の国際収支

□海外への直接投資が多いため，金融収支の黒字幅が大きい。途上国への無償援助が多いため，資本移転等収支は赤字。

□経常収支の推移グラフは以下。

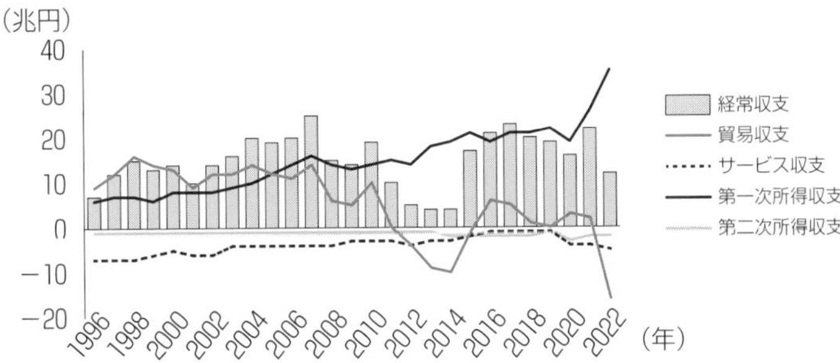


□2011年の東日本大震災による燃料輸入増加のため，2010～15年度の貿易収支は赤字。2022年は，資源高・円安の影響で大幅赤字。

# 試験直前ファイナルチェック

□1　ホッブズは，権力の濫用を防ぐため，三権分立の必要性を主張した。 →P.231

□2　日本国憲法は，国民主権，基本的人権の尊重，および平和主義の3つを基本原則とする。 →P.234

□3　衆議院議員の被選挙権は，30歳以上の国民に与えられる。 →P.240

□4　天皇は，内閣総理大臣を指名する権限を持つ。 →P.240

□5　裁判員制度では，くじで選ばれた裁判員が，重大な刑事事件の第三審まで関わる。 →P.243

□6　大選挙区制は，死票が多くなるという欠点を持つ。 →P.244

□7　グロティウスは，国家が従うべき国際法の概念を提唱した。 →P.248

□8　ユネスコの本部は，スイスのジュネーブに置かれている。 →P.249

□9　日本銀行は，不況の際は，買いオペを行う。 →P.255

□10　国内総生産の略称はGNPである。 →P.256

□11　現在の日本では，直接税と間接税の比(直間比率，国税＋地方税の場合)は，だいたい6：4である。 →P.259

□12　労働基準法の規定によると，1週当たりの労働時間は45時間を超えてはならない。 →P.262

□13　介護保険の被保険者は，50歳以上の国民である。 →P.265

□14　円安になると，海外からの旅行者が増加し，景気が刺激される。 →P.266

●Answer●

1　×
モンテスキューである。

2　○
最も重要な点である。

3　×
25歳以上である。

4　×
国会の権限である。

5　×
第一審までである。

6　×
小選挙区制の欠点。

7　○

8　×
フランスのパリである。

9　○

10　×
GDPである。

11　○

12　×
40時間を超えてはならない。

13　×
40歳以上である。

14　○

# 倫理

テーマ 86

● 倫理(青年期の性質と課題)

# 人生と青年期

**ここが出る!** ▶▶
- 先人が提唱した，人間を言い表す3つの基本表現を覚えよう。
- 青年期とは何か。どういうことをすべき時期とされるか。読者諸君は青年期のただ中にいる。現在の自分を見つめ直すという気概を持って学習すると，内容が頭に入りやすくなるであろう。

## 1 人間論

□人間観を表現するのに使われる言葉として，以下の3つがある。

| 言葉 | 意味 | 提唱者 |
|---|---|---|
| □ホモ・サピエンス | 知恵を有する存在。 | リンネ |
| □ホモ・ファーベル | 道具で物をつくる存在。 | ベルグソン |
| □ホモ・ルーデンス | 遊び，文化をつくる存在。 | ホイジンガ |

□シュプランガーは著書『生の諸形態』において，人間を6つに分類している。政治型，経済型，社会型，理論型，審美型，宗教型，である。

## 2 青年期とは

**●概念**

□【 青年期 】…子どもから大人への移行期。子どもでもなければ大人でもない「中間」の時期であり，心理的な不安定に苛まれやすい。

□歴史の先人たちは，青年期を次のように表現した。

・青年期は，自我が目覚める「第二の誕生の時期」(ルソー)。

・青年は，「マージナル・マン(境界人)」である(レヴィン)。

・青年期は，「疾風怒濤」の時代(ホール)

□第二次反抗期を経験し，親から精神的に自立しようという心理的離乳への志向が出てくる(ホリングワース)。

**●歴史**

近代以前では，子どもと大人の中間としての「青年」はなかった。

□中世のヨーロッパでは，子どもは大人と共に働いており，「小さな大人」と扱われていた(アリエス)。

□近代以前の社会では，日本の元服のような通過儀礼があり，大人と大人未満がはっきりと区別され，青年期という準備期間はなかった。

●自立困難

□【　パラサイト・シングル　】…学校卒業後も親と同居し，自立しようとしない未婚男女。

□【　ピーターパン・シンドローム　】…大人への成長を拒む男性(カイリー)。年齢的には大人でも，心理的には未熟な少年という比喩。

## 3 青年期の諸相

青年期は，**自我同一性(アイデンティティ)**を確立する時期である。

●発達課題

□青年期の発達課題は，自我同一性の確立である(エリクソン)。この課題を達成できない状態は自我の拡散。近年，増加している。

□【　自我同一性　】…自分が何者であるかを知り，社会の中でどのように機能すべきかを知り得ている状態。

□自我同一性確立のため，青年期は各種の義務の遂行を猶予されている(モラトリアムの期間)。

□ハヴィガーストの青年期の発達課題リストでは，経済的自立や職業選択の準備，親や他の大人からの情緒的独立などが挙げられている。

●パーソナリティの形成

□青年期は，広義の個性であるパーソナリティが形成される時期である。

□パーソナリティは，能力，気質，および性格の3要素からなる。

□オルポートは，成熟した人格の条件として，①自己の拡大，②自己の客観視(自己洞察)，③人生哲学の確立，という3つを挙げた。

□ミードは，人間の自我の形成は「主我(I)と客我(Me)との対話のプロセス」ととらえた。

□【　権威主義的パーソナリティー　】…上位者には盲従し，下位者には服従を強いる社会的性格(アドルノ，フロム)。

●欲求と防衛機制

□マズローは，欲求を①生理，②安全，③所属・愛情，④承認，⑤自己実現，というように低次から高次のものに配列した。

□【　防衛機制　】…情緒の安定や平衡を得るために**無意識的**に作動する心理的メカニズム。フロイトが提唱した概念。

□防衛機制の種類としては，抑圧，同一視，退行，逃避，置き換え，昇華，合理化，投影，反動形成，などがある。

テーマ 87

● 倫理(思想の源流)

# ギリシア思想と三大宗教

頻出度 A

**ここが出る!**

・古代ギリシアの思想はよく出題される。著名な思想家について，名前と業績を結びつけさせる問題が多い。
・キリスト教，イスラーム教，仏教という三大宗教のおこりと教義について知っておこう。

## 1 古代ギリシアの哲学

### ●ギリシア哲学の誕生条件

□ギリシアの一般市民の多くは，閑暇(スコレー)を有していた。

□実用とは切り離された自由な討議の中で理性(ロゴス)を発達させ，万物の根源(アルケー)を追求した。

□【　ホメロス　】…『イリアス』『オデュッセイア』でギリシア人の精神や生き様を描く。

### ●ギリシアの自然哲学

| □タレス | 万物の根源(アルケー)は水である。 |
|---|---|
| □ピタゴラス | 万物の根源は数である。 |
| □ヘラクレイトス | 万物は流転する。世界の根源は火である。 |
| □デモクリトス | 万物の根源は，不生不滅の原子(アトム)である。 |
| □エンペドクレス | 万物の根源は，土・水・火・風である。 |
| □パルメニデス | 変化や生成消滅を否定する存在一元論。弟子のゼノンは「アキレスと亀」というパラドックスで運動変化を否定。 |

□【　コスモス　】…揺るぎない秩序をもつ自然の世界全体。

### ●ソフィスト

□前5世紀頃になると，弁論を生業とする**ソフィスト**が出てくる。民主政治では，重要な事柄は討論で決められるためである。

□【　ソフィスト　】…ポリスを巡回して，教養や弁論術を教える職業教師(詭弁家)。真理の相対性を主張し，自由な批判精神を導入。

### ●著名なソフィスト

□【　プロタゴラス　】…「人間は万物の尺度である」と述べ，物事の判断基準は人によって異なると説く。徹底した相対主義。

□【　ゴルギアス　】…確実な真理は存在しないという懐疑論の立場。

## 2 三大哲人とヘレニズムの思想

●ソクラテス

□ただ生きるのではなく，善く生きることを主張。自らの魂がすぐれたものになるよう世話をすべし(魂への配慮)。

□問答によって，相手に「無知の知」を自覚させる(「汝自身を知れ」)。

□「徳(アレテー)は知」という知徳合一の思想。

●プラトン

□善のイデアを求めることが究極の目的。善のイデアを恋い慕う精神的欲求をエロースという。

□人間の魂は，理性，意志(気概)，欲望の 3 つに分かれる(魂の三分説)。四元徳(知恵，有期，節制，正義)の調和が理想。

●アリストテレス

□最高善(幸福)は，観想的生活(テオリア)によって実現できる。

□友愛(フィリア)，正義，中庸を重んじる。友愛は，快楽，利益，人柄の善さの 3 つで成り立つ(『ニコマコス倫理学』)

□正義を全体的正義と部分的正義に分ける。後者は，報酬などの配分的正義と，罰などの調整的正義からなる。

●ヘレニズムの思想

| | |
|---|---|
| 快楽主義 | エピクロスが主張。平静不動の心境(アタラクシア)が理想。世俗を避けて「隠れて生きよ」。 |
| 禁欲主義 | ストア派を開いたゼノンは，不動心(アパテイア)を理想とする。「自然に従って生きよ」。 |

## 3 キリスト教

●旧約聖書の思想

□ヘブライ人の間にユダヤ教が成立し，後のキリスト教の母胎となる。ヤハウェが唯一神。モーセの十戒に基づく律法(トーラー)の厳格化。救世主(メシア)の出現を期待。

●イエス・キリスト

□【 イエス・キリスト 】…キリスト教の開祖。神の愛(アガペー)は，無差別・無償の愛であると説く。『マタイによる福音書』において，神への愛と隣人愛の重要性を説く(黄金律)。

□安息日は人のためにある(『新約聖書』)。

●**キリスト教の発展**

□【　パウロ　】…原始キリスト教の宣教者。イエスの死刑は人類の贖罪と解し，人間はこの神への信仰によってのみ救われると説く。

□【　アウグスティヌス　】…古代キリスト教の教父。キリスト教の三元徳(信仰，希望，愛)を強調。著書に『神の国』，『告白』など。

□【　トマス・アクィナス　】…『神学大全』にて，スコラ哲学を大成。理性は信仰によって完成すると主張。アリストテレスの哲学に依拠。

□【　三位一体　】…神は，父・子・聖霊という3つの位相をもつ。

## 4 イスラーム教

●**創始者と唯一神**

□7世紀初頭，預言者ムハンマドがイスラーム教を創始。イスラームとは，唯一神アッラーへの絶対的服従という意味。

□イエスやモーセも預言者とされるが，ムハンマドは最後にして最大の預言者。イスラーム教の聖典は『コーラン』。偶像崇拝を厳しく禁止❶。

□【　カリフ　】…ムハンマドの死後，イスラーム世界をまとめた最高権威者。

●**六信と五行**

□イスラーム教徒(ムスリム)は，**六信・五行**の義務を課されている。

| | |
|---|---|
| 六信 | 神(アッラー)，天使，経典，預言者，来世，および天命(宿命)の6つを信じること。 |
| 五行 | 信仰告白(シャハーダ)，礼拝(サラート)，断食(サウム)，喜捨(ザカート)，および巡礼(ハッジ)の5つの義務。 |

□喜捨とは，救貧のための税を納めることをさす。巡礼とは，聖地メッカに参ることである。

□異教徒との戦い(ジハード)は，神の道における努力。

●**その他**

□ムハンマドの死後，預言者の慣行を重視するスンナ派と，預言者の家系を重視するシーア派に分裂。

□イスラームの学者，**イブン・ルシュド**が注釈を加えたアリストテレスの著作は，中世ヨーロッパのスコラ哲学の形成に影響を与える。

❶偶像とは，人間によってつくられた神の像や絵のことである。

## 5 仏教

仏教は，古代インドで生まれた。

●梵我一如

□梵我一如の境地に至った時，輪廻転生の苦しみから解脱できる。

□【　梵我一如　】…宇宙の根本原理であるブラフマン（梵）と，自己の本質であるアートマン（我）が一体となること。

●ブッダの教え

□【　ブッダ　】…仏教の開祖。ガウタマ・シッダールタが瞑想で悟りを開いてブッダ（仏陀）となる。

| | |
|---|---|
| 中道 | 快楽と苦行のどちらにも極端に偏らない中正な道。 |
| 八正道 | 涅槃に至る８つの修行方法。①正見（正しい見解），②正思（正しい思唯），③正語（正しい表現・言葉），④正業（正しい行い），⑤正命（正しい生活），⑥正精進（正しい努力），⑦正念（正しい思念），⑧正定（正しい瞑想）。 |
| 四諦 | 仏教徒が認識すべき４つの真理。①苦諦（人生は苦しみ），②集諦（苦の原因は心の煩悩），③滅諦（苦が消滅したところに涅槃がある），④道諦（涅槃に至る道のり＝八正道）。 |

●ブッダの思想

□【　四法印　】…ブッダの悟った普遍的真理を示す４つの命題。

イ）一切皆苦…人生のすべては苦しみに他ならぬ。

ロ）諸行無常…すべてのものは常に変化し，とどまることはない。

ハ）諸法無我…存在するもののすべては，永遠不変の実体ではない。

ニ）涅槃寂静（ねはんじゃくじょう）…煩悩が消え，苦が消滅した安らかな境地

□生けるものすべて（一切衆生）に対する，無差別の慈悲の心を説く。

□【　縁起　】…物事は相互依存的・関係的に存在する。

□【　三毒　】…輪廻の苦をもたらす「貪（とん）・瞋（しん）・癡」。

●仏教の発展

ブッダの死後，教団は進歩的な大衆部と保守的な上座部などに分裂。

□【　大乗仏教　】…大衆部がもととなって成立。すべての衆生の救済を目指す（**一切衆生悉有仏性**）。中国，朝鮮，日本に伝わる。北伝仏教ともいわれる。六波羅蜜の徳行。

□【　小乗仏教　】…上座部がもととなって成立。自己の悟りの完成を目指す。東南アジア諸国に伝わる。南伝仏教ともいわれる。

テーマ 88

● 倫理(思想の源流)

# 中国の思想

**ここが出る!**

- 仁，礼，孝など，孔子の思想を表すキーワードに要注意。概念を説明させたり識別させたりする問題がよく出る。
- 孟子が説く四端の心，四徳，および五倫の道も出題頻度が高い。父子では「親」，朋友では「信」の関係など，しっかり覚えよう。

## 1 孔子

孔子は，後のわが国の官学となった儒学の創始者である。

### ●諸子百家

□【　諸子百家　】…春秋・戦国時代に登場した思想家や学派の総称。①儒家，②道家，③墨家，④名家，⑤農家，⑥陰陽家，⑦縦横家，⑧兵家，⑨法家，からなる。

□孔子・孟子・荀子は儒家に属し，老子と荘子は道家に属する。

### ●孔子

□【　孔子　】…春秋時代末期の思想家(前551頃～前479年)。その思想は，後に儒学として発展する。弟子との言行録に『論語』がある。

□【　四書　】…儒教の根本教典。『論語』，『孟子』，『大学』，『中庸』。

□15歳で志学，30歳で而立，40歳で不惑，50歳で知命，60歳で耳順，に至るとする。

### ●孔子の思想

| | |
|---|---|
| 仁 | 人と人との間に生まれる親愛の心。 |
| 忠恕 | 忠は自分を偽らず，恕は他人を思いやること。 |
| 礼 | 他人を敬い，道徳的な行いをする。仁が外に表れたもの。 |
| 孝 | 親への親愛の心。兄や年長者への恭順の心は悌という。 |
| 君子 | 仁徳を身につけた理想的な存在。 |

□【　徳治主義　】…為政者は徳をもって人民を治めるべし。

□【　克己復礼　】…自分の欲を抑え，社会の決まりや形に従うこと。

## 2 儒教の発展

### ●孟子

□孟子は，人間の本性は善である，とする性善説を提唱。

□四端の心を育てることで，四徳を身につけることができる。

| | | | | |
|---|---|---|---|---|
| 四端の心 | 惻隠の心（他人の不幸を憐れむ心） | ⇒ | 仁 | 四徳 |
| | 羞悪の心（悪を恥じ憎む心） | ⇒ | 義 | |
| | 辞譲の心（へりくだって他人に譲る心） | ⇒ | 礼 | |
| | 是非の心（善悪や正・不正を見分ける心） | ⇒ | 智 | |

□【　五倫　】…正しい人間関係のあり方。父子の親，君臣の義，夫婦の別，長幼の序，朋友の信，の5つからなる。

□【　五常　】…前漢の董仲舒（とうちゅうじょ）が示した修養徳目。仁・義・礼・智・信からなる。

□【　王道政治　】…仁義にもとづいて民衆の幸福を実現する政治。

□【　易姓革命　】…民意にそむく君主は，天命を失って追放される。

●**荀子**

□荀子は，人間の本性は悪とする性悪説の立場から，礼によって人民を治める礼治主義を提唱。

□その思想は，法を重視する法家によって**法治主義**へと発展する。法家の思想の大成者は韓非子。

●**朱子・王陽明**

| | | |
|---|---|---|
| 朱子 | 理気二元論 | 万物は，理と気が合わさって成立する。 |
| | 窮理 | 万物をつらぬく理を見究めること。 |
| | 格物到知 | 物事の理を究め，知恵を完成させること。 |
| | 性即理 | 人間の本性（性）は，天に授けられた理である。 |
| 王陽明 | 心即理 | 自分の現実の心が，すなわち理である。 |
| | 良知 | 生まれつきの善悪を分別する心。 |
| | 知行合一 | 知識と行為は不可分である（ともに心に由来）。 |

## 3 老荘思想

□【　老荘思想　】…道家（老子，荘子）の思想。人為的な道徳を捨て，人間は自然に従ってありのままに生きることを主張。

| | | |
|---|---|---|
| 老子 | 無為自然 | 作為をせず，自然に従って生きる。 |
| | 小国寡民 | 寡欲な人々からなる小国家。 |
| | 柔弱謙下 | 謙虚で争わない態度。 |
| 荘子 | 真人 | 相対にとらわれない。 |
| | 万物斉同 | 無為自然では，全てが等しい価値を持つ。 |
| | 逍遥遊 | 自然と一体化し，自由におおらかに生きる。 |
| | 心斎坐忘 | 心を空にして，無の境地に生きる。 |

テーマ 89

● 倫理(日本の思想)

# 古代日本の思想と仏教

頻出度 C

**ここが出る!** ▶▶

- 古代日本では，どのような倫理が重んじられていたか。現在のわが国の国民性と通じるところも少なくない。
- 鎌倉仏教は頻出。宗派名，開祖名，および教義のキーワードを結びつけさせる問題が多い。

## 1 古代日本の思想

一神教ではなく，古代の日本人は多くの神を信じていた。

**●古代の宗教観**

□【 八百万神 】…人々が強い力を感じ，祀っていた神々の総称。「やおよろずのかみ」と読む。

□【 祟り 】…飢饉や疫病などで，神が立ち現れること。

□【 アニミズム 】…自然物に霊魂の存在を認めること。

**●古代の倫理**

□【 清明心 】…うそ偽りなく，何も包み隠さず，飾らない心。

□罪や穢れを，禊(みそぎ)や祓い(はらい)で清める。

**●神道**

□神道は日本の民族宗教で，多くの神を祀る。古神道や両部神道に始まり，鎌倉・室町時代に伊勢神道・吉田神道が現れ，江戸時代に垂加神道・復古神道が出てくる。明治時代には教派神道が形成。

## 2 古代の仏教

**●飛鳥・奈良**

□人間は誰でも凡夫の自覚を持つべし(聖徳太子『十七条の憲法』)。

□【 南都六宗 】…奈良時代の仏教の6学派。

**●平安**

| | |
|---|---|
| 最澄 | ○比叡山の延暦寺を拠点に天台宗を開く。教典は『法華経』。<br>○著書として『顕戒論』，『山家学生式』がある。<br>○生あるものは等しく成仏し得る(一切衆生悉有仏性)。 |
| 空海 | ○高野山の金剛峰寺を拠点に真言宗を開く。<br>○著書として『十住心論』，『三教指帰』がある。<br>○三密という修業により，即身成仏できる。 |

□【　三密　】…身・口・意の3つを使って行う修行。

□【　即身成仏　】…宇宙と一体化し，身がそのまま仏となること。三密の修行によって至ることができる。

□行によって悟りに到達できる教えを密教，一般の仏教を顕教と呼ぶ。

□密教は現世利益的で，貴族や朝廷との結びつきが強まる。

●神仏習合

□【　神仏習合　】…神の信仰と仏教信仰との融合。

□【　本地垂迹説（ほんちすいじゃくせつ）　】…仏が本地で，神は仏が姿を変えて現れたもの。

●浄土信仰

□厭世的・悲観的な末法思想❶がまん延。⇒浄土信仰の普及。

□源信は，往生するための教えを説いた『往生要集』を著す。空也は，地方の民衆に念仏を説いて回る。

□空也は口唱念仏，源信は観想念仏を広める。念仏は「南無阿弥陀仏」の六文字。

## 3 鎌倉時代の仏教

| 宗派 | 開祖と著書 | キーワード |
|---|---|---|
| □浄土宗 | 法然，『選択本願念仏集』 | 南無阿弥陀仏と唱えるだけの専修念仏，他力本願の思想。 |
| □浄土真宗（一向宗） | 親鸞，『教行信証』 | 阿弥陀の救済にすがる絶対他力，真理にすがる自然法爾（じねんほうに），悪人こそ，阿弥陀仏の救いの対象であるとする悪人正機説*。 |
| □時宗 | 一遍 | 踊念仏，下層社会から支持される。捨聖と呼ばれる。 |
| □法華宗（日蓮宗） | 日蓮『立正安国論』 | 『法華経』が経典，南無妙法蓮華経と唱えることで現世が浄土となる。 |
| □臨済宗 | 栄西『興禅護国論』 | 栄西が南宋から伝える。自力修行としての禅を重んじる。公案禅。 |
| □曹洞宗 | 道元『正法眼蔵』 | ひたすら座禅する只管打坐，心身ともに一切の執着を離れた身心脱落。 |

□【　悪人正機説　】…親鸞の根本思想。煩悩という自らの悪を自覚した悪人こそが阿弥陀によって救われる。「善人なほもて往生をとぐ，いはんや悪人をや」（唯円『歎異抄』）。

❶ブッダの没後，正法，像法，末法の時代を経て，仏教は衰滅するという思想。正しい教えは残るが，正しい修業，正しい悟りは残らない。

テーマ **90**

● 倫理(日本の思想)

# 日本の近世・近代の思想

**ここが出る!** ▶▶

- **江戸幕府の官学とされた儒学の中身を知っておこう。それぞれの学派について，重要人物やキーワードを押さえること。**
- **その他，国学や民衆の倫理について説いた思想家について，思想のキーワードや主著の名前を覚えておこう。**

## 1 儒学

江戸時代には，**儒学**が官学とされた。

● **4つの学派**

□【　朱子学　】…宋の朱子が大成した儒学。江戸幕府の**官学**となる。

□【　古学　】…孔子・孟子などの原典から，真意を直接学ぶべし。

□【　古文辞学　】…中国の古典に触れ，治国や礼楽の道を探究する。

□【　陽明学　】…明の王陽明が創始した実践的な儒学。

● **重要事項の整理**

| | |
|---|---|
| 朱子学 | ○林羅山❶は，身分制度を正当化する**上下定分の理**を説く。<br>○**山崎闇斎**は，朱子学と神道を融合した垂加神道を創始。 |
| 古学 | ○**伊藤仁斎**は，孔子の説く**仁**(愛)は，真実無為の**誠**の心に依拠すると主張。<br>○**山鹿素行**は，治世者たる武士の規範(士道)を確立。<br>○山本常朝は，武士の修養書『**葉隠**』を著す。 |
| 古文辞学 | ○荻生徂徠は，学問の目的は**経世済民**であると主張。また，古代の聖人がつくった**先王の道**❷を重んじる。 |
| 陽明学 | ○中江藤樹は，人間のあり方の原理を**孝**に求める。また，良知によって知ったことを実践する**知行合一**を重んじる。<br>○ほか，**熊沢蕃山**，大塩平八郎といった実践家を擁する。 |

□重要な著作は次のとおり。林羅山『**三徳抄**』，伊藤仁斎『**童子問**』，山鹿素行『**聖教要録**』，荻生徂徠『**弁道**』，中江藤樹『**翁問答**』。

## 2 国学

**国学**は，外来思想の儒学を批判し，日本固有の精神の探究を目指す。

❶林羅山は，儒学の祖・藤原惺窩の弟子である。

❷礼楽刑政(儀礼，音楽，刑罰，政治)などの制度や習俗のこと。

●重要人物

□【　契沖　】…古代歌謡の「古の人の心」を探究。著書に『万葉代匠記』。

□【　賀茂真淵　】…『万葉集』を研究。万葉調の「ますらをぶり」に，日本人の心の典型を見いだす。著書に『**万葉考**』など。

□【　本居宣長　】…国学の大成者。外来の漢意を捨て，古来の**真心**を取り戻し，**惟神の道**(かんながら)に返ることを主張❸。生まれながらの自然な情を**真心**と呼ぶ。主著は『**玉勝間**』，『**古事記伝**』。

□【　平田篤胤　】…国学を天皇崇拝・国粋主義と結びつけ，**復古神道**を鼓吹。後の尊王攘夷運動に影響を与える。

●補説

□賀茂真淵は「**ますらをぶり**」（男性的で大らかな気風）を重視したが，本居宣長は「**たおやめぶり**」（女性的で繊細な気風）を重視した。

## 3 民衆の思想

当時，人口の大半を占めた庶民階層の倫理についても説かれた。石田梅岩は出題頻度が高い。

□【　二宮尊徳　】…農民の倫理を説く。自らの経済力に見合った経済計画を立てる**分度**と，余剰物を互いに分け与える**推譲**を重視。

□【　山県大弐　】…不服従の論理から，農民の**抵抗権**を認める。

□【　安藤昌益　】…万人が農業に従事する（**万人直耕**），平等な自然世を理想とする。封建社会は法世として批判。主著は『**自然真営道**』。

□【　石田梅岩　】…石門心学の創始者。商人の営利活動を正当化し，正直・**倹約**という商人道徳を説く（商人の**買利**は士の**禄**に同じ）。各人は身分・職分・持ち分に満足する（**知足安分**）。主著は『**都鄙問答**』(とひ)。

□【　西川如見　】…天文暦算家。著書『町人囊』(ぶくろ)で，町人生活の意義を説く。

□【　富永仲基　】…儒学者。大乗非仏説（大乗仏教の経典は，釈迦本人の教えではない）を説く。

□【　鈴木正三　】…禅僧。あらゆる職業もそれに専心する時は仏行であると説く（職分仏行説）。

□【　山片蟠桃　】…神や霊魂を否定する無鬼論を説く。

❸宣長は，古代の日本人は，もののあわれを解する理想的な人間であったと説く。

## 4 近代思想の先駆

□【 貝原益軒 】…朱子学者。実証主義的思想を育てる。『大和本草』❹。

□【 三浦梅園 】…自然哲学としての条理の学を提唱。『玄語』。

□【 新井白石 】…朱子学者。幕政に参与し，文治主義政治を行う。鎖国の状況下でも，西洋文化に理解を示す。『西洋紀聞』。

□【 杉田玄白 】…蘭方医。前野良沢らと共に，オランダの医学書を翻訳し，『解体新書』として刊行。

⏱□【 佐久間象山 】…洋学者。開国論や公武合体論を力説。『省諐録(せいけんろく)』。

## 5 啓蒙思想と自由民権思想

●**啓蒙思想**

□明治時代の初期，福沢諭吉など，西洋帰りの知識人が明六社を結成。西洋思想を紹介し，国民の啓蒙に努める。

⏱□【 森有礼 】…初代文部大臣。1886年に諸学校令を制定し，近代的な学校体系を樹立させる。『妻妾論』で男女同権の一夫一婦制を主張。

□【 中村正直 】…個人主義道徳を説く。スマイルズの『**西国立志編**』やミルの『自由之理』を翻訳。啓蒙書として広く読まれる。

⏱□【 福沢諭吉 】…人間は生まれながらにして平等であるという天賦人権論を主張。『文明論之概略』，『学問のすゝめ』，『西洋事情』。

□【 西周 】…明治維新時に，わが国初の憲法草案を提出。理性，演繹法など，多くの哲学用語を考案。『百一新論』。

●**自由民権思想**

⏱□【 中江兆民 】…フランス流の急進的民主主義を説く。ルソーの『社会契約論』を翻訳。「東洋のルソー」と称される。『三酔人経綸問答』。

□【 植木枝盛 】…主権在民を説く私擬憲法を起草。『民権自由論』。

●**伝統主義思想**

□欧化主義に反発する伝統主義思想も出現。徳富蘇峰は『国民之友』を発刊して**平民主義**を唱え，三宅雪嶺は国粋主義を説く。志賀重昂(しげたか)は政教社を創立，陸羯南(くがかつなん)は新聞『日本』を創刊。

□【 国粋主義 】…日本の伝統の優位性を認め，維持しようという立場。『日本道徳論』を著した西村茂樹が先駆者。

---

❹各人物の概説文の末尾には主著を示す。以下同じとする。

## 6 外来思想と近代的自我

●キリスト教思想

□【　新島襄　】…同志社英学校にて，キリスト教主義の教育を実践。

□【　内村鑑三　】…キリスト者。無教会主義の立場。平和主義者として非戦論を展開。1891年の内村鑑三不敬事件で第一高等中学校を辞職。

□【　新渡戸稲造　】…キリスト教と日本文化の融合に努め，海外に日本文化を紹介(太平洋の橋とならん)。

●社会主義思想

□【　片山潜　】…わが国初の社会主義政党を結成。国際的な共産主義者。

□【　幸徳秋水　】…日露戦争前夜には，『平民新聞』で非戦論を唱えた。1910年の大逆事件で捕らえられ，翌年処刑される。『社会主義神髄』。

□【　河上肇　】…マルクス主義者。『貧乏物語』，『資本論入門』。

●近代的自我の確立

□【　西田幾多郎　】…近代日本の代表的な哲学者。主客未分[5]の純粋経験こそ，真の実在であると説く。『善の研究』。

□【　夏目漱石　】…作家。自己本位に依拠した個人主義を主張。晩年は，無我の境地である則天去私を理想とする。『私の個人主義』。

□【　宮沢賢治　】…法華経に帰依。世界の幸福が，同時に個々人の幸福でもある世界を構想。「雨ニモマケズ」。

●近現代の思想

□【　和辻哲郎　】…倫理学者。個人であると同時に社会的存在でもある人間を間柄的存在と表現。『風土』で風土の類型を提示。

| モンスーン型 | 自然は豊かだが破壊的，人々は受容的で忍従的。 |
|---|---|
| 砂漠型 | 自然は死の脅威をもたらし，人々は対抗的で戦闘的。 |
| 牧場型 | 自然は穏やかで従順，人々は自発的・合理的。 |

□【　柳田国男　】…民俗学者。常民の概念を提唱。『遠野物語』。

□【　折口信夫　】…常世国から「まれびと」が村落を訪れ，豊穣をもたらして去っていく，と説く。

□【　南方熊楠　】…神社合祀の森林破壊に反対。鎮守の森を保護。

□【　柳宗悦　】…民芸運動の創始者。民衆の日用品に美を見いだす。

□【　丸山真男　】…政治学者。民主主義運動に貢献。『日本の思想』。

[5]主客未分の例として，音楽に聞き入っている状態が挙げられる。

テーマ 91

● 倫理(西洋近代の思想)

# 近代思想の誕生

**ここが出る!** ▶▶

- 14世紀のルネサンスの時期以降,西洋の近代思想が育まれる。それに寄与した主な人物の名前と業績を覚えよう。美術作品については,実物の写真が出題されることもある。資料集で確認のこと。
- 信仰義認説,職業召命観など,宗教改革のキーワードを押さえよう。

## 1 人物

まずは,重要人物を押さえよう。配列は生年順である。

●ルネサンス

| 人物名 | 著作・作品 | キーワードなど |
|---|---|---|
| □ダンテ (1265~1321) | 『新生』,『神曲』 | 伊の詩人。自身のプラトニックな恋愛観を表現。 |
| □ペトラルカ (1304~74) | 『カンツォニエーレ』 | 伊の詩人。近代的な恋愛感情を表現。 |
| □ボッカチオ (1313~75) | 『デカメロン』 | 伊の詩人・小説家。人間性解放の精神を描く。 |
| □アルベルティ (1404~72) | 『絵画論』,『建築論』 | 伊の詩人,建築家,音楽家。ルネサンス*期の万能人。合理的精神。 |
| □ボッティチェリ (1444/45~1510) | 「ヴィーナスの誕生」 | 伊の画家。女神や宗教画を描く。叙情性のある作品。 |
| □レオナルド・ダ・ヴィンチ (1452~1519) | 「最後の晩餐」,「モナ・リザ」 | 伊の画家・建築家。万能人*。合理的な写実主義。 |
| □エラスムス (1466~1536) | 『痴愚神礼讃』 | 蘭の人文主義者。聖書の研究,人文主義的教養。 |
| □ピコ・デラ・ミランドラ (1463~94) | 『人間の尊厳について』 | 伊の人文主義者。人間の自由意志を肯定。 |
| □マキャヴェリ (1469~1527) | 『君主論』 | 伊の政治家,歴史家。現実主義的な政治観。マキャヴェリズム*。 |
| □ミケランジェロ (1475~1564) | 「ピエタ」,「ダヴィデ像」 | 伊の彫刻家。ダ・ヴィンチと並ぶ万能人。 |
| □トマス・モア (1478~1535) | 『ユートピア』 | 英の人文主義者。私有財産制のない理想社会を描く。 |

| □ラファエロ（1483～1520） | 「聖母子」，「アテネの学堂」 | 伊の画家。古典主義の作品。優美な聖母像。 |
|---|---|---|

●モラリスト

| □モンテーニュ（1533～1592） | 『エセー』 | 仏のモラリスト*。真理を探究する懐疑主義。「ク・セ・ジュ*＝Que sais-je？」 |
|---|---|---|

●宗教改革

| □ルター（1483～1546） | 『キリスト者の自由』 | 独の宗教改革*者。信仰義認説*，万人司祭説*，聖書中心主義を説く。 |
|---|---|---|
| □カルヴァン（1509～1564） | 『キリスト教綱要』 | 仏出身の宗教改革者。職業召命観*，予定説*を説く。 |

## 2 重要事項

上記の整理の中で出てきた重要用語*について補っておく。

●ルネサンス

□【 ルネサンス 】…ギリシア・ローマの古典文化を復興させる運動。文芸復興と訳される。神中心の文化から人間中心の文化へ。

□【 万能人 】…芸術や科学など，あらゆる分野で才能を発揮する人間。ルネサンス期に理想とされた人間像。

□【 マキャヴェリズム 】…国を統治する君主は，権謀術数（人を欺き，事を謀ること）を用いてもよい。政治と道徳を切り離した政治観。

●モラリスト

□【 モラリスト 】…自由な表現形式において，人間の生き方を探究した思想家。モンテーニュ，パスカルなど。

□【 ク・セ・ジュ 】…「私は何を知るか」というモンテーニュの言葉。

●宗教改革

□【 信仰義認説 】…人間は神への信仰によってのみ義とされる。

□【 万人司祭説 】…全てのキリスト者は神の前では平等。

□【 予定説 】…神の意志によって，救われる者と救われない者は予め定められているという説。

□【 職業召命観 】…職業を神の召命と考える思想。カルヴァンは，禁欲的に職業に励むことを推奨。⇒後の資本主義の精神へとつながる。

テーマ 92

● 倫理(西洋近代の思想)

# 近代の合理的精神

**ここが出る!** ▶▶

- 宗教による束縛から人間の精神が解き放たれると，合理的な思考が芽生えてくる。近代科学の基礎を打ち立てた西洋の著名人物を押さえよう。人名，著作名，キーワードをセットで覚えること。
- 経験論と合理論の相違を説明できるようにしておこう。

## 1 人物

●人物

| 人物名 | 著作・作品 | キーワードなど |
|---|---|---|
| □コペルニクス (1473～1543) | 『天体の回転について』 | 天文学者。太陽を中心に地球が回るという地動説を提唱。 |
| □ベーコン (1561～1626) | 『新機関』，『ニュー・アトランティス』 | 英の哲学者・政治家。経験論の創始者。「知は力なり」。 |
| □ガリレイ (1564～1642) | 『天文対話』，『新科学対話』 | 物理学者。地動説を支持したため，宗教裁判にかけられる。 |
| □ケプラー (1571～1630) | 『新天文学』 | 天文学者。惑星の運動に関するケプラーの法則を提唱。 |
| □ホッブズ (1588～1679) | 『リヴァイアサン』 | 英の哲学者・政治学者。機械論的自然観を支持。 |
| □デカルト (1596～1650) | 『方法序説』 | 仏の哲学者。近代合理論の創始者。物心二元論*。 |
| □パスカル (1623～1662) | 『パンセ』 | 仏の数学者，モラリスト。「人間は考える葦である」。 |
| □スピノザ (1632～1677) | 『エチカ』，『知性改善論』，『国家論』 | オランダの哲学者。「神即自然」という汎神論的哲学。 |
| □ロック (1632～1704) | 『統治論』，『人間悟性論』 | 英の哲学者。人間の生得観念を否定。タブラ・ラサ*。 |
| □ニュートン (1643～1727) | 『プリンキピア』 | 英の数学者。万有引力の法則を発見。 |
| □ライプニッツ (1646～1716) | 『単子論』，『形而上学叙説』 | 独の哲学者。微積分法の発見者。予定調和説*。 |
| □バークリー (1685～1753) | 『人知原理論』 | 英の哲学者。「存在するとは知覚されることである」。 |
| □ヒューム (1711～1776) | 『人間本性論』 | 英の哲学者。人間は「知覚の束」にすぎない。 |

● **補説**

□【　物心二元論　】…思考を本質とする精神と，延長を本質とする物体は，相互に独立して実在する。

□【　タブラ・ラサ　】…何も書かれていない白紙。生後の経験によって，この白紙にさまざまな観念が刻まれていく（ロック）。

□【　予定調和説　】…宇宙は無数のモナド（単子）からなり，これらの間には，神の意志によって調和が保たれている（ライプニッツ）。

□バークリーの「存在するとは知覚されること」とは，書物は心に知覚される限りにおいて存在する，という意味。

□人間は，無とすべてとの中間である（パスカル）。

## 2 経験論と合理論

**イギリス経験論**と**大陸合理論**というような大枠がある。

● **対比**

| | 考え方 | 主な論者 |
|---|---|---|
| 経験論 | 人間の知識は，感覚的な経験から得られる。 | 英国で発達。ベーコン，ロック，バークリー，ヒューム。 |
| 合理論 | 人間の知識は，理性による明晰な思考から得られる。 | 大陸で発達。デカルト，スピノザ，ライプニッツ。 |

● **ベーコン**

□①種族のイドラ，②洞窟のイドラ，③市場のイドラ，④劇場のイドラ，の４つの偏見・先入観を排除すべきと主張。

□【　帰納法　】…個々の経験的事実を集め，そこから一般的な真理を引き出す科学的方法。経験論の立場から，ベーコンが提唱。

● **デカルト**

□【　方法的懐疑　】…絶対的な真理に到達するため，あらゆるものを疑うこと。しかし，疑っている自分自身が存在することは疑い得ない（＝「われ思う，ゆえにわれあり」）。

□【　ボン・サンス　】…パトス（情念）に心を乱されない状態。

□【　高邁の精神　】…情念を支配し，理性によって善と判断したことを実践する気高い心。

□【　演繹法　】…普遍的な原理から出発し，論理的な筋道を経ることで，真理に至る方法。例：三段論法。

# 市民社会の倫理①

**ここが出る!**

- 西洋では，17～18世紀の市民革命によって絶対王政が倒され，民主国家が出現する。その理論的基礎となった思想を押さえよう。ルソー＝社会契約論など，それぞれの思想家のキーワードに注目。
- ドイツ観念論については，やや難解な論述問題も出る。

## 1 人物

●人物

| 人物名 | 著作・作品 | キーワードなど |
|---|---|---|
| □ホッブズ（1588～1679） | 『リヴァイアサン』 | 英の哲学者。自然状態は「万人の万人に対する戦い」。 |
| □ロック（1632～1704） | 『統治論』，『人間悟性論』， | 英の哲学者。人民主権，人民の抵抗権・革命権を容認。 |
| □モンテスキュー（1689～1755） | 『法の精神』 | 仏の啓蒙思想家。三権分立と立憲君主制を説く。 |
| □ヴォルテール（1694～1778） | 『哲学書簡』，『寛容論』 | 仏の思想家，文学者。キリスト教を批判。啓蒙運動を推進。 |
| □ルソー（1712～1778） | 『人間不平等起源論』，『社会契約論』 | 仏の思想家。社会契約論，直接民主主義を説く。 |
| □ディドロ（1713～1784） | 『ラモーの甥』 | 仏の啓蒙思想家。『百科全書』*の編集責任者。 |
| □カント（1724～1804） | 『純粋理性批判』などの三批判書 | 独の哲学者。道徳法則の考案，独自の批判哲学，永久平和論。 |
| □フィヒテ（1762～1814） | 講演「ドイツ国民に告ぐ」 | 独の哲学者。実践的自我（絶対我）の哲学を確立。 |
| □ヘーゲル（1770～1831） | 『精神現象学』，『法の哲学』 | 独の哲学者。ドイツ観念論*の大成者。弁証法。 |
| □シェリング（1775～1854） | 『先験的観念論の体系』 | 独の哲学者。主観と客観を同一視。絶対者の哲学。 |

●補説

□【　百科全書　】…18世紀半ばに刊行された百科事典。フランス啓蒙期の学問の集大成。ディドロやダランベールが編集の中心を担った。

□【　ドイツ観念論　】…18世紀後半から19世紀のドイツの哲学。精神的なものを世界の根源とみなす。物質を根源とみなす唯物論と対立。

## 2 イギリスとフランスの市民社会思想

●ホッブズ

□人は自然権を有するが，人々が自己保存を追求する結果，自然状態は，「万人の万人に対する戦いの状態」となる。

□各人が自然権を譲渡することによって国家が発生。＝社会契約論。

●ロック

□契約によって生まれた国家の役割は，人民の自然権を保護すること。主権は人民にあり。契約に反する国家には，人民は抵抗権を行使できる。

□ロックの思想は，イギリスの名誉革命の理論的支柱となった。

●ルソー

□【　一般意志　】…公共の利益を求める普遍的な意志。

□個人の利益を求めるのは特殊意志で，その総和は全体意志という。

□主権は他人によって代理され得ないから，直接民主制が理想。

## 3 ドイツ観念論

●カント

□『純粋理性批判』，『実践理性批判』，『判断力批判』の三批判書。

□【　道徳法則　】…理性が生み出した道徳の法則。「～ならば，～せよ」という仮言命法ではなく，「～すべし」という定言命法を重視。

□【　人格　】…道徳の法則に従って自律的に行為する主体。各人が互いの人格を目的として尊重し合う「目的の王国」が理想。

□【　コペルニクス的転回　】…認識が対象に従うのではなく，対象が認識に従う。

□【　アプリオリ　】…経験から得られたのではない生得的なもの。

●ヘーゲル

□【　弁証法　】…事物は，矛盾や対立を契機として発展する。ある立場(正)＋対立する立場(反)⇒より高い次元(合)に**止揚**される。

□【　人倫　】…自由な精神が，社会制度や組織として具現化されたもの。人倫は，「家族(正)↔市民社会(反)→国家(合)」という段階を経て，弁証法的に発展。

□自由とは，弁証法という法則に従って展開される，現実の歴史の中で実現されるべきもの。

テーマ 94

● 倫理(西洋近代の思想)

# 市民社会の倫理②

**ここが出る!**

- 功利主義(ベンサム，ミル)，実証主義(コント)，進化論(ダーウィン，スペンサー)という類別をつけておこう。
- 社会主義については，マルクスが頻出。唯物史観，労働の疎外，階級闘争など，この人物にかかわるキーワードを押さえよう。

## 1 人物

●功利主義・実証主義・進化論

| 人物名 | 著作・作品 | キーワードなど |
|---|---|---|
| □ベンサム (1748～1832) | 『道徳および立法の諸原理序説』 | 英の哲学者。**最大多数の最大幸福**の実現が政治の目的。 |
| □J.S.ミル (1806～1873) | 『功利主義』，『自由論』 | 英の哲学者。精神的快楽を重視する**質的功利主義**を提唱。 |

●実証主義

| 人物名 | 著作・作品 | キーワードなど |
|---|---|---|
| □コント (1789～1857) | 『実証哲学講義』 | 仏の哲学者。**実証主義**の立場に立ち，社会学を創始。 |

●進化論

| 人物名 | 著作・作品 | キーワードなど |
|---|---|---|
| □ダーウィン (1809～1882) | **『種の起源』** | 英の博物学者。自然淘汰による生物**進化論**を提唱。 |
| □スペンサー (1820～1903) | 『総合哲学体系』，『社会学原理』 | 英の哲学者。**社会有機体説**，社会進化論を提唱。 |

●社会主義

| 人物名 | 著作・作品 | キーワードなど |
|---|---|---|
| □サン・シモン (1760～1825) | 『産業者の教理問答』 | 仏の空想的社会主義者。産業者が支配する社会が理想。 |
| □オーウェン (1771～1858) | 『新社会観』 | 英の空想的社会主義者。労働者の地位向上に尽力。**ニューハーモニー村**を創設。 |
| □フーリエ (1772～1837) | 『四運動の理論』 | 仏の空想的社会主義者。理想社会**ファランジュ**を構想。 |
| □マルクス (1818～1883) | 『共産党宣言』，**『資本論』** | 独の思想家。**唯物史観**を説き，社会主義の勃興を予言。 |
| □エンゲルス (1820～1895) | 『空想から科学へ』 | 独の社会主義者。マルクスと**『共産党宣言』**を発表。 |

| □ベルンシュタイン (1850〜1932) | 『社会主義の諸前提と社会民主主義の任務』 | ドイツ社会民主党の指導者。マルクス主義を修正。社会民主主義の立場をとる。 |
|---|---|---|
| □ウェッブ夫妻 | 『労働組合運動史』 | イギリスのフェビアン協会(社会主義者の団体)の指導者。 |
| □レーニン (1870〜1924) | 『帝国主義論』,『国家と革命』 | ロシア革命の指導者。武力による社会主義革命。 |
| □毛沢東 (1893〜1976) | 『実践論』,『新民主主義論』 | 中国の政治家,思想家。1949年,中華人民共和国を建国。 |

## 2 重要事項

### ●功利主義

□【 功利主義 】…行為の善悪の基準を，快楽や幸福をもたらすか否かに求める考え方。ベンサムは，快楽の数量的計算が可能であるとした。公益を増進する行為には報償，それを害する行為には罰を与えるべし。

□満足した豚であるよりは，不満足なソクラテスであるほうがよい。ミルはこう述べ，質的功利主義を重視。

□【 他者危害の原則 】…他者に危害を及ぼさない限り，人は自己の個性を自由に発展させ，表現できる(ミル)。

□人間の利己的な行為を抑える内的な制裁は良心である(同上)。

### ●社会進化論

□コントによると，人間の知識は，①神学的段階→②形而上学的段階→③実証的段階，という3段階を経て発展する。

□【 社会進化論 】…スペンサーの学説。社会を**有機体**の進化として解釈しようとする理論。社会は，強制的な軍事型社会から自発的な産業型社会に進化する(適者生存の法則)。

### ●社会主義の流れ

□オーウェンらの空想的社会主義→マルクスによる**科学的社会主義**→レーニンの暴力革命→ベルンシュタインらの社会民主主義。

□【 唯物史観 】…社会の基礎は，物質的生産活動であり，その土台の上に，法律や政治などの精神的活動の所産が成立する(マルクス)。

□歴史は，生産関係の矛盾を契機に発展していく(同上)。

□資本主義のもとでは労働の疎外が生じ，階級闘争が起きる。

テーマ 95 ● 倫理(現代の思想)

# 実存主義とプラグマティズム

**ここが出る!**

- 実存主義はやや難解であるが，それぞれの思想家のキーワードを知っておこう。ニーチェ＝超人，ヤスパース＝限界状況など。
- プラグマティズムでは，デューイが頻出である。道具主義や創造的知性といった重要用語を押さえよう。

## 1 人物

**実存主義**は，個々の存在としての「私」を考察の対象に据える。

●実存主義

| 人物名 | 著作・作品 | キーワードなど |
|---|---|---|
| □キルケゴール (1813～1855) | 『あれか，これか』，『死に至る病』 | デンマークの思想家。実存主義の先駆者。 |
| □ニーチェ (1844～1900) | 『ツァラトゥストラはこう語った』 | 独の哲学者。無神論，ニヒリズム，超人思想。 |
| □フッサール (1859～1938) | 『厳密な学としての現象学』 | 独の哲学者。内面の意識を記述する現象学を提唱。 |
| □ヤスパース (1883～1969) | 『哲学』，『理性と実存』 | 独の哲学者。限界状況，実存的な交わり。 |
| □ハイデッガー (1889～1976) | 『存在と時間』，『形而上学とは何か』 | 独の哲学者。死への存在という自覚による自己の確立。 |
| □サルトル (1905～1980) | 『嘔吐』，『実存主義はヒューマニズムである』 | 仏の哲学者。実存は本質に先立つ。アンガージュマン。 |
| □メルロ・ポンティ (1908～1961) | 『眼と精神』，『知覚の現象学』 | 心身二元論に反対し，身体性の哲学を唱える。 |
| □ボーヴォワール (1908～1986) | 『招かれた女』，『第二の性』 | 仏の哲学者。人間の自由と女性の解放を主張。 |

●プラグマティズム

| 人物名 | 著作・作品 | キーワードなど |
|---|---|---|
| □パース (1839～1914) | 『観念を明晰にする方法』 | 米の哲学者。プラグマティズムの提唱者。 |
| □ジェームズ (1842～1910) | 『心理学原理』，『プラグマティズム』 | 米の哲学者。思想の真偽は，生活への有用性で決まる。 |
| □デューイ (1859～1952) | 『学校と社会』，『哲学の改造』 | 米の哲学者。知性は問題解決の道具という道具主義。 |

●補説

□【　実存主義　】…個別的・具体的な人間(私)の存在を探究する立場。普遍性を求める合理主義や実証主義と対立する。

□【　プラグマティズム　】…実用主義の哲学。知識や観念の真偽を，日常生活への有用性から評価する。思弁的な哲学に反対する。

## 2 実存主義

●キルケゴール

□主体的に生きる自己の存在(実存)は，美的実存，倫理的実存を経て，宗教的実存へと至る。

□宗教的実存の段階において，人間は単独者として神の前に立つ。「あれか，これか」の選択を通して，生き方を主体的に選ぶ。

●ニーチェ

□キリスト教の価値観の崩壊，ニヒリズムの到来を説く(神は死んだ)。

□権力への意志と運命愛を備えた，主体的人間としての超人が理想。

●ヤスパース，ハイデッガー

□限界状況での挫折＋他者との実存的交わり。⇒実存へ(ヤスパース)。

□没個性的な人間(ひと)は，死への存在を自覚することで，本来的な自己を確立(ハイデッガー)。

●サルトル

□「実存は本質に先立つ」と述べ，人間の自由な実存を強調(講演『実存主義はヒューマニズムである』)。と同時に，「人間は自由の刑に処せられている」と説く。

□自由な行為によって社会を変えるアンガージュマン(社会参加)が重要。

## 3 プラグマティズム

●パース，ジェームズ

□知識や思想の真偽は，それから発生する行動が生活に役立つかという観点から評価される。「有用なものが真理である」(ジェームズ)。

●デューイ

□【　道具主義　】…知性は，問題解決の道具でなければならない。

□【　創造的知性　】…日常生活上の諸問題を立てて解決する能力。このような知性を育むべく，デューイは問題解決学習を提唱。

テーマ 96

● 倫理(現代の思想)

# ヒューマニズムと現代文明批判

**ここが出る!**

- 思想家，著作名，思想のキーワードないしは業績を結びつけさせる問題が頻出である。フーコー＝『監獄の誕生』＝構造主義，というように，記憶を連鎖させること。
- 思想家の国籍を問う問題もまれに出るので要注意。

## 1 ヒューマニズム

人間性の擁護と解放を掲げて闘う思想である。

| 人物名 | 著作・作品 | キーワードなど |
|---|---|---|
| □トルストイ（1828～1910） | 『戦争と平和』 | ロシアの作家。非暴力主義による人類救済を提唱。 |
| □ベルクソン（1859～1941） | 『物質と記憶』，『創造的進化』 | 仏の哲学者。生の哲学。ノーベル文学賞受賞。 |
| □ロマン・ロラン（1866～1944） | 『ジャン・クリストフ』 | 仏の作家。戦闘的ヒューマニスト。反ファシズム運動。 |
| □ガンディー（1869～1948） | 『自叙伝』，『インドの自治』 | インドの政治家。非暴力・不服従による民族解放運動。サティヤーグラハ(真理の把握)。 |
| □ラッセル（1872～1970） | 『社会改造の原理』 | 英の平和運動家。核兵器禁止に向けた運動を展開。ラッセル・アインシュタイン宣言。 |
| □シュヴァイツアー（1875～1965） | 『文化と倫理』 | 仏の哲学者。生命への畏敬の思想を実践。 |
| □レオポルド（1887～1948） | 『野生のうたが聞こえる』 | 人間と自然は平等，生態系を重視した土地倫理。 |
| □ベンヤミン（1892～1940） | 『複製技術時代の芸術』 | 複製技術の進歩により，芸術作品からアウラが喪失。このような時代では批評が必要。 |
| □アーレント（1906～1975） | 『全体主義の起源』 | 共同体の活動への参加が人間の本性を開花させる。生活を労働，仕事，活動に3区分。 |
| □マザー・テレサ（1910～1997） | | 修道女。インドで，孤児や貧民への奉仕活動を行う。無関心は罪。 |
| □セン（1933～） | 『貧困と飢饉』 | 英の経済学者。人間の潜在能力の開発を説く。 |

## 2 現代文明批判

| 人物名 | 著作・作品 | キーワードなど |
|---|---|---|
| □ソシュール (1857〜1913) | 『一般言語学講義』 | 事物に名前を与えることで，初めてそれを他と区別できる。 |
| □ホルクハイマー (1895〜1973) | 『理性の腐食』，『啓蒙の弁証法』 | 独の哲学者。フランクフルト学派の指導者。 |
| □ウィトゲンシュタイン (1889〜1951) | 『論理哲学論考』 | オーストリア生まれの哲学者。分析哲学，言語ゲーム。 |
| □フロム (1900〜1980) | 『自由からの逃走』 | 米の心理学者。自由から生じる孤独と不安に苦しむ大衆心理を分析。 |
| □アドルノ (1903〜1969) | 『権威主義的パーソナリティ』 | 独の哲学者。自然を抑圧する文明の弊害を批判。 |
| □レヴィナス (1905〜1995) | 『全体性と無限』 | 仏の哲学者。倫理性の強い哲学。 |
| □レヴィ・ストロース (1908〜2009) | 『悲しき熱帯』，『野生の思考』 | 仏の文化人類学者。構造主義の思想家。 |
| □リースマン (1909〜2002) | 『孤独な群衆』 | 伝統指向，内部指向，他人指向の人間類型。大衆社会では他人指向型が多い。 |
| □ロールズ (1921〜2002) | 『正義論』 | 米の政治学者。公正としての正義。不平等は，全ての人に機会が与えられた結果でなければならない。 |
| □クーン (1922〜1996) | 『科学革命の構造』 | 米の科学史家。科学革命は，パラダイムの転換による。 |
| □リオタール (1924〜1998) | 『ポストモダンの条件』 | 世界全体を解釈する思想的枠組みを「大きな物語」と呼ぶ。 |
| □フーコー (1926〜1984) | 『監獄の誕生』，『性の歴史』 | 仏の哲学者。構造主義。狂気や異常心理の解明。 |
| □ボードリヤール (1929〜2007) | 『消費社会の神話と構造』 | 消費社会では他者との差異化の欲求が生み出され，人々を際限のない消費行動に駆り立てる。 |
| □ハーバーマス (1929〜) | 『コミュニケイション的行為の理論』 | 独の哲学者。自由なコミュニケーションで合意を作り出す対話的理性を重視。 |
| □デリダ (1930〜2004) | 『エクリチュールと差異』 | 仏の哲学者。ポスト構造主義。脱構築の立場。 |

テーマ **97**

● 倫理(現代社会の課題)

# 現代社会の諸課題と倫理

**ここが出る!** ▶▶

- 生命倫理はよく出る。重要用語に加え，臓器移植や安楽死の時事事項を知っておこう。
- 説明文を提示して，選択肢を与えずに用語を書かせる問題も出る。略語に関しては，英文でも答えられるようにすること。

## 1 生命倫理

● 用語

□【 バイオエシックス 】…生命と人間の課題を倫理的に考察。

□【 クローン技術 】…ある個体と同じ遺伝子を持つ個体(クローン)を人為的につくる技術。日本では，クローン人間の作製は禁止。

□【 ヒトゲノム 】…人間の遺伝子の総体。解析は完了済み。

□【 インフォームド・コンセント 】…医師が治療を行う際，その目的，費用，予想される副作用などを患者に説明し，同意を得ること。

□【 パターナリズム 】…医師が職業的な権威によって，患者の治療や投薬を一方的に干渉するような態度。

□【 尊厳死 】…回復のない患者の延命措置を止め，自然な死を遂げさせること。尊厳ある死に方(dignified death)という意味。

□【 リヴィング・ウィル 】…終末医療に際して，延命措置を含む将来の治療の在り方について，事前に文書で意思表示すること。

● 時事事項など

□家族の同意があれば，脳死の人からの臓器移植ができる。

□ベルギーやオランダでは，安楽死が合法化されている。

□安楽死が許される4つの条件(1995年，横浜地裁)

①耐え難い肉体的苦痛，②死期が迫っている，③苦痛を除く手段がもうない，④患者本人が安楽死を望んでいる。

## 2 重要用語

● 環境

□【 持続可能な開発 】…将来の世代に負荷を残すことがないように，開発を行うこと。環境保全と開発を両立させる考え方。

□【 世代間倫理 】…現在の世代は，未来の世代の生存に関する責任を持つ，という考え方。

□【 ハーディン 】…アメリカの生物学者。経済活動の自由の偏重(共有地の悲劇)によって，人間は大きな損失を被ると警告。

□【 ハンス・ヨナス 】…ドイツの哲学者。未来倫理を研究。

□【 レイチェル・カーソン 】…アメリカの海洋生物学者。1962年の『沈黙の春』にて，生態系の破壊を警告。

□【 宇宙地球船号 】…地球上の人間が同じ宇宙船に乗っている意識で，自然環境の保全に取り組むべし(ボールディング)。

●性と家族

□【 ジェンダー 】…社会的・文化的につくられた性。「男子は泣かない」，「女子は控え目に」など。生物学的な性(sex)とは区別される。

□【 リプロダクティブ・ライツ 】…性と生殖について女性が自ら決定できる権利。

□【 ゲマインシャフト 】…本質意志に基づいて形成された集団。家族，近隣社会など。成員は集団に全面的に関与。共同社会ともいう❶。

□【 ゲゼルシャフト 】…選択意志に基づいて形成された集団。企業など。成員は集団に表面的に関与。**利益社会**ともいう。

●情報社会

□【 仮想現実 】…コンピューター内の世界が，あたかも現実の世界であるかのごとく知覚されること。バーチャル・リアリティともいう。

□【 AI 】…人工知能(artificial intelligence)の略称。人間と同じ知的営みができるコンピュータ・プログラム。

●文化と宗教

□【 グローバリゼーション 】…人間の諸活動が一国の枠内というような地域的制約を超えて，地球規模になること。

□【 エスノセントリズム 】…自民族の文化価値観を正当なものとみなし，他民族のそれを排斥すること。自民族中心主義ともいう。

□【 文化相対主義 】…各民族の文化に固有の価値を認め，優劣をつけない立場。自民族中心主義の対語。

□【 オリエンタリズム 】…西洋の東洋に対する自己中心的なまなざしや文化的な支配のあり方。

❶ゲマインシャフトとゲゼルシャフトは，テンニースが考案した用語である。

# 試験直前ファイナルチェック

□1　青年期とは「第二の誕生の時期」と性格づけたのは，ホールである。　→P.272

□2　タレスは，万物の根源は数であると主張した。　→P.274

□3　イスラーム教の開祖は，預言者のムハンマドである。　→P.276

□4　孟子は，性悪説の立場から，礼によって人民を治める礼治主義を提唱した。　→P.279

□5　鎌倉仏教の臨済宗の開祖は道元である。　→P.281

□6　本居宣長は，国学の大成者として知られる。　→P.283

□7　福沢諭吉は，人間は生まれながらにして平等であるという天賦人権論を唱えた。　→P.284

□8　宗教改革家のルターは，職業召命観を説いた。　→P.287

□9　ベーコンは，経験論の立場から，帰納法を提唱した。　→P.289

□10　コントが説いた，人間の知識の発展段階説によると，最も進んだ高次の段階は「神学的段階」である。　→P.293

□11　キルケゴールは「神は死んだ」と述べ，ニヒリズムの到来を説いた。　→P.295

□12　アメリカの政治学者ロールズの主要著作は，『正義論』である。　→P.297

□13　社会的・文化的につくられた性のことを「ジェンダー」という。　→P.299

□14　ゲマインシャフトとゲゼルシャフトという，集団の分類枠を提唱したのは，ドイツのウェーバーである。　→P.299

**●Answer●**

1　×
ホールではなく，ルソーである。

2　×
ピタゴラスである。

3　○

4　×
孟子ではなく，荀子である。

5　×
栄西である。

6　○

7　○

8　×
カルヴァンである。

9　○

10　×
最も高次な段階は，実証的段階である。

11　×
ニーチェである。

12　○

13　○

14　×
ウェーバーではなく，テンニースである。

# 実力確認問題

## 1 中学校の教科「社会科」に関する以下の問いに答えよ。

→テーマ1，3

⑴以下の文章は，中学校の社会科の目標を述べたものである。空欄に適語を入れよ。

> （　①　）について，よりよい社会の実現を視野に課題を主体的に解決しようとする態度を養うとともに，（　②　）・多角的な考察や深い理解を通して涵養される我が国の（　③　）や歴史に対する愛情，国民主権を担う公民として，自国を愛し，その（　④　）と繁栄を図ることや，他国や他国の（　⑤　）を尊重することの大切さについての自覚などを深める。

⑵以下の表の空欄に該当する語句や数字を答えよ。

| 社会科の下位分野 | 各分野に充てる授業時数 |
|---|---|
| （　①　）的分野 | 115単位時間 |
| 歴史的分野 | （　②　）単位時間 |
| 公民的分野 | （　③　）単位時間 |

## 2 高等学校の教科「地理歴史科」および「公民科」に関する以下の問いに答えよ。

→テーマ4，5，6

⑴以下の内容項目のうち，地理総合のものにはA，地理探究のものにはBの記号をつけよ。

| | |
|---|---|
| ①地球的課題と国際協力 | ⑥生活文化の多様性と国際理解 |
| ②人口，都市・村落 | ⑦生活圏の調査と地域の展望 |
| ③現代世界の地域区分 | ⑧生活文化，民族・宗教 |
| ④自然環境と防災 | ⑨交通・通信，観光 |
| ⑤持続可能な国土像の探究 | ⑩資源，産業 |

⑵地理歴史科の2つの必修科目を答えよ。

⑶公民科の（　a　）は，原則として入学年次及びその次の年次の2か年のうちに履修させることとされる。空欄aに当てはまる科目名を答えよ。

### 解答

1 ①：社会的事象　②：多面的　③：国土　④：平和　⑤：文化　⑵①：地理　②：135　③：100　2 ⑴①：A　②：B　③：B　④：A　⑤：B　⑥：A　⑦：A　⑧：B　⑨：B　⑩：B　⑵地理総合，歴史総合　⑶公共

**3** 以下の表は，世界の著名な気候について整理したものである。「名称」，「記号」，および「気温や降雨量の特徴」を正しく結びつけたのは，①～⑤のどれか。番号で答えよ。 →テーマ 9

| 名称 | 記号 | 気温や降雨量の特徴 |
|---|---|---|
| ア　西岸海洋性気候 | A　Cfa | a　少量の降雨量 |
| イ　ステップ気候 | B　Aw | b　年中，降雨量が安定 |
| ウ　サバナ気候 | C　BS | c　雨季と乾季が明確 |
| エ　地中海性気候 | D　Cs | d　夏は乾燥，冬は湿潤 |
| オ　温暖湿潤気候 | E　Cfb | e　夏は多雨，冬は乾燥 |

①ア－C－b，イ－E－c，ウ－B－a，エ－D－d，オ－A－e
②ア－E－b，イ－B－a，ウ－C－c，エ－A－e，オ－D－d
③ア－E－a，イ－C－b，ウ－D－c，エ－B－d，オ－A－e
④ア－A－b，イ－C－d，ウ－B－c，エ－D－a，オ－E－e
⑤ア－E－b，イ－C－a，ウ－B－c，エ－D－d，オ－A－e

**4** 世界の諸地域の産業について述べた以下の文章は，それぞれ誤りを1カ所ずつ含んでいる。その箇所を指摘し，正しい語句に直せ。
→テーマ12，13，14，15

①米の生産量が世界で最も多いのは，アメリカ合衆国である。
②アメリカ合衆国の中央部では，秋に種をまいて初夏に収穫する春小麦の栽培が盛んである。
③アルゼンチンは，世界最大の牧羊国である。
④最近の日本の漁業の漁獲高を部門別にみると，最も多いのは，沿岸漁業となっている。
⑤石炭の産出高が最も多いのは，ロシアである。
⑥フランスのルール工業地域は，ヨーロッパ最大の工業地域として知られている。
⑦アジアNIEsを構成する4カ国・地域は，大韓民国，シンガポール，ホンコン，およびフィリピンである。

**解答**

**3** ⑤　**4** ①：アメリカ合衆国→中国　②：春小麦→冬小麦　③：アルゼンチン→オーストラリア　④：沿岸漁業→沖合漁業　⑤：ロシア→中国　⑥：フランス→ドイツ　⑦：フィリピン→台湾

## 5 地形図と地図に関する以下の問いに答えよ。　→テーマ20

⑴以下の表は，地形図に引かれる等高線の間隔をまとめたものである。空欄に当てはまる数字を答えよ。

| | 5万分の1 | 2万5000分の1 |
|---|---|---|
| 計曲線 | （　①　）mごと | 50mごと |
| 主曲線 | 20mごと | （　③　）mごと |
| 補助曲線 | （　②　）m以下の微起伏 | 10m以下の微起伏 |

⑵以下の①～⑤は，著名な地図投影法の名称である。それぞれの説明文として適当なものをア～オから選び，記号で答えよ。

①ミラー図法　　ア　経線・緯線をすべて平行直線で描く。
②モルワイデ図法　　イ　高緯度の歪みが小さく，両極も表現可能。
③メルカトル図法　　ウ　図の中心からの距離と方位が正しい。
④サンソン図法　　エ　中央経線以外の経線は楕円曲線。
⑤正距方位図法　　オ　中央経線以外の経線は正弦曲線。

⑶①～⑤のうち，正角図法に含まれるものはどれか。

## 6 以下の問いに答えよ。　→テーマ11，12，16，18，20，21，23

⑴世界で最も面積が大きい大陸の名称を答えよ。

⑵ソヴィエト社会主義連邦共和国において，農民が国有農場で賃金をもらって働くという，集団的農牧業の形態を何といったか。

⑶カナダの公用語を2つ答えよ。

⑷現在の世界の総人口はおよそ何人か。最も近いものを下から選べ。

①40億人　②50億人　③60億人　④70億人　⑤80億人

⑸蒸気機関車の発明者の名前を答えよ。

⑹産油国のカルテル組織として知られる，石油輸出国機構の略称を，アルファベット4字で答えよ。

⑺世界地図上の経度15度の差で，何時間の時差が生じるか。

⑻オゾン層破壊をもたらす原因物質の名称を答えよ。

### 解答

5 ⑴①100　②20　③10　⑵①：イ　②：エ　③：ア　④：オ　⑤：ウ　⑶③　6 ⑴ユーラシア大陸　⑵ソフホーズ　⑶英語，フランス語　⑷⑤　⑸スティーブンソン　⑹OPEC　⑺1時間　⑻フロンガス

**7** **以下のア～カは，日本が近代化を遂げた明治時代初期の出来事に関する文章である。時代順に正しく並べ替えたのは，①～⑤のうちのどれか。番号で答えよ。** →テーマ42，43，44

ア　第１回の衆議院議員総選挙が実施された。
イ　西郷隆盛率いる士族が反乱を起こし，西南戦争が勃発した。
ウ　内閣制度が誕生し，伊藤博文が初代首相に就任した。
エ　民撰議院設立建白書が提出され，自由民権運動の口火が切られた。
オ　大日本帝国憲法が公布された。
カ　日英通商航海条約により，日本の関税自主権が部分的に回復した。

①エ→イ→ウ→オ→カ→ア　④ウ→エ→イ→ア→オ→カ
②エ→イ→ウ→オ→ア→カ　⑤イ→ウ→エ→カ→ア→オ
③イ→カ→エ→ウ→ア→オ　⑥エ→イ→カ→オ→ア→ウ

**8** **日本の文化史に関する以下の問いに答えよ。**
→テーマ30，32，33，35，38，40，46

⑴以下の①～⑥の作品の作者を，ア～オから選び，記号で答えよ。

| | | | |
|---|---|---|---|
| 作品 | ①『曽根崎心中』 | ②『南総里見八犬伝』 | ③『秋冬山水図』 |
| | ④『土佐日記』 | ⑤『立正安国論』 | ⑥『舞姫』 |
| 作者 | ア　森鷗外 | イ　滝沢馬琴 | ウ　日蓮 |
| | エ　紀貫之 | オ　近松門左衛門 | カ　雪舟 |

⑵①～⑥の作品を発表の時代順に並べ替えたとき，３番目にくるものはどれか。番号で答えよ。
⑶610年に来日し，彩色などの技法を伝達した，高句麗の僧の名前を答えよ。
⑷飛鳥時代の建築様式で，円柱の中央部にふくらみを持たせる様式を何というか。
⑸平安時代において，一部の上流貴族の間に普及した住居様式を何というか。

**解答**

**7** ②　**8** ⑴①：オ　②：イ　③：カ　④：エ　⑤：ウ　⑥：ア　⑵③（⇒④，⑤，③，①，②，⑥となる）⑶曇徴　⑷エンタシス　⑸寝殿造

**9** **日本の歴史について述べた以下の文章は，それぞれ誤りを１カ所ずつ含んでいる。その箇所を指摘し，正しい語句に直せ。**

**→テーマ30，33，34，37，39，41，48，49**

①710年の大宝律令制定によって，律令国家が成立した。
②鎌倉幕府では，荘園ごとに守護が置かれ，荘園の管理にあたった。
③室町幕府では，将軍の補佐役として，「老中」という職が置かれた。
④江戸幕府は，諸大名を３年ごとに江戸に出させる参勤交代を制度化した。
⑤江戸幕府の８代将軍・徳川綱吉による財政再建のための改革は，享保の改革と呼ばれる。
⑥1854年の日米修好通商条約締結に伴い，日本は，下田と箱館の２港を開いた。
⑦1932年，犬養毅首相が軍人に暗殺された事件は，二・二六事件といわれている。
⑧1971年，田中角栄内閣が沖縄返還協定に調印したことにより，沖縄が祖国への復帰を果たした。

**10** **以下の文章に当てはまる人物の名前を答えよ。**

**→テーマ32，33，36，38，45，46，48**

①1016年に摂政となり，法成寺を建立した。
②随筆『枕草子』にて，宮廷生活の様相を表現した。
③元が２度にわたり襲来してきた時の鎌倉幕府の執権。
④1573年，足利義昭を京都から追放し，室町幕府を滅ぼした。
⑤1637年に起きた，キリシタン農民の反乱（島原の乱）の指導者。
⑥1882年，大阪紡績会社を設立した人物。
⑦足尾銅山鉱毒事件の解決を訴えた衆議院議員。
⑧日本の代表的な哲学者で，『善の研究』などの著作がある。

## 解答

**9** ①710年→701年　②守護→地頭　③老中→管領　④３年→１年　⑤徳川綱吉→徳川吉宗　⑥日米修好通商条約→日米和親条約　⑦二・二六事件→五・一五事件　⑧田中角栄→佐藤栄作　**10** ①藤原道長　②清少納言　③北条時宗　④織田信長　⑤天草四郎時貞　⑥渋沢栄一　⑦田中正造　⑧西田幾多郎

**11 中世から近代の世界史に関する以下の問いに答えよ。**

**→テーマ58, 61, 62, 63, 66**

(1)以下のア～カは，世界史上の著名な出来事に関する文章である。時代順に正しく並べ替えたのは，①～⑤のうちのどれか。番号で答えよ。

ア　インドで，イスラーム国家のムガル帝国が成立する。
イ　アメリカ独立戦争が起きる。
ウ　フランスにおいて，フランス革命が起きる。
エ　オスマン１世が，イスラーム国家のオスマン帝国を建国する。
オ　中国で，太平天国の乱が起きる。
カ　イギリスで名誉革命が起きる。

①ア→エ→カ→イ→オ→ウ　　④カ→ア→エ→イ→ウ→オ
②エ→ア→カ→ウ→イ→オ　　⑤エ→ア→カ→イ→ウ→オ
③エ→ア→カ→イ→オ→ウ　　⑥エ→カ→オ→イ→ウ→ア

(2)イの戦争の後，独立を果たしたアメリカにおいて，初代大統領に就任した人物の名前を答えよ。

(3)オの反乱を指導した人物の名前を答えよ。

(4)カの革命の翌年に，イギリス議会が出したもので，立憲政治の原点ともいわれる法律の名称を答えよ。

**12 世界の文化史に関する以下の問いに答えよ。**

**→テーマ51, 53, 54, 59, 61, 65**

(1)以下の①～⑥は，世界史上の著名な文化的作品である。それぞれの作者をア～カから選び，記号で答えよ。

| | | | |
|---|---|---|---|
| 作品 | ①『赤と黒』 | ②『三大陸周遊記』 | ③『大唐西域記』 |
| | ④『オデュッセイア』 | ⑤『ドン・キホーテ』 | ⑥『社会契約論』 |
| 作者 | ア　ルソー　　イ　イブン・バットゥータ　　ウ　ホメロス<br>エ　スタンダール　　オ　セルバンテス　　カ　玄奘 | | |

(2)①～⑥の作品を発表の時代順に並べ替えたとき，３番目にくるものはどれか。番号で答えよ。

**解答**

11 (1)⑤　(2)ワシントン　(3)洪秀全　(4)権利の章典　12 (1)①：エ　②：イ　③：カ　④：ウ　⑤：オ　⑥：ア　(2)②（⇒④，③，②，⑤，⑥，①となる）

**13** **世界の歴史について述べた以下の文章は，それぞれ誤りを１カ所ずつ含んでいる。その箇所を指摘し，正しい語句に直せ。**

→テーマ50，51，53，55，57，60，69，71

①古代のエジプトでは，ものの形をかたどった甲骨文字が用いられた。

②古代のギリシアでは，アクロポリスという公共の広場で，交易や集会などが行われた。

③中国では，184年に大規模な民衆の反乱（黄巾の乱）が起き，前漢は衰退に追いやられた。

④843年のメルセン条約により，フランク王国は，東・西フランクとイタリアの３国に分裂した。

⑤中国では，1368年に清が建国され，都は南京に置かれた。

⑥1571年，イギリスはレパントの海戦でオスマン帝国を破り，地中海の覇権を獲得した。

⑦1922年のワシントン会議で調印された海軍軍備制限条約では，海軍主力艦比が，「米５：英５：日５：仏1.67：伊1.67」とされた。

⑧1947年にインドは，ヒンドゥー教徒を主体とするインド連邦と，イスラーム教徒を主体とするバングラデシュに分離して，イギリスから独立した。

**14** **以下の文章に当てはまる人物の名前を答えよ。**

→テーマ53，54，56，64，68，71

①前202年，中国で漢王朝を樹立し，初代皇帝となった。

②７世紀初頭にイスラーム教を創始した，メッカの商人。

③『東方見聞録』を口述した，イタリアの商人。

④ドイツの社会主義者で，主著として『資本論』がある。

⑤中国の革命指導者で，三民主義の思想を唱えた。

⑥黒人差別の撤廃を求める公民権運動を展開した。

⑦1991年に成立したロシア連邦の初代大統領。

**解答**

**13** ①甲骨文字→象形文字　②アクロポリス→アゴラ　③前漢→後漢　④メルセン条約→ヴェルダン条約　⑤清→明　⑥イギリス→スペイン　⑦日５→日３　⑧バングラデシュ→パキスタン　**14** ①劉邦　②ムハンマド　③マルコ・ポーロ　④マルクス　⑤孫文　⑥キング牧師　⑦エリツィン

## 15 以下の文章を読み，設問に答えよ。 →テーマ74，81，83



日本国憲法は，1946年の（　①　）月3日に公布され，翌年の（　②　）月3日に施行された。この憲法は，（　③　）主権，基本的人権の尊重，ならびにa平和主義の3つを基本原則としている。

なお，基本的人権が尊重されるには，対語の義務が履行されなければならない。同じく日本国憲法は，国民の3大義務として，保護する子女に（　④　）を受けさせる義務，b納税の義務，およびc勤労の義務を定めている。

(1)空欄の①～④に当てはまる語句や数字を答えよ。

(2)下線部aの平和主義について定めているのは，日本国憲法の第何条か。

(3)下線部bは，税金を納めることであるが，直接税については，高所得者ほど税率が高く設定される。このようにして，所得の再分配を図る方式を何というか。漢字4字で答えよ。

(4)下線部cに関連して，日本国憲法は，労働者を保護するための労働三権について定めている。そのうちの1つは団体行動権である。残りの2つを答えよ。

## 16 以下の文章の空欄に当てはまる数字を答えよ。 →テーマ75，76

○衆議院議員の任期は（　①　）年である。

○参議院議員の任期は（　②　）年である。

○衆議院による内閣不信任決議があった場合，内閣は（　③　）日以内に総辞職するか，衆議院を解散する。

○地方自治では，有権者の（　④　）分の1以上の署名により，首長の解職を請求できる。

○小選挙区比例代表並立制における比例代表選挙では，全国が（　⑤　）の選挙区（ブロック）に分けられる。

### 解答

15 (1)①：11　②：5　③：国民　④：普通教育　(2)第9条　(3)累進課税　(4)団結権，団体交渉権　16 ①：4　②：6　③：10　④：3　⑤：11

**17** **政治・経済について述べた以下の文章は，それぞれ誤りを１カ所ずつ含んでいる。その箇所を指摘し，正しい語句に直せ。**

**→テーマ73，77，78，79，84，85**

①世界でいち早く自由権について規定したのは，ドイツのヴァイマル憲法である。

②企業の社会的責任を表す言葉で，寄付・奉仕などの慈善活動をメセナという。

③国連の専門機関である国際労働機関の略称はWHOである。

④同一産業の企業が，生産量や価格などについて協定を結び，高い利潤を得ることをトラストという。

⑤縦軸に価格，横軸に取引量をとった座標上に描かれる右上がりの曲線は，需要曲線と呼ばれる。

⑥世界初の社会保険法として知られるのは，1883年にイギリスで成立した疾病保険法である。

⑦生活保護は，社会保障の４つの分類枠でいう「社会福祉」の中に含まれる。

⑧発展途上国の援助の促進を目的とする，経済協力開発機構の略称はDACである。

**18** **以下の事項を時代順に並べ替えた場合，３番目にくるものはどれか。番号で答えよ。** **→テーマ71，77，80，85**

①国際人権規約が国連総会で採択される。

②国際連合が成立する。

③第二次世界大戦後の日本の経済成長率が，初めてマイナスの値となる。

④東西ドイツが統一する。

⑤中国の周恩来とインドのネルーが平和五原則を発表する。

⑥ニクソン米大統領がドルと金の兌換を停止する。

## 解答

**17** ①：自由権→社会権　②：メセナ→フィランソピー　③：WHO→ILO　④：トラスト→カルテル　⑤：需要曲線→供給曲線　⑥：イギリス→ドイツ　⑦：社会福祉→公的扶助　⑧：DAC→OECD　**18** ①（⇒②，⑤，①，⑥，③，④となる）

**19** 西洋の著名な思想家の名前，著作名，および思想上のキーワード（特記事項）を正しく結びつけたのは，①～⑤のうちのどれか。

→テーマ91，92，93，94，95

| 思想家の名前 | 著作名 | キーワード，特記事項 |
|---|---|---|
| ア　モンテーニュ | A　新機関 | a　イドラ |
| イ　ベーコン | B　総合哲学体系 | b　限界状況 |
| ウ　ヘーゲル | C　エセー | c　弁証法 |
| エ　スペンサー | D　理性と実存 | d　社会有機体説 |
| オ　ヤスパース | E　精神現象学 | e　モラリスト |

①アーCーe，イーAーa，ウーEーc，エーBーd，オーDーb
②アーEーa，イーAーe，ウーCーc，エーDーd，オーBーb
③アーAーe，イーCーa，ウーEーc，エーBーd，オーDーb
④アーCーe，イーDーa，ウーAーd，エーBーc，オーEーb
⑤アーCーd，イーBーa，ウーEーc，エーAーe，オーDーb
⑥アーCーe，イーAーc，ウーEーa，エーDーd，オーBーb

**20** 日本の著名な思想家の名前，著作名，および思想上のキーワード（特記事項）を正しく結びつけたのは，①～⑧のうちのどれか。全て選べ。

→テーマ89，90

| | 思想家名 | 著作・講演 | キーワード，特記事項 |
|---|---|---|---|
| ① | 空海 | 十住心論 | 天台宗の開祖 |
| ② | 林羅山 | 三徳抄 | 上下定分の理 |
| ③ | 本居宣長 | 玉勝間 | 朱子学の大成者 |
| ④ | 安藤昌益 | 自然真営道 | 万人直耕 |
| ⑤ | 新井白石 | 西洋事情 | 文治主義政治 |
| ⑥ | 中江兆民 | 民権自由論 | 東洋のルソー |
| ⑦ | 夏目漱石 | 私の個人主義 | 則天去私 |
| ⑧ | 和辻哲郎 | 風土 | 間柄的存在 |

**解答**

**19** ①　**20** ②，④，⑦，⑧

# 索　引

■ か行 ■

■ さ行 ■

■ た行 ■

■ な行 ■



■ は行 ■

■ま行■

執筆者紹介

**舞田　敏彦**（まいた　としひこ）

教育社会学者。東京学芸大学大学院博士課程修了。教育学博士。

著　書　『47都道府県の子どもたち』『47都道府県の青年たち』『教育の使命と実態』（以上，武蔵野大学出版会），『データで読む 教育の論点』（晶文社）

**●本書の内容に関するお問合せについて**

本書の内容に誤りと思われるところがありましたら，まずは小社ブックスサイト（jitsumu. hondana. jp）中の本書ページ内にある正誤表・訂正表をご確認ください。正誤表・訂正表がない場合や訂正表に該当箇所が掲載されていない場合は，書名，発行年月日，お客様の名前・連絡先，該当箇所のページ番号と具体的な誤りの内容・理由等をご記入のうえ，郵便，FAX，メールにてお問合せください。

**〒163-8671　東京都新宿区新宿 1-1-12　実務教育出版　第二編集部問合せ窓口**

**FAX：03-5369-2237　E-mail：jitsumu_2hen@jitsumu.co.jp**

**【ご注意】**

**※電話でのお問合せは，一切受け付けておりません。**

**※内容の正誤以外のお問合せ（詳しい解説・受験指導のご要望等）には対応できません。**

**2025年度版　教員採用試験　中高社会らくらくマスター**

2023年10月31日　初版第１刷発行　〈検印省略〉

**編　者**　資格試験研究会
**発行者**　小山隆之

**発行所**　株式会社　実務教育出版
〒163-8671　東京都新宿区新宿1-1-12
TEL 編集03-3355-1812　販売 03-3355-1951
振替　00160-0-78270

**組　版**　明昌堂
**印　刷**　シナノ印刷
**製　本**　東京美術紙工


ISBN 978-4-7889-5980-4 C0037　Printed in Japan